新时代小学教育专业实践应用型系列教材

小学数学课程与教学论

Curriculum and Instructional Theories of Primary School Mathematics

主　编 ◎邹循东　梁　宇　肖炜清

副主编 ◎蒋晓云　李燕清　李织兰

参　编 ◎（按姓氏笔画排序）

韦丽兰　李　德　周俊伽　贾慧英

梁洁涛　梁晓红　廖　翔

ZHEJIANG UNIVERSITY PRESS
浙江大学出版社
·杭州·

图书在版编目（CIP）数据

小学数学课程与教学论 / 邹循东，梁宇，肖炜清主编
. -- 杭州 : 浙江大学出版社，2024.3
ISBN 978-7-308-24637-8

Ⅰ. ①小… Ⅱ. ①邹… ②梁… ③肖… Ⅲ. ①小学
数学课－教学研究 Ⅳ. ①G623.502

中国国家版本馆CIP数据核字(2024)第034746号

小学数学课程与教学论

XIAOXUE SHUXUE KECHENG YU JIAOXUELUN

邹循东　梁　宇　肖炜清　主编

策划编辑	李　晨
责任编辑	李　晨
文字编辑	沈巧华
责任校对	汪荣丽
封面设计	春天书装
出版发行	浙江大学出版社
	（杭州市天目山路148号　　邮政编码　310007）
	（网址：http://www.zjupress.com）
排　　版	杭州林智广告有限公司
印　　刷	杭州捷派印务有限公司
开　　本	787mm×1092mm　1/16
印　　张	18.25
字　　数	368千
版 印 次	2024年3月第1版　2024年3月第1次印刷
书　　号	ISBN 978-7-308-24637-8
定　　价	68.00元

浙江大学出版社市场运营中心联系方式：0571－88925591；http://zjdxcbs.tmall.com

FOREWORD 总序

习近平总书记指出："建设教育强国，是全面建成社会主义现代化强国的战略先导。"①党的二十大报告提出："教育、科技、人才是全面建设社会主义现代化国家的基础性、战略性支撑。"②建设教育强国是全面建成社会主义现代化强国的战略先导，是科技强国、人才强国建设的共同基础。建设教育强国，基点在基础教育，龙头在高等教育。小学教育专业在我国教师教育发展事业中占有重要地位，也是基础教育发展的重要人才保障，在我国基础教育发展领域具有不可替代的作用。

21世纪以来，小学师资的培养基本实现了高等教育化，小学教育教学改革的步伐不断加快，对人才的要求不断提高，对教材也提出了更高的要求，因此有必要编写高质量的教材，以响应习近平总书记"用心打造培根铸魂、启智增慧的精品教材，为培养德智体美劳全面发展的社会主义建设者和接班人、建设教育强国作出新的更大贡献"③的指示。

本丛书的编写主要是为了帮助即将进入教师队伍的"准教师"对课堂及课堂教学有较全面的了解与把握，对其课堂教学实操起启发、引领的作用。同时，也期望能在理论层面上指导在职教师提升专业素养，使其向专业化的道路迈进。为此，我们将"聚焦中国学生发展核心素养，培养学生适应未来发展的正确价值观、必备品格和关键能力"作为指导思想，以学科教学为起点，根据义务教育各课程标准（2022年版）的要求，围绕课堂教学这一核心，从理论

---

① 习近平在中共中央政治局第五次集体学习时强调 加快建设教育强国 为中华民族伟大复兴提供有力支撑 [N]. 人民日报，2023-05-30（1）.
② 习近平. 高举中国特色社会主义伟大旗帜 为全面建设社会主义现代化国家而团结奋斗——在中国共产党第二十次全国代表大会上的报告 [R]. 北京：人民出版社，2022：33.
③ 习近平. 习近平给人民教育出版社老同志回信强调 紧紧围绕立德树人根本任务 用心打造培根铸魂启智增慧的精品教材 [N]. 人民日报，2020-12-01（1）.

与从师技能层面来建构本丛书的体系。理论层面，力求使读者能从教学过程、教学模式把握课堂教学，了解课堂教学方法和策略，明白教学评价与测评的标准、要求及方法；在此基础上，加入从师技能的内容，使读者掌握课堂教学设计乃至实施技术，最终达到提高课堂教学艺术、效率和质量的目的。此外，为帮助任课教师按照师范类专业认证的要求规范实施教学活动，丛书依据教育部印发的《普通高等学校师范类专业认证实施办法（暂行）》提供了专业认证的相关内容。

本丛书由小学教育领域从事研究与教学的有关专家、学者、教师共同精心编写，是他们多年来研究和教学的成果。丛书由邹循东教授拟定选题、设定内容框架，各团队撰写完成后由梁宇教授、罗聿言博士审稿，邹循东教授定稿。在此，我们向为丛书的编写和出版付出辛勤劳动的专家、学者、教师以及浙江大学出版社的编辑团队表示衷心的感谢！我们由衷希望本丛书能成为全国小学教育专业学生及小学教师的良师益友，帮助他们成长、成才。

丛书编委会

2024 年 1 月

本书根据《义务教育数学课程标准（2022年版）》编写而成，力图反映最新的课程理念、课程目标和教学方法，以培养新时期具有专业知识和教学研究能力的综合型小学数学教师为目标，重视创新精神和实践能力的培养。本书的内容包括大量一线教师的原创案例，理论介绍从实践需求和实践运用出发，这既有利于教师的教学，又有利于学生的学习，全面体现了实践性。本书在内容结构上主要分为三个部分：上篇"基础理论"包括绪论和第一至第三章，分别是小学数学课程、小学数学学习和小学数学教学；中篇"教学实践"包括第四至第六章，分别是小学数学教学设计、小学数学教学实施和小学数学教学评价；下篇"教师资格考试指南"包括第七章与第八章，分别是教师资格考试和教师资格考试备考注意事项。

本书的特色主要体现在以下几个方面：

（1）重视小学数学教师的专业发展。本书以小学数学教师的专业发展为主线，反映基础教育课程改革的新理念，以提升师范专业学生的专业素质。

（2）结合案例学习相关理论。根据现代教师专业发展的要求，本书选取了大量的小学数学教学案例，供师生学习、探究之用。

（3）以教师教育课程实践为取向。本书以职前教师的小学数学教学行为指导为主线，为未来的小学数学教师奠定必要的专业基础。

（4）内容全面。本书包括"基础理论""教学实践""教师资格考试指南"三大模块，基本涵盖了小学数学教学的全部内容。

（5）依据高等学校师范类专业认证的要求，为执教教师提供了本课程教学大纲的建议模板。

本书由邹循东、梁宇、肖炜清任主编，蒋晓云、李燕清、李织兰任副主编。具体编写分工如下：前言和绪论由南宁师范大学梁宇编写；第一章由桂林师范高等专科学校贾慧英编写；第二章由南宁师范大学廖翔编写；第三章由北部湾大学韦丽兰编写；第四章第一节由南宁师范大学周俊伽编写，第二节由南宁市中山路小学梁洁涛编写，第三至第六节由南宁市教科所肖炜清编写；第五章第一至第三节由北部湾大学李燕清编写，第四至第七节由南宁师范大学梁晓红编写；第六章第一至第三节由桂林师范高等专科学校蒋晓云编写，第四节由广西医科大学附属小学李德编写，第五节、第七节由南宁市中山路小学梁洁涛编写，第六节由南宁市教科所肖炜清编写；第七章由南宁师范大学邹循东编写；第八章由桂林师范高等专科学校李织兰编写。本书内容选题、框架设定及统稿，由邹循东、梁宇主持。

本书主要供高等院校小学教育专业和相关专业教学使用，同时可作为在职小学教师培训和教育科研人员从事教学研究的参考书。编者在编写本书的过程中参考了国内外相关教材，引用了大量研究资料，在此，对相关资料的撰写者表示衷心的感谢；同时，对所有支持、关心本书编写工作的人员表达真诚的谢意。

由于编者学识水平有限，书中难免存在疏漏之处，敬请广大读者批评指正。

编　者

2024 年 2 月

CONTENTS 目录

上 篇 基础理论

绪 论 ·· 3

第一节 小学数学课程与教学论的性质作用和研究对象 ·············· 3

第二节 小学数学课程与教学论的研究意义和研究方法 ·············· 6

第三节 小学数学教育改革回顾 ···························· 8

第一章 小学数学课程 ································ 13

第一节 小学数学课程理念 ····························· 13

第二节 小学数学课程目标 ····························· 17

第三节 小学数学课程内容 ····························· 23

第二章 小学数学学习 ································ 41

第一节 小学数学基础知识的学习 ························· 41

第二节 小学数学基本技能的学习 ························· 51

第三节 小学数学基本思想 ····························· 53

第四节 小学数学基本活动经验 ··························· 58

第五节 小学生数学学习特点和情感态度的培养 ················· 62

第三章 小学数学教学 ································ 66

第一节 小学数学教学过程 ····························· 66

第二节 小学数学教学原则 ····························· 69

第三节 小学数学教学方法 ····························· 73

第四节 小学数学教学组织 ····························· 86

第五节 小学数学教学手段 ····························· 97

CONTENTS

中　篇　教学实践

第四章　小学数学教学设计 ·· 103

第一节　小学数学教学设计概述 ································· 103

第二节　小学数学新授课、练习课、复习课三种基本
课型教学设计案例 ································· 113

第三节　小学数学"数与代数"教材分析与教学设计案例 ··········· 121

第四节　小学数学"图形与几何"教材分析与教学设计案例 ········· 126

第五节　小学数学"统计与概率"教材分析与教学设计案例 ········· 132

第六节　小学数学"综合与实践"教材分析与教学设计案例 ········· 136

第五章　小学数学教学实施 ·· 141

第一节　小学数学课堂语言 ···································· 141

第二节　小学数学教学预设与生成 ······························ 145

第三节　小学数学教学说课 ···································· 149

第四节　小学数学"数与代数"说课案例 ························· 155

第五节　小学数学"图形与几何"说课案例 ······················· 158

第六节　小学数学"统计与概率"说课案例 ······················· 160

第七节　小学数学"综合与实践"说课案例 ······················· 162

第六章　小学数学教学评价 ·· 165

第一节　小学数学观课、议课 ································· 165

第二节　小学数学学业质量评价 ································· 176

第三节　小学数学课堂教学评价 ································· 180

第四节　小学数学"数与代数"观课、议课案例评析 ·············· 187

第五节　小学数学"图形与几何"观课、议课案例评析 ············· 195

第六节　小学数学"统计与概率"观课、议课案例评析 ············· 200

第七节　小学数学"综合与实践"观课、议课案例评析 ············· 206

CONTENTS

下 篇 教师资格考试指南

第七章 **教师资格考试** ·· 213

第一节 教师资格考试概述 ····························· 214

第二节 教师资格考试大纲 ····························· 218

第三节 教师资格考试内容 ····························· 225

第八章 **教师资格考试备考注意事项** ················ 232

第一节 教师资格考试笔试备考 ····················· 232

第二节 教师资格考试面试备考 ····················· 245

附 录 **"小学数学课程与教学论"课程教学大纲** ············· 268

参考文献 ·· 279

PART 1

上 篇

基础理论

小学
数学课程
与教学论

绪　论

▶ 学习目标：

　　1. 了解小学数学课程与教学论的性质作用和研究对象。

　　2. 了解小学数学课程与教学论的研究意义和研究方法。

　　3. 了解我国小学数学教育改革的历程。

　　4. 树立为祖国的未来培养人才的理念，培养教育情怀。

▶ 教前准备：

　　准备相关案例。

▶ 学前准备：

　　自行收集有关我国小学数学教育改革发展历程的资料。

数学作为一门既古老又年轻的学科，一直以来在小学教育中发挥着重要的作用。作为未来的小学数学教师，应当思考、研究与小学数学教育有关的问题。如果只具备教育学科和数学学科的知识，并不一定能解决这些问题，需要综合运用有关知识和分析解决问题的能力。

第一节　小学数学课程与教学论的性质作用和研究对象

一、课程的性质、地位与作用

（一）课程的性质

　　小学数学课程与教学论是高等师范院校小学教育专业的一门专业必修课程，是专门研究小学数学教学基本理论及其规律的一门实践性很强的课程。它以一般教学论和教育学的基本理论为基础，从小学数学教学实际出发，分析小学数学教学过程的特点，总结长期以来小学数学教学的历史经验，揭示小学数学教学过程的规律，研究小学数学教学过程中的诸要素（教学方法、教学组织形式、教学的物质条件等）及其相互间的关系，帮助教师端正教学思想、形成教学技能，并对小学数学教学效果开展科学的评价。相对于数学学科的纯数学问题而言,它更多地关注小学数学教育教学过程中出现的问题,并将这些问题与数学专业知识和教育学、心理学、科学方法论等学科知识有机结合,揭示小学数学教学过程的本质特性和有关规律,进而总结出适用于小学数学教育教学实践的规律和方法。

(二)课程的地位

小学数学课程与教学论作为小学教育专业的一门重要课程,对学生树立正确的数学教育理念、提高小学数学教育教学技能、搞好教育实习工作,以及将来从事小学数学教学与研究工作起到重要作用,对进一步推进数学新课程改革、培养合格的小学数学教师有着重要的现实意义。

(三)课程的作用

本课程教学,可以帮助学生获得系统的小学数学课程与教学论知识和小学数学教学基本技能与教学方法,提高学生对小学数学教育的整体认识水平,帮助学生运用所学的理论和方法解决实际问题。在培养学生将来从事小学数学教学与研究的能力、提高学生从事小学数学教师职业所必备的综合素质与专业化水平等方面具有其他课程所不能替代的重要作用。

二、小学数学课程与教学论的研究对象

小学数学课程与教学论是研究小学阶段的数学教学过程中教与学的联系、相互作用及统一的学科,是小学数学教育学的一个重要组成部分。换句话说,小学数学课程与教学论研究小学数学教学系统的诸因素——教师、学生、教材、教学手段(或教师、学生、教学媒体)是怎样有机地联系成为一个和谐整体的;研究小学数学教学系统中教与学、掌握知识和培养能力、智能培养与全面发展是怎样相互依存、相互作用,从而达到最佳契合并统一的。简单地说,小学数学课程与教学论的研究对象是小学数学教学系统中教与学的问题,这是既不同于数学,又不同于教学论的研究对象。

围绕着小学数学课程与教学论的研究对象,可以确立小学数学课程与教学论的主要研究课题。

(一)小学数学课程

小学数学课程与教学论是在小学数学教学法的基础上发展起来的,具有理论与实践相结合的性质。小学数学课程与教学论属于学科教学论范畴,在很大程度上受一般教学论的结构体系与研究方法的影响,多年来一直将课程问题作为教学论研究的一个组成部分。随着基础教育课程改革的推进,课程问题的研究越来越受到人们的重视。因此,小学数学课程研究是小学数学课程与教学论的重要组成部分。在研究小学数学课程时,首先要关注的是制定和实施数学课程的指导思想,即课程理

念；其次要解决"为什么教和学"的问题，即课程目标；同时还要解决"教什么"和"学什么"的问题，即为了实现小学数学课程目标所要选择的课程内容。

（二）小学数学学习

学生是学习过程的主体，要研究教师怎样教，首先必须弄清楚学生怎样学，改革数学课程与教学的关键在于充分理解学生的学习特点。学生的发展既是数学教育的出发点，也是数学教育的归宿。建构主义的知识观和学生观要求教学充分尊重学生的学习主体地位，从学生的心理发展特征和现有的知识能力水平出发，思考和理解数学课程与教学问题，这也是小学数学课程与教学论的一个基本的原则。

（三）小学数学教学理论

小学数学课程与教学论研究"怎样教"的问题，就是要分析和研究小学数学教学过程中各要素的特征和相互间的作用关系，以及教学过程中的本质和规律等。要研究用什么样的方法和手段使小学生学好数学，选择有效的方法和手段进行小学数学教学，从而达到数学课程目标。

（四）小学数学具体内容的教学

数学学科有自身的内容结构体系，而实现小学数学的课程目标，需要从中选择最合适的内容。内容的取舍、组织和安排，应当遵循一定的原则和规范，要考虑许多方面的因素，如社会的需要、科学技术的发展、数学学科自身的发展、学生的认知特点与认知规律等。我们需要从理论上研究这些因素的影响，从现实的背景中分析这些因素对小学数学课程产生的作用。小学数学课程内容包括数与代数、图形与几何、统计与概率、综合与实践四个领域。课程内容的分析与研究是理解小学数学课程、设计小学数学教学的基础。教师应当结合不同领域的课程内容特点，有的放矢地进行教学设计。

（五）小学数学教学评价

反馈、评价是小学数学教学的重要环节，学生、教师的发展是小学数学教学的根本目标。师范生应该从理论与实践相结合上研究评价的观念和原则，初步掌握小学数学评价的基本方法和评价结果的处理方式等，能够对学生的学习过程与结果进行评价，同时对自己和他人的课堂教学进行评价，初步树立通过评价反思、教学研究发展自己的观念。

除上述课题外，小学数学课程与教学论还应当结合时代条件和科学技术的发展状况对师范生成长为一名合格的小学数学教师的学习过程中的各种新问题开展广泛的研究，如教师资格考试的相关问题。

第二节　小学数学课程与教学论的研究意义和研究方法

一、小学数学课程与教学论的研究意义

有人可能会有一些疑惑："数学老师是讲数学的，只要懂得数学就一定能够上好数学课，何必学小学数学课程与教学论？""我从小学一年级就上数学课，怎么上数学课还能不知道吗？""教育学就那么几条规律，我都知道了，小学数学课程与教学论还会有什么新知识？"那么为什么要学习和研究小学数学课程与教学论？下面主要从三个方面分析学习小学数学课程与教学论的意义。

（一）有利于实现教师教育专业化

高质量的数学教育需要高素质的数学师资队伍，需要数学教师专业化。教师专业化是指教师作为一种专业性很强的职业，应当具有特有的专业知识与专业技能。师范生或教师掌握自己职业所需专业知识与专业技能的过程就是使自己不断专业化的过程。教师职业的专业知识包括学科知识、教育理论知识两大方面，其中教育理论知识处于核心地位。发达国家教育理论课程占整个教师教育课程的 25% ～ 35%。在讨论教育理论课程结构问题时，专家们普遍认为课程与教学论是其中的核心课程。因此，学习课程与教学论是教师教育专业化的必然要求。

（二）有利于促进小学数学教学实践发展

怎样让小学生学好数学是小学数学教师的核心任务。为了更好地完成这一任务，就必须了解有关数学课程与教学方面的知识、方法和技能，树立正确的数学教育观念。小学数学课程与教学论解决的是怎么教的问题，它一方面给教师提供现代教育的基本理念，另一方面给教师一定的方法论指导。课程与教学论这门课程可以帮助教师弄清一系列的问题，如教师究竟用怎样的理念指导教学工作；在教学中应该确立一种怎样的知识观、发展观、学生观、课程观、评价观才能与现代社会相适应；教师在教学中到底起什么作用，是给学生灌输知识，还是设计、组织、评价活动；在教学过程中如何评价学生；等等。这些问题的解决在职前教育中是十分重要的，教师可以根据小学数学课程与教学论的相关理论有效指导小学生的数学学习。

（三）有利于数学课程改革的有效实施

小学数学课程改革的关键是课程理念的贯彻和课程的有效实施。小学数学教师通过小学数学课程与教学论的学习，可以提高对数学课程的目的、意义、内容结构、实施方法、评价标准及各环节之间关系的逻辑判断能力和调和能力，并且有机会在实践中观察和思考小学数学教学过程，提出并解决小学数学教学中的问题。这对提

高小学数学教学质量，提高我国小学数学教育水平具有十分重要的意义。

二、小学数学课程与教学论的研究方法

小学数学课程与教学论是一门综合性和实践性较强的理论学科，对它的研究应考虑小学数学学科本身的特点，选择适应小学数学课程与教学问题研究的方法。以下是在小学数学课程与教学论的研究中常用的方法。

（一）文献分析法

文献分析法主要指搜集、鉴别、整理文献，并通过对文献的研究，形成对科学事实认识的方法。通过对小学数学教学实践和教学理论的文献和历史资料进行分析和研究，认识和掌握小学数学教学的发展过程和规律，促使人们思考当前数学教育改革中的问题，从而指导当前的小学数学教学实践。

（二）调查研究法

调查研究法是为了达到设想的目的，制订某一计划，全面或比较全面地收集研究对象某一方面情况的各种材料，并作出综合分析，进而得出某一结论的研究方法。对小学数学课程与教学论进行研究时，可以使用调查的方法对现实的问题进行具体的描述和分析，特别是研究一些热点问题和有争议的问题。研究者通过亲自了解教育现状，对取得的第一手资料进行分析和研究，从而认识问题的普遍性特征和发展趋势，了解具有倾向性的问题。目的是了解小学数学教学的现实，从中积累经验，找出问题，总结规律，形成新的理论认识。

（三）观察研究法

观察研究是研究者在自然条件下有目的、有计划地在通过感官或借助一定的科学仪器，对社会生活中人们的各种行为资料进行搜集的过程。数学教育研究具有很强的实践性，人们可以通过不同方式对小学数学教育实践活动进行深入的、具体的考察，有目的、有计划地亲自接触某一项小学数学教学实际（包括课堂教学、课外教学活动或两者的结合）情况，直接观察该教学活动，从而认识数学教学特征并总结数学教育规律。通过实地观察，研究者可以得到第一手资料，从而了解真实的教学情况，在此基础上进行综合分析，用专业的理论对这些资料进行合理解释，进而得出有价值的结论。

（四）实验研究法

实验研究法是研究者按照研究目的，提出设想，合理地控制或创设一定条件或因素（自变量），人为地干预、变革研究对象（因变量），从而验证假设，探讨教育现象或成因（因果关系）的一种研究方法。如为了证实在小学数学课堂上某种新教学方法构想的可行性和科学价值，或者为了解决小学数学课堂某种教学方法的有关

问题，都可采用实验研究法。通过实验研究，人们可以检验现有的教育理论和教学方法是否有效，检验自己的经验和设想是否有效，检验他人的经验和成果是否有效，从而得出小学数学教育过程的某些规律。

（五）经验总结法

如果说实验研究法是"从因到果"，那么经验总结法就是"从果到因"。所谓经验总结法，就是对自然状态下的一个完整的教育过程进行分析和总结，揭示教育措施、教育现象和教育效果之间的必然或偶然的联系，发现或认识教育过程中存在的客观规律和作用，为以后相同或类似的教育工作提供经验的一种方法。实践是认识的源泉，是感性认识上升到理性认识的基础，没有实践经验基础，就不会有教学的理论。数学教育研究是实践性很强的活动，身处教学第一线的教师在教育实践中积累了丰富的经验，这些经验是探讨小学数学教育规律、理解小学教育问题的宝贵财富。

第三节 小学数学教育改革回顾

一、新中国成立前的小学数学教育

我国的教育自古便有注重知识实用性的特点，从流传至今的《九章算术》中就可见一斑。宋、元时期，我国的教育重视程序化算法的数学模式。清朝中晚期，我国数学教育发展的阶段性特征鲜明。1860年以前，一方面受康熙皇帝重视数学学习的影响，数学教育继续维持；另一方面民间数学教育在一些书院中得以传播。但总体来说，这段时期的数学教育并未有实质性发展。1860年以后，在经受两次鸦片战争失败之痛后，洋务派开始大力宣扬数学教育，开办了一批教授数学课程的教学机构。1862年，清朝政府创办了第一所新式学堂——京师同文馆，1866年又创立了天文算学馆。1904年，清政府颁布了《奏定学堂章程》，又称"癸卯学制"。它是中国近代第一个由中央政府以法律的形式在全国范围推行的学校制度，也是我国实施近代小学数学教育的标志。

《奏定学堂章程》包括《初等小学堂章程》《高等小学堂章程》《中学堂章程》《高等学堂章程》《大学堂章程》《蒙养院章程及家庭教育法章程》《初级师范学堂章程》等。《初等小学堂章程》规定的算术课程目标为"其要义在使知日用之计算，与以自谋生计必须之知识，兼使精细其心思。当先就十以内之数示以加减乘除之方，使之纯熟无误，然后渐加其数至万位而止，兼及小数；并宜授以珠算，以便将来寻常实业之用"。《高等小学堂章程》规定的算术课程目标为"其要义在使习四民皆所必须之算法，为将来自谋生计之基本。教授之时，宜稍加以复杂之算术，兼使习熟运算之法"。（"四民"指"士、农、工、商"）。这里的课程目标，在基础知识的教学上强调"日用"和"自谋生计"所需，在计算能力的培养上突出了当时较为实用的珠算，并提出了在数学教育中培养思维能力的要求，即"精细其心思"，但是对"几何初步知识"的课程要求未作具体说明。

1912 年 1 月 1 日，中华民国临时政府成立。1912 年 9 月 2 日，中华民国教育部公布了教育宗旨，其内容为"注重道德教育，以实利教育、军国民教育辅之，更以美感教育完成其道德"。教育宗旨的变革决定了民国初年学制的改革，1912 年 9 月 3 日，教育部公布了《学校系统令》，次年作进一步修订，形成了我国第二部公布并施行的学制——"壬子癸丑学制"，也称"1912—1913 年学制"。

1915 年以后，教育界改革学制的呼声渐起，20 世纪 20 年代初，实用主义教育思潮在中国的传播与影响已达到了高潮，美国的教育模式已基本上被中国教育界所接受。教育部于 1922 年 11 月 1 日颁布实施《学校系统改革案》，这就是 1922 年"新学制"，或称为"壬戌学制"。该学制从美国借鉴了中小学"六三三学制"，去除了"壬子癸丑学制"的双轨制做法，体现了单轨制的民主性，基本适合我国实际情况，并一直沿用至今。《学校系统改革案》用七条教育标准替代 1912 年的教育宗旨，即：①适应社会进化之需要；②发挥平民教育精神；③谋个性之发展；④注意国民经济力；⑤注意生活教育；⑥使教育易于普及；⑦多留各地方伸缩余地。

二、新中国成立后的小学数学教育

（一）新中国成立初期

中华人民共和国成立以后，我国各地中小学教育尚未统一，各地方教材的质量参差不齐。1949 年 11 月中央人民政府教育部成立。第二年 7 月，教育部根据全国教育工作会议精神，制定了《小学课程暂行标准（草案）》，其中包括《小学算数课程暂行标准（草案）》。这是新中国成立后小学数学课程的第一个指导性文件，其要求在五年的时间内学完原来六年的算术教学内容，并指出，"精简是为了追求效率，而不是降低学生程度；减少没必要的或重复的教材，但依然提倡各个学科的系统性、完整性""在当时盛行的教材中有很多过于抽象而不切合实际，且学生很难接受的教材必须精简和删除"。由于我国和苏联都是社会主义国家，当时认为苏联的教育理论和实践适合我国，20 世纪 50 年代，我国小学数学课程建设方向从欧美转向苏联，开始系统、全面地向苏联学习，试图在学习国外经验教训和继承我国优秀传统教育的基础上构建新的小学数学课程体系。但我国教育过分强调学习苏联，导致我国的小学数学教育改革脱离实际情况，教学秩序混乱，数学教育水平大幅下降。1952 年，教育部颁布《小学算术教学大纲（草案）》。这是新中国成立后我国第一个统一实施的小学算术教学大纲，结束了各地教学要求和教学内容不统一的局面。1956 年，教育部公布了《小学算术教学大纲（修订草案）》，其中关于课程目标的表述为："使儿童能够自觉地、正确地和迅速地进行整数运算，能够运用已经获得的知识、技能和技巧去解答算术应用题和解决日常生活中简单的计算问题。""算术教学必须有助于儿童智慧的发展和道德品质的培养，以促进全面发展的教育任务的实现。""算术的学习应该做到使数和量成为儿童认识周围现实的工具。"1959 年 11 月，教育部召开中小学数学教学座谈会，会议结束后草拟了《关于修订中、小学数学教学大纲和编写中、小学数学通用教材的请示报告》。

1960 年，北京师范大学发表《对于中小学数学教材内容现代化的建议》，主张数学教学要紧跟时代，服务社会，有严格的理论系统，难易适度，符合大多数学生的发展情况。同年 10 月，人民教育出版社草拟了《十年制学校数学教材的编辑方案（草稿）》，其基本思想就是缩短中小学教育的年限。随后各地开始试用人民教育出版社推出的一套十年制的数学课本。

（二）"文化大革命"时期

1966 年到 1976 年，我国经历了十年"文化大革命"。这期间各类学校的学制缩短，课程内容单一，教学质量下降，学生无法专心学习，教学秩序遭到严重破坏，教育事业出现倒退现象。而各地的教材编写者走进基层，进行深入调查，在数学教材的编写上做了一系列尝试。在这期间，产生了一种由生产队创办的中小学，提高了农村的教育水平。

（三）改革开放初期

党的十一届三中全会召开后，我国教育宗旨、教育方针和教育政策发生了深刻的变化，教育改革由此逐步恢复。1977—1987 年，我国小学数学课程历经了"重建"与"发展"的关键时期。

1977 年 8 月，教育部召开了中小学教学计划座谈会，讨论制定了《全日制十年制中小学教学计划试行草案》，并于 1978 年 1 月颁布试行。该计划正式规定小学学制为 5 年，把"小学算术"更名为"小学数学"，并在"课程设置及其说明"中指出，"要加强数学基础知识的教学和基本技能的训练，从小学起要注意反映现代数学的观点，小学和中学都要适当提高程度"。

1978 年 2 月，教育部制定并颁布了《全日制十年制学校小学数学教学大纲（试行草案）》，规定小学数学的课程目标是：使学生理解和掌握数量关系和空间形式的最基础的知识，能够正确地、迅速地进行整数、小数和分数的四则计算，初步了解现代数学中的某些最简单的思想，具有初步的逻辑思维能力和空间观念，并能够运用所学的知识解决日常生活和生产中的简单的实际问题。同时，结合教学内容对学生进行思想政治教育。

1982 年 12 月 4 日，第五届全国人民代表大会第五次会议通过了《中华人民共和国宪法》，将教育宗旨规定为"国家发展社会主义的教育事业，提高全国人民的科学文化水平"。1985 年 5 月 27 日，中共中央颁布了《关于教育体制改革的决定》。

（四）九年义务教育时期

1986 年 4 月 12 日，第六届全国人民代表大会第四次会议通过了《中华人民共和国义务教育法》，提出"国家实行九年义务教育制度"。同年 12 月颁布了《全日制小学数学教学大纲》，这是新中国成立后颁发的第一个没有"草案"两字的正式的小学教学大纲。该大纲规定的小学数学课程目标是：使学生理解和掌握数量关系和几何图形的最基础的知识，能够正确地、迅速地进行整数、小数和分数的四则计算，具有初步的逻辑思维能力和空间观念，并能够运用所学的知识解决日常生活和生产中的简单的实际问题。同时，结合教学内容对学生进行思想品德教育。该大纲是在 1978 年的《全日制十年制学校小学数学教学大纲（试行草案）》的基础上修订而成的，其在指导思想、发展智力、培养能力、结合教学内容进行思想品德教育、减轻学生过重负担、改革教学方法等方面都更加明确、具体，便于执行。其中，知识、能力和思想教育三方面的教学目标与 1978 年的《全日制十年制学校小学数学（试行草案）》基本相同，但表述更为确切，更加符合小学数学的特点和学生实际。

为了便于《中华人民共和国义务教育法》的实施，我国于 1988 年颁布了《九年制义务教育全日制小学数学教学大纲（初审稿）》，其教学目标是：① 使学生理解、掌握数量关系和几何图形的最基础的知识。② 使学生具有进行整数、小数、分数四则计算的能力，培养初步的逻辑思维能力和空间观念，能够运用所学的知识解决简单的实际问题。③ 使学生受到思想品德教育。经过 4 年的实践，1992 年颁布了《九年制义务教育全日制小学数学教学大纲（试用）》，与初审稿相比，教学内容作了一些改变，而教学目标并没有变化。

为了迎接新世纪的曙光，谋划教育事业发展蓝图，2000 年我国颁布了《九年义务教育全日制小学数学教学大纲（试用修订版）》。与 1992 的大纲相比，2000 年颁布的大纲具有两大历史性的进步：① 首次提到了"探索"，这使得在小学数学教学中涌现了探索性学习、自主性学习、研究性学习等学习方式，促进了教师教学理念的转变与发展。② 首次将学习数学的兴趣，树立学好数学的信心，写入大纲，促使教师重视学生的学习兴趣和信心。

（五）新课程改革时期

在世界各国大力改革教育的大背景下，我国于 2001 年 6 月颁布了《基础教育课程改革纲要（试行）》。在该纲要的指引下，2001 年 7 月，我国颁布了《全日制义务教育数学课程标准（实验稿）》。《全日制义务教育数学课程标准（实验稿）》将九年义务教育分为三个学段，第一、二学段是小学阶段，第三学段是初中阶段，并将目标分为"总体目标"与"学段目标"两部分。"总体目标"中有知识与技能、数学思考、解决问题、情感与态度四个方面。《全日制义务教育数学课程标准（实验稿）》

提出了具体的学段目标，对每个知识点如何落实总体目标的四个方面作了比较详细的说明。2001 年 9 月，《全日制义务教育数学课程标准（实验稿）》开始在全国 38 个实验区试行。这一时期的数学教育改革面向全体学生，与之前的改革相比，有观念新、内容变化大、范围广、规模大、困难多、难度大六个特点。

2010 年，中共中央、国务院印发了《国家中长期教育改革和发展规划纲要（2010—2020 年）》，其中指出党和国家的教育目标为："坚持教育为社会主义现代化建设服务，为人民服务，与生产劳动和社会实践相结合，培养德智体美全面发展的社会主义建设者和接班人。"在《国家中长期教育改革和发展规划纲要（2010—2020）》的指引下，教育部于 2011 年末对《全日制义务教育数学课程标准（实验稿）》进行了修订。2011 年 12 月正式颁布了《义务教育数学课程标准（2011 年版）》。该标准的理念和教学内容有所调整，其中指出了义务教育阶段的数学课程要面向全体学生，适应学生个性发展的需要，使得人人都能获得良好的数学教育，不同的人在数学上得到不同的发展；在原来培养学生分析和解决问题能力的基础上，增加发现与提出数学问题的能力；将"双基"拓展为"四基"，即在原来传授基础知识和基本技能的基础上，增加了传授学生数学的基本活动经验和基本思想方法。它不但将学习领域分为数与代数、图形与几何、统计与概率、综合和实践，而且根据义务教育阶段的课程性质、基本理念、设置思路、学生的身心特点，将义务教育阶段分为一到三年级、四到六年级、七到九年级三个学段。

2022 年 4 月 21 日，教育部正式颁布《义务教育数学课程标准（2022 年版）》（以下简称《标准》）。与《义务教育数学课程标准（2011 年版）》相比较，《标准》的课程内容结构、具体内容、课程理念、目标、内容等方面都有明显变化，落实立德树人的根本任务，进一步深化课程改革，提高育人的质量。其主要变化有：强化了课程育人的导向，优化了课程内容的结构，研制了学业质量的标准，增强了指导性，加强了各学科的衔接。

◎思考与练习：

1.小学数学课程与教学论的主要研究对象是什么？

2.学习小学数学课程与教学论的意义是什么？

3.研究小学数学课程与教学论，通常可以采用哪些方法？

4.回顾历史，小学数学教育改革的趋势是什么？

5.小学数学教育改革对教师提出哪些新挑战？

第一章

小学数学课程

▶ 学习目标：

　　1. 理解小学数学课程理念。

　　2. 掌握小学数学课程目标。

　　3. 对小学数学课程内容有整体认识。

▶ 教前准备：

　　1. 认真研读《标准》。

　　2. 了解《标准》中小学数学课程的一些变化。

▶ 学前准备：

　　认真研读《标准》。

　　课程是按照一定的社会需要，根据特定的文化和社会取向，考虑不同年龄阶段学生的特点，为培养下一代而制订的一套有目的、可执行的方案。《标准》是教育部颁布的学科教学指导性文件，为国家管理和评价课程提供了标准与依据，是教材编写、教学、评估和考试命题的依据。

第一节　小学数学课程理念

　　课程理念是课程的灵魂，反映了我们对数学课程目标、数学课程内容、数学教学活动、数学学习评价和信息技术等方面具有的基本认识、观念和态度，是制定和实施数学课程的指导思想。《标准》中的所有内容都贯穿了基本理念的思想和要求，教师作为课程的实施者，更应自觉以基本理念为指导，树立正确的数学教育观念，并将其用于指导自己的教学实践活动。

一、课程理念的要求

　　《标准》指出："义务教育数学课程以习近平新时代中国特色社会主义思想为指导，落实立德树人根本任务，致力于实现义务教育阶段的培养目标，使得人人都能获得良好的数学教育，不同的人在数学上得到不同的发展，逐步形成适应终身发展需要的核心素养。"

（一）人人都能获得良好的数学教育

这句话的主体是"人人"，是指学习数学课程的所有人，而不是少数人。这表明，义务教育阶段的数学教育是面向大众的教育，是人人受益、人人成长的教育，不是面向个别人的教育，也不是自然淘汰、适者生存的教育。这句话的落脚点是数学教育，而不是数学，那么，怎样的数学教育才是良好的数学教育呢？良好的数学教育是指对学生来说是适宜的、满足学生发展需求的教育，是全面实现育人目标的教育，是促进公平、注重质量的教育，是促进学生可持续发展的教育。

（二）不同的人在数学上得到不同的发展

义务教育阶段的数学课程不仅要面向全体学生，而且要适应学生个性发展的需要，既要关注"人人"，也要关注"不同的人"，这样既保证了全体学生数学学习基本质量标准的达成，也为不同学生的多样性发展提供了空间。可见，数学课程更加注重学生的主体性地位。教师要正视学生的差异，尊重学生的个性，注重学生的自主发展。

（三）逐步形成适应终身发展需要的核心素养

学生通过数学教育获得的核心素养称为数学核心素养。数学核心素养是具有数学基本特征、适应个人终身发展和社会发展需要的必备品格与关键能力，是数学课程目标的集中体现，是在数学学习过程中逐步形成的。数学核心素养是数学教育的、与人的行为（思维、做事）有关的终极目标；是学生在本人参与的数学活动中，逐步形成发展的；是经验的积累，是过程性目标的拓展，是"四基"的继承发展。《标准》把核心素养表述为：会用数学的眼光观察现实世界、会用数学的思维思考现实世界、会用数学的语言表达现实世界（简称"三会"）。

二、课程目标

课程目标是指课程本身要实现的具体目标和意图，是确定课程内容、教学目标和教学方法的基础，因此必须明确小学数学课程目标。《标准》明确提出："义务教育数学课程应使学生通过数学的学习，形成和发展面向未来社会和个人发展所需要的核心素养。核心素养是在数学学习过程中逐渐形成和发展的，不同学段发展水平不同，是制定课程目标的基本依据。"因此，在教学中制定的课程目标应以学生发展为本，以核心素养为导向，进一步强调学生获得数学基础知识、基本技能、基本思想和基本活动经验（简称"四基"），发展运用数学知识与方法发现、提出、分析和解决问题的能力（简称"四能"），形成正确的情感、态度和价值观。

三、课程内容

数学课程内容是实现课程目标的重要载体，主要包含课程内容的选择、组织与呈现。

选择什么样的课程内容才最有价值？无论对课程设计者还是对课程实施者而言，这都是一个必须正视的根本性问题。关于课程内容的选择，《标准》指出："保持相对稳定的学科体系，体现数学学科特征；关注数学学科发展前沿与数学文化，继承和弘扬中华优秀传统文化；与时俱进，反映现代科学技术与社会发展需要；符合学生的认知规律，有助于学生理解、掌握数学的基础知识和基本技能，形成数学基本思想，积累数学基本活动经验，发展核心素养。"

在课程内容的组织上，应重点对内容进行结构化整合，探索发展学生核心素养的路径。同时要处理好以下三个关系：① 重视数学结果的形成过程，处理好过程与结果的关系；② 重视数学内容的直观表述，处理好直观与抽象的关系；③ 重视学生直接经验的形成，处理好直接经验与间接经验的关系。

课程内容的呈现应注重数学知识与方法的层次性和多样性，适当考虑跨学科主题学习。同时要根据学生的年龄特征和认知规律，适当采取螺旋式的方式，适当体现选择性，逐渐拓展和加深课程内容，从而适应学生的发展需求。

四、教学活动

数学教学是对数学课程的具体实施，是为达成一定的数学课程目标，在特定的环境条件下所开展的教学活动。应实施能促进学生发展的教学活动。《标准》指出："有效的教学活动是学生学和教师教的统一，学生是学习的主体，教师是学习的组织者、引导者与合作者。"以下从学生学习、教学活动两个方面进行阐述。

首先，学生学习应是一个主动的过程，要鼓励学生发展数学学习的自觉性。强调学生学习方式的多样化，认真听讲、独立思考、动手实践、自主探索、合作交流等都是学习数学的重要方式，倡导学生根据实际选择恰当的学习方式。

其次，在教学活动中应注重启发式教学，激发学生学习兴趣，引发学生积极思考，鼓励学生质疑问难，引导学生在真实情境中发现问题和提出问题，利用观察、猜测、实验、计算、推理、验证、数据分析、直观想象等方法分析问题和解决问题；促进学生理解和掌握数学的基础知识和基本技能，体会和运用数学的思想与方法，获得数学的基本活动经验；培养学生良好的学习习惯，形成积极的情感、态度和价值观，逐步形成核心素养。

这与前面强调的课程目标一致：以学生发展为本，以核心素养为导向，进一步强调学生获得"四基"，发展"四能"，形成正确的情感、态度和价值观。

五、关于评价

评价在数学课程中是一个内涵极其丰富的概念，在教育教学活动中发挥着诊断、反馈、激励、导向等重要作用，可有效调控并促进教育改革的进行。《标准》根据义务教育阶段数学课程实施中的实际情况，对评价提出了要求。

（一）评价目的

《标准》指出："评价不仅要关注学生数学学习结果，还要关注学生数学学习过程，激励学生学习，改进教师教学。"可见，评价的目的应是激励学生学习和改进教师教学。

（二）评价依据

《标准》指出："通过学业质量标准的构建，融合'四基''四能'和核心素养的主要表现，形成阶段性评价的主要依据。"这表明，要建立以核心素养为导向的评价机制，坚持"教-学-评"一致性原则，开发多维度的评价内容。

（三）评价主体多元、评价方法多样

《标准》指出："采用多元的评价主体和多样的评价方式，鼓励学生自我监控学习的过程和结果。"《标准》提出，评价学生的核心素养有以下两类评价方式：一类是教学评价，基于日常教学和学习等活动的评价方式，这类评价包括对学生课堂表现、课堂作业、课后作业、实践活动等一系列学习活动的追踪评价；另一类是基于学业水平考试的评价。《标准》要求学业水平考试在命题原则上坚持素养立意，凸显育人导向。学业水平考试也是我国素养导向评价的主流评价方式之一。应将以上两种类型的评价方式相结合，扩大评价主体（包括教师、家长、学生等），综合运用教师评价、学生自评互评、家长评价等方式，对学生的学习情况进行全方位的考查，共同致力于我国以素养为导向的评价，落实立德树人的教育任务、实现培养全面发展的人的教育目标。

（四）学习评价应处理"结果和过程"的关系

《标准》指出："评价不仅要关注学生数学学习结果，还要关注学生数学学习过程。"这表明，在评价中，结果与过程是有机关联的，在评价中同等重要。教师应该辩证地处理好这个关系，使数学学习评价真正发挥它应有的功能。

六、信息技术

现代信息技术的发展促使人们重新思考数学教育的价值与目标，重新调整数学课程内容，更新数学教与学的方式，信息技术与数学课程融合是必要的，也是可实现的。《标准》对此作出要求："合理利用现代信息技术，提供丰富的学习资源，设计生动的教学活动，促进数学教学方式方法的变革。""重视大数据、人工智能等对数学教学改革的推动作用，改进教学方式，促进学生学习方式转变。"在实际问题解决过程中，创设合理的信息化学习环境，提升学生的探究热情，开阔学生的视野，激发学生的想象力，提高学生的信息素养。

第二节 小学数学课程目标

数学素养是现代社会每个公民都应该具备的基本素养，小学数学课程是培养公民数学素养的基础课程，具有基础性、普及性和发展性。小学数学课程能使学生掌握必备的基础知识和基本技能，培养学生的抽象思维和推理能力，培养学生的创新意识和实践能力，促进学生在情感、态度与价值观等方面的发展，为学生的未来生活、工作和学习奠定基础。《标准》指出："课程目标的确定，立足学生核心素养发展，集中体现数学课程育人价值。"

一、核心素养内涵

（一）核心素养的构成

数学课程要培养的学生核心素养，主要包括以下三个方面：会用数学的眼光观察现实世界，会用数学的思维思考现实世界，会用数学的语言表达现实世界。其主要内涵与表现如表 1.1 所示。

表 1.1　核心素养的主要内涵与表现

	会用数学的眼光观察现实世界	会用数学的思维思考现实世界	会用数学的语言表达现实世界
主要内涵	数学为人们提供了一种认识与探究现实世界的观察方式。通过数学的眼光： （1）可以从现实世界的客观现象中发现数量关系与空间形式，提出有意义的数学问题； （2）能够抽象出数学的研究对象及其属性，形成概念、关系与结构； （3）能够理解自然现象背后的数学原理，感悟数学的审美价值； （4）形成对数学的好奇心与想象力，主动参与数学探究活动，发展创新意识	数学为人们提供了一种理解与解释现实世界的思考方式。通过数学的思维： （1）可以揭示客观事物的本质属性，建立数学对象之间、数学与现实世界之间的逻辑联系； （2）能够根据已知事实或原理，合乎逻辑地推出结论，构建数学的逻辑体系； （3）能够运用符号运算、形式推理等数学方法，分析、解决数学问题和实际问题； （4）能够通过计算思维将各种信息约简和形式化，进行问题求解与系统设计； （5）形成重论据、有条理、合乎逻辑的思维品质，培养科学态度与理性精神	数学为人们提供了一种描述与交流现实世界的表达方式。通过数学的语言： （1）可以简约、精确地描述自然现象、科学情境和日常生活中的数量关系与空间形式； （2）能够在现实生活与其他学科中构建普适的数学模型，表达和解决问题； （3）能够理解数据的意义与价值，会用数据的分析结果解释和预测不确定现象，形成合理的判断或决策； （4）形成数学的表达与交流能力，发展应用意识与实践能力

17

续表

	会用数学的眼光观察现实世界	会用数学的思维思考现实世界	会用数学的语言表达现实世界
主要表现	在义务教育阶段,数学眼光主要表现为:抽象能力(数感、量感)、符号意识、几何直观、空间观念与创新意识。 通过对现实世界中基本数量关系与空间形式的观察,学生: (1)能够直观理解所学的数学知识及其现实背景; (2)能够在生活实践和其他学科中发现基本的数学研究对象及其所表达的事物之间简单的联系与规律; (3)能够在实际情境中发现和提出有意义的数学问题,进行数学探究; (4)逐步养成从数学角度观察现实世界的意识与习惯,发展好奇心、想象力和创新意识	在义务教育阶段,数学思维主要表现为:运算能力、推理意识或推理能力。 通过经历独立的数学思维过程,学生: (1)能够理解数学基本概念和法则的发生与发展,数学基本概念之间、数学与现实世界之间的联系; (2)能够合乎逻辑地解释或论证数学的基本方法与结论,分析、解决简单的数学问题和实际问题; (3)能够探究自然现象或现实情境所蕴含的数学规律,经历数学"再发现"的过程; (4)发展质疑问难的批判性思维,形成实事求是的科学态度,初步养成讲道理、有条理的思维品质,逐步形成理性精神	在义务教育阶段,数学语言主要表现为:数据意识、模型意识、应用意识。 通过经历用数学语言表达现实世界中的简单数量关系与空间形式的过程,学生: (1)初步感悟数学与现实世界的交流方式; (2)能够有意识地运用数学语言表达现实生活与其他学科中事物的性质、关系和规律,并能解释表达的合理性; (3)能够感悟数据的意义与价值,有意识地使用真实数据表达、解释与分析现实世界中的不确定现象; (4)欣赏数学语言的简洁与优美,逐步养成用数学语言表达与交流的习惯,形成跨学科的应用意识与实践能力

(二)核心素养在小学阶段的主要表现

核心素养具有整体性、一致性和阶段性,在不同阶段具有不同表现,在小学阶段核心素养主要表现为一种"意识",在初中阶段核心素养主要表现为一种"观念",在高中阶段核心素养主要表现为一种"能力"。小学阶段侧重对经验的感悟,核心素养主要表现为:数感、量感、符号意识、运算能力、几何直观、空间观念、推理意识、数据意识、模型意识、应用意识、创新意识。这11个核心素养的具体内涵如下。

1. 数感

数感主要是指对于数与数量、数量关系及运算结果的直观感悟。能够在真实情境中理解数的意义,能用数表示物体的个数或事物的顺序;能在简单的真实情境中进行合理估算,作出合理判断;能初步体会并表达事物蕴含的简单数量规律。数感是形成抽象能力的经验基础。建立数感有助于理解数的意义和数量关系,初步感受数学表达的简洁与精确,增强好奇心,培养学习数学的兴趣。

2. 量感

量感主要是指对事物的可测量属性及大小关系的直观感知。知道度量的意义,能够理解统一度量单位的必要性;会针对真实情境选择合适的度量单位进行度量,会在同一度量方法下进行不同单位的换算;初步感知度量工具和方法引起的误差,能合理得到或估计度量的结果。建立量感有助于养成用定量的方法认识和解决问题的习惯,是形成抽象能力和应用意识的经验基础。

3 符号意识

符号意识主要是指能够感悟符号的数学功能。知道符号表达的现实意义；能够初步运用符号表示数量、关系和一般规律；知道用符号表达的运算规律和推理结论具有一般性；初步体会符号的使用是数学表达和数学思考的重要形式。符号意识是形成抽象能力和推理能力的经验基础。

4. 运算能力

运算能力主要是指根据法则和运算律进行正确运算的能力。能够明晰运算的对象和意义，理解算法与算理之间的关系；能够理解运算的问题，选择合理简洁的运算策略解决问题；能够通过运算促进数学推理能力的发展。运算能力有助于形成规范化思考问题的品质，养成一丝不苟、严谨求实的科学态度。

5. 几何直观

几何直观主要是指运用图表描述和分析问题的意识与习惯。能够感知各种几何图形及其组成元素，依据图形的特征进行分类；根据语言描述画出相应的图形，分析图形的性质；建立形与数的联系，构建数学问题的直观模型；利用图表分析实际情境与数学问题，探索解决问题的思路。几何直观有助于把握问题的本质，明晰思维的路径。

6. 空间观念

空间观念主要是指对空间物体或图形的形状、大小及位置关系的认识。能够根据物体特征抽象出几何图形，根据几何图形想象出所描述的实际物体；想象并表达物体的空间方位和相互之间的位置关系；感知并描述图形的运动和变化规律。空间观念有助于理解现实生活中空间物体的形态与结构，是形成空间想象力的经验基础。

7. 推理意识

推理意识主要是指对逻辑推理过程及其意义的初步感悟。知道可以从一些事实和命题出发，依据规则推出其他命题或结论；能够通过简单的归纳或类比，猜想或发现一些初步的结论；通过法则运用，体验数学从一般到特殊的论证过程；对自己及他人的问题解决过程给出合理解释。推理意识有助于养成讲道理、有条理的思维习惯，增强交流能力，是形成推理能力的经验基础。

8. 数据意识

数据意识主要是指对数据的意义和随机性的感悟。知道在现实生活中，有许多问题应当先做调查研究，收集数据，感悟数据蕴含的信息；知道同样的事情每次收集到的数据可能不同，而只要有足够的数据就可能从中发现规律；知道同一组数据可以用不同方式表达，需要根据问题的背景选择合适的方式。形成数据意识有助于理解生活中的随机现象，逐步养成用数据说话的习惯。

9. 模型意识

模型意识主要是指对数学模型普适性的初步感悟。知道数学模型可以用来解决一类问题,是数学应用的基本途径;能够认识到现实生活中大量的问题都与数学有关,有意识地用数学的概念与方法予以解释。模型意识有助于开展跨学科主题学习,增强对数学的应用意识,是形成模型观念的经验基础。

10. 应用意识

应用意识主要是指有意识地利用数学的概念、原理和方法解释现实世界中的现象与规律,解决现实世界中的问题。能够感悟现实生活中蕴含着大量的与数量和图形有关的问题,可以用数学的方法予以解决;初步了解数学作为一种通用的科学语言在其他学科中的应用,通过跨学科主题学习建立不同学科之间的联系。应用意识有助于用学过的知识和方法解决简单的实际问题,养成理论联系实际的习惯,发展实践能力。

11. 创新意识

创新意识主要是指主动尝试从日常生活、自然现象或科学情境中发现和提出有意义的数学问题。初步学会通过具体的实例,运用归纳和类比发现数学关系与规律,提出数学命题与猜想,并加以验证;勇于探索一些开放性的、非常规的实际问题与数学问题。创新意识有助于形成独立思考、敢于质疑的科学态度与理性精神。

此外,《标准》从内涵上将小学、初中、高中的核心素养表现贯通,使得整个基础教育阶段的数学课程标准达到统一,实现整体性、一致性和阶段性(见图1-1)。

图1-1 核心素养在数学学习各学段的具体表现

二、义务教育数学课程目标的结构体系

义务教育数学课程目标是根据小学教育的宗旨和教育规律而提出的课程的具体价值和任务指标。它是小学数学教学工作的基本依据,对小学数学教学活动具有指导作用,并直接影响数学课程内容、教学方法、教学组织、教学评价等方面的制定。

根据不同学段学生发展的特征,义务教育数学课程的总目标将核心素养的表现具体体现在各学段中。

义务教育数学课程目标是一个具有五个层次（总体目标-学段目标-学期目标-单元目标-课时目标）的有序体系。其结构体系如图1-2所示。

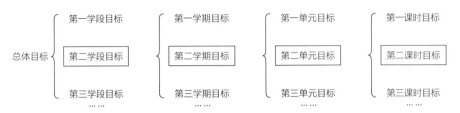

图1-2　义务教育数学课程目标结构体系

在课程目标结构体系中，如果说核心素养是它的横向结构，那么，学段目标就是它的纵向结构（见图1-3）。

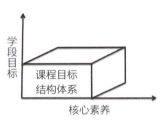

图1-3　课程目标结构体系坐标

三、小学数学课程标准总目标

《标准》对数学课程的总目标表述为：通过义务教育阶段的数学学习，学生逐步会用数学的眼光观察现实世界，会用数学的思维思考现实世界，会用数学的语言表达现实世界（简称"三会"）。学生能：

（1）获得适应未来生活和进一步发展所必需的数学基础知识、基本技能、基本思想、基本活动经验。

（2）体会数学知识之间、数学与其他学科之间、数学与生活之间的联系，在探索真实情境所蕴含的关系中，发现问题和提出问题，运用数学和其他学科的知识与方法分析问题和解决问题。

（3）对数学具有好奇心和求知欲，了解数学的价值，欣赏数学美，提高学习数学的兴趣，建立学好数学的信心，养成良好的学习习惯，形成质疑问难、自我反思和勇于探索的科学精神。

我们将总目标简单概括为：学会"三会"，获得"四基"，发展"四能"，形成正确的情感、态度和价值观。

核心素养与"四基""四能"的关系如图1-4所示，可将核心素养视为最终目标，形成"四基""四能"、培养必备的品格与正确的价值观是中间目标。

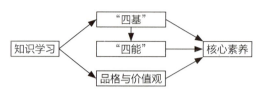

图1-4 核心素养与"四基""四能"的关系

四、小学数学课程标准学段目标

义务教育阶段数学课程目标分为总目标和学段目标，如果说总目标回答的是"学生为什么学数学"和"数学学习将给学生带来什么"的问题，那么，学段目标回答的是"学生应该学哪些数学"和"怎样学那些数学"的问题。

根据各个学段学生发展的特征，描述总目标在各学段的表现和要求，将核心素养的表现具体体现在每个学段的目标之中，如表1.2所示。

表1.2 小学各学段目标与核心素养

学段	核心素养
第一学段	数感、量感、符号意识、运算能力、空间观念、数据意识、几何直观、应用意识
第二学段	数感、量感、运算能力、几何直观、空间观念、推理意识、数据意识、模型意识、应用意识
第三学段	数感、量感、符号意识、运算能力、几何直观、空间观念、推理意识、数据意识、应用意识、创新意识

小学各学段目标具体体现如表1.3所示。

表1.3 小学各学段目标具体体现

第一学段目标	第二学段目标	第三学段目标
经历简单的数的抽象过程，认识万以内的数，能进行简单的整数四则运算，形成初步的数感、符号意识和运算能力	认识自然数，经历小数和分数的形成过程，初步认识小数和分数；能进行较复杂的整数四则运算和简单的小数、分数的加减运算，理解运算律；形成数感、运算能力和初步的推理意识	经历用字母表示数的过程，认识自然数的一些特征，理解小数和分数的意义；能进行小数和分数的四则运算，探索数运算的一致性；形成符号意识、运算能力、推理意识
能辨认简单的立体图形和平面图形，认识长方形和正方形的特征，体验物体长度的测量过程，认识常见的长度单位，形成初步的量感和空间观念	认识常见的平面图形，经历平面图形的周长和面积的测量过程，探索长方形周长和面积的计算方法；了解图形的平移、旋转和轴对称；形成量感、空间观念和初步的几何直观	探索几何图形面积和体积的计算方法，会计算常见平面图形的周长和面积，会计算常见立体图形的体积和表面积；能用有序数对确定点的位置，进一步认识图形的平移、旋转和轴对称；形成量感、空间观念和几何直观
经历简单的分类过程，能根据给定的标准进行分类，形成初步的数据意识	经历简单的数据收集过程，了解数据收集、整理和呈现的简单方法；理解平均数的意义，会用平均数解决问题；形成初步的数据意识	经历收集、整理和表达数据的过程，会用条形统计图、折线统计图表达数据，并作出简单的判断；理解百分数的意义，了解随机现象发生的可能性；形成数据意识和初步的应用意识

续表

第一学段目标	第二学段目标	第三学段目标
在主题活动中认识货币单位、时间单位和基本方向，尝试用数学方法解决问题，积累数学活动经验，形成初步的量感和应用意识	在主题活动中进一步认识时间单位和方向，认识质量单位，尝试应用数学和其他学科知识与方法解决问题，积累数学活动经验，形成量感、推理意识和应用意识	在主题活动和项目学习中了解负数，应用数学和其他学科知识与方法解决问题，积累数学活动经验，形成数感、量感、模型意识、应用意识和创新意识
能在教师指导下，从日常生活中提出简单的数学问题，尝试运用所学的知识和方法解决问题。在解决问题的过程中，感悟分析问题和解决问题的基本方法，感受数学在生活中的应用，形成初步的几何直观和应用意识	尝试从日常生活中发现和提出数学问题，探索分析和解决问题的方法，经历独立思考并与他人合作交流解决问题的过程，会用常见的数量关系和其他学科的知识与方法解决问题，能初步判断结果的合理性；形成初步的模型意识、几何直观和应用意识	尝试在真实的情境中发现和提出问题，探索运用基本的数量关系，以及几何直观、逻辑推理和其他学科的知识、方法分析与解决问题，形成模型意识和初步的应用意识、创新意识
对身边与数学有关的事物有好奇心，能参与数学学习活动。在他人帮助下，尝试克服困难，感受数学活动中的成功。了解数学可以描述生活中的一些现象，感受数学与生活有密切联系，感受数学美。能倾听他人的意见，尝试对他人的想法提出建议	愿意了解日常生活中与数学相关的信息，愿意参与数学学习活动。在他人的鼓励和引导下，体验克服困难、解决问题的成就，体会数学的作用，体验数学美。在学习活动中能提出自己的想法，在与他人交流的过程中，敢于质疑和反思	对数学具有好奇心和求知欲，主动参与数学学习活动。在解决问题的过程中，体验成功的乐趣，相信自己能够学好数学，感受数学的价值，体验并欣赏数学美。初步养成认真勤奋、独立思考、合作交流、反思质疑的习惯

除此之外，《标准》还特别指出，在一年级第一学期的入学适应期，应利用生活经验和幼儿园相关活动经验，通过具体形象、生动活泼的活动方式学习简单的数学内容。这期间的主要目标包括：

（1）认识 20 以内的数，会 20 以内数的加减法（不含退位减法）；

（2）能辨认物体和简单图形的形状，会简单分类；

（3）解决日常生活中的简单问题；

（4）对数学学习产生兴趣并树立信心。

第三节　小学数学课程内容

课程内容是指各门学科中特定的事实、观点、原理和问题，以及处理它们的方式，是一定的知识、技能、技巧、思想、观点、信念、言语、行为和习惯的总和。课程内容的作用主要体现在三个方面：第一，课程内容是人类文明成果的精华；第二，课程内容是学生学习的对象；第三，课程内容是影响学生发展的材料。在不同时代和不同国度，由于社会生产力水平、政治体制与教育目的不同，课程内容也有所不同。

一、小学数学课程标准的内容结构

根据《标准》对小学数学课程内容的阐述，小学数学课程内容包括"数与代数""图形与几何""统计与概率""综合与实践"四个学习领域。

"数与代数""图形与几何""统计与概率"以数学核心内容和基本思想为主线循序渐进，每个学段的主题有所不同。"综合与实践"以培养学生综合运用所学知识和方法解决实际问题的能力为目标，根据不同学段学生特点，以跨学科主题学习为主，适当采用主题式学习和项目式学习的方式，设计情境真实、较为复杂的问题，引导学生综合运用数学学科和跨学科的知识与方法解决问题。

根据学段目标的要求，四个学习领域的内容按学段逐步递进，不同学段主题有所不同。具体安排如表1.4所示。

表1.4 小学各学段各领域的主题

领域	学段		
	第一学段（1～2年级）	第二学段（3～4年级）	第三学段（5～6年级）
数与代数	（1）数的运算； （2）数量关系	（1）数的运算； （2）数量关系	（1）数的运算； （2）数量关系
图形与几何	（1）图形的认识与测量	（1）图形的认识与测量； （2）图形的位置与运动	（1）图形的认识与测量； （2）图形的位置与运动
统计与概率	（1）数据分类	（1）数据的收集、整理与表达	（1）数据的收集、整理与表达； （2）随机现象发生的可能性
综合与实践	重在解决实际问题，以跨学科主题学习为主，主要包括主题活动和项目学习等。第一、第二、第三学段主要采用主题式学习，将知识内容融入主题活动中		

《标准》将每个领域的课程内容按"内容要求""学业要求""教学提示"三个方面呈现。内容要求主要描述学习的范围和要求，即"学什么"；学业要求主要明确学段结束时学习内容与相关核心素养所要达到的程度，即"学到什么程度"；教学提示主要是针对学习内容和达成相关核心素养而提出的教学建议，即"怎么学"。课程内容与核心素养如表1.5所示，如此不仅体现了"教-学-评"的一致性，还体现了《标准》的指导性和可操作性。

表1.5 课程内容与核心素养

课程内容	核心素养
数与代数	数感、符号意识、运算能力、推理意识、模型意识、几何直观、应用意识
图形与几何	量感、空间观念、推理意识、几何直观、应用意识、创新意识
统计与概率	数据意识、应用意识
综合与实践	数感、量感、空间观念、几何直观、推理意识、模型意识、应用意识、创新意识

二、小学数学各学段的课程内容

（一）数与代数

数与代数是小学阶段学生数学学习的重要领域，包括"数与运算"和"数量关系"两个主题。学段之间的内容相互关联，由浅入深，层层递进，螺旋上升，构成相对系统的知识结构，如表 1.6 至表 1.8 所示。

笔记栏

"数与运算"包括整数、小数和分数的认识及其四则运算。数是对数量的抽象，数的运算重点在于理解算理、掌握算法，数与运算之间有密切的关联。学生经历由数量到数的形成过程，理解和掌握数的概念；经历算理和算法的探索过程，理解算理，掌握算法。初步体会数是对数量的抽象，感悟数的概念本质上的一致性，形成数感和符号意识；感悟数的运算以及运算之间的关系，体会数的运算本质上的一致性，形成运算能力和推理意识。

"数量关系"主要是用符号（包括数）或含有符号的式子表达数量之间的关系或规律。学生经历在具体情境中运用数量关系解决问题的过程，感悟加法模型和乘法模型的意义，提高发现和提出问题、分析和解决问题的能力，形成模型意识和初步的应用意识。

表 1.6　数与代数的内容要求

学段	数与运算	数量关系
第一学段	（1）在实际情境中感悟并理解万以内数的意义，理解数位的含义，知道用算盘可以表示多位数。 （2）了解符号 <、=、> 的含义，会比较万以内数的大小；通过数的大小比较，感悟相等和不等关系。 （3）在具体情境中，了解四则运算的意义，感悟运算之间的关系。 （4）探索加法和减法的算理与算法，会整数加减法。 （5）探索乘法和除法的算理与算法，会简单的整数乘除法。 （6）在解决生活情境问题的过程中，体会数和运算的意义，形成初步的符号意识、数感、运算能力和推理意识	（1）在简单的生活情境中，运用数和数的运算解决问题，能解释结果的实际意义，形成初步的应用意识。 （2）探索用数或符号表达简单情境中的变化规律
第二学段	（1）在具体情境中，认识万以上的数，了解十进制计数法；探索并掌握多位数的乘除法，感悟从未知到已知的转化。 （2）结合具体情境，初步认识小数和分数，感悟分数单位；会同分母分数的加减法和一位小数的加减法。 （3）在解决简单实际问题的过程中，理解四则运算的意义，能进行整数四则混合运算。 （4）探索并理解运算律（加法交换律和结合律、乘法交换律和结合律、乘法对加法的分配律），能用字母表示运算律。 （5）会运用数描述生活情境中事物的特征，逐步形成数感、运算能力和初步的推理意识	（1）在实际情境中，运用数和数的运算解决问题；在解决实际问题的过程中，能结合具体情境，选择合适的单位进行简单估算，体会估算在生活中的作用。 （2）能借助计算器进行计算，解决简单的实际问题，探索简单的规律。 （3）在具体情境中，认识常见数量关系：总量 = 分量 + 分量、总价 = 单价 × 数量、路程 = 速度 × 时间；能利用这些关系解决简单的实际问题。 （4）能在具体情境中了解等量的等量相等。 （5）能解决生活中的简单问题，并能对结果的实际意义作出解释，经历探索简单规律的过程，形成初步的模型意识和应用意识
第三学段	（1）知道 2、3、5 的倍数的特征，了解公倍数和最小公倍数，了解公因数和最大公因数，了解奇数、偶数、质数（或素数）和合数。	（1）根据具体情境理解等式的基本性质。 （2）在解决实际问题的过程中，会选择合适的方法进行估算。

续表

学段	数与运算	数量关系
第三学段	（2）结合具体情境探索并理解小数和分数的意义，感悟计数单位；会进行小数、分数的转化，进一步发展数感和符号意识。 （3）结合具体情境理解整数除法与分数的关系。 （4）能进行简单的小数、分数四则运算和混合运算，感悟运算的一致性，发展运算能力和推理意识	（3）在具体情境中，探索用字母表示事物的关系、性质和规律的方法，感悟用字母表示的一般性。 （4）在实际情境中理解比和比例以及按比例分配的含义，能解决简单的问题。 （5）通过具体情境，认识成正比的量（如 $\frac{y}{x}=5$）；能探索规律或变化趋势（如 $y=5x$）。 （6）能运用常见的数量关系解决实际问题，能合理解释结果的实际意义，逐步形成模型意识和几何直观，提高解决问题的能力

表 1.7　数与代数的学业要求

学段	数与运算	数量关系
第一学段	（1）能用数表示物体的个数或事物的顺序，能认、读、写万以内的数；能说出不同数位上的数表示的数值；能用符号表示数的大小关系，形成初步的数感和符号意识。 （2）能描述四则运算的含义，知道减法是加法的逆运算、乘法是加法的简便运算、除法是乘法的逆运算；能熟练口算 20 以内数的加减法和表内乘除法，能口算简单的百以内的加减法；能计算两位数和三位数的加减法。形成初步的运算能力	（1）能在熟悉的生活情境中运用数和数的运算，合理表达简单的数量关系，解决简单的问题。 （2）能在解决问题的过程中，体会解决问题的道理，解释计算结果的实际意义，感悟数学与现实世界的关联，形成初步的模型意识、几何直观和应用意识
第二学段	（1）能结合具体实例解释万以上数的含义，能认、读、写万以上的数，会用万、亿作为单位表示大数。能计算两位数乘除三位数。 （2）能直观描述小数和分数，能比较简单的小数的大小和分数的大小；会进行同分母分数的加减运算和一位小数的加减运算。形成数感、符号意识和运算能力。 （3）能描述减法与加法的关系、除法与乘法的关系；能进行整数四则混合运算（以两步为主，不超过三步），正确运用小括号和中括号。能说出运算律的含义，并能用字母表示；能运用运算律进行简便运算，解决相关的简单实际问题，形成运算能力	（1）能在简单的实际情境中，运用四则混合运算解决问题，能选择合适的单位通过估算解决实际问题，形成初步的应用意识。 （2）能在真实情境中，发现常见数量关系，感悟利用常见数量关系解决问题；能借助计算器进行计算，并解释计算结果的实际意义；形成初步的模型意识、几何直观和应用意识。 （3）能在真实情境中，合理利用等量的等量相等进行推理，形成初步的推理意识
第三学段	（1）能找出 2、3、5 的倍数。在 1~100 的自然数中：能找出 10 以内自然数的所有倍数，10 以内两个自然数的公倍数和最小公倍数；能找出一个自然数的所有因数，两个自然数的公因数和最大公因数；能判断一个自然数是质数还是合数。 （2）能用直观的方式表示分数和小数，能比较两个分数的大小和两个小数的大小；会进行小数和分数的转化（不包括将循环小数转化成分数）。能在实际情境中运用小数和分数解决问题，进一步发展符号意识和数感。	（1）能在具体问题中感受等式的基本性质。 （2）能在解决实际问题中运用恰当的方法进行估算，并能描述估算的过程。 （3）能在具体情境中，用字母或含有字母的式子表示数量之间的关系、性质和规律，感悟用字母表示具有一般性。 （4）能在具体情境中判断两个量的比，会计算比值，理解比值相同的量，能解决按比例分配的简单问题。 （5）能在具体情境中描述成正比的量 $\frac{y}{x}=k$（$k \neq 0$），能找出生活中成正比的量的实例；

26

续表

学段	数与运算	数量关系
第三学段	（3）能进行简单小数和分数的四则运算和混合运算（不超过三步），并说明运算过程。能在较复杂的真实情境中，选择恰当的运算方法解决问题，形成运算能力和推理意识	能根据给出的成正比关系的数据在方格纸上画图，了解 $y = kx\,(k \neq 0)$ 的形式，能根据其中一个量的值计算另一个量的值。 （6）能解决较复杂的真实问题，形成几何直观和初步的应用意识，提高解决问题的能力

表1.8　数与代数的教学提示

学段	教学提示
第一学段	（1）第一学段是学生进入小学学习的开始，要充分考虑学生在幼儿园阶段形成的活动经验和生活经验，遵循本阶段学生的思维特点和认知规律，为学生提供生动有趣的活动，更好地完成从幼儿园阶段到小学阶段的学习过渡。 （2）数与运算的教学。数的认识与数的运算具有密切的联系，既要注重各自的特征，也要关注两者的联系。数的认识是数的运算的基础，数的运算有助于学生更好地认识数。 （3）数的认识教学应提供学生熟悉的情境，使学生感受具体情境中的数量，可以用对应的方法，借助小方块、圆片和小棒等表示相等的数量，然后过渡到用数字表达，使学生体会可以用一个数字符号表示同样的数量；知道不同数位上的数字表示不同的值。教学中应注意，10 以内数的教学重点是使学生体验 1~9 从数量到数的抽象过程，通过 9 再加 1 就是十，体会十的表达与 1~9 的不同是在新的位置上写 1，这个位置叫十位，十位上的 1 表示 1 个十，1 个十用数字符号 10 表达。同理认识百以内数、万以内数。通过数量多少的比较，理解数的大小关系。在这样的教学活动中，帮助学生形成初步的符号意识和数感。 （4）数的运算教学应让学生感知数的加减运算要在相同数位上进行，体会简单的推理过程。引导学生通过具体操作活动，利用对应的方法理解加法的意义，感悟减法是加法的逆运算；在具体情境中，启发学生理解乘法是加法的简便运算，感悟除法是乘法的逆运算。在教学活动中，始终关注学生运算能力和推理意识的形成与发展。 （5）数量关系的教学。通过创设简单的情境，提出合适的问题，引导学生发现数量关系；利用画图、实物操作等方法，引导学生用学过的知识表达情境中的数量关系，体会几何直观，形成初步的应用意识
第二学段	（1）数与运算的教学。在认识整数的基础上，认识小数和分数。通过数的认识和数的运算有机结合，感悟计数单位的意义，了解运算的一致性。 （2）数的认识教学应为学生提供合理的情境，引导学生进一步经历整数的抽象过程，知道大数的意义和四位一级的表示方法，建立数感；通过学生熟悉的具体情境，引导学生初步认识分数，进行简单的分数大小比较，感悟分数单位；借助学生的生活经验，引导学生认识小数单位，进一步感悟十进制计数法。在这样的过程中，发展学生数感。 （3）数的运算教学应利用整数的乘法运算，理解算理与算法之间的关系；在进行除法计算的过程中，进一步理解除法是乘法的逆运算。在这样的过程中，感悟如何将未知转为已知，形成初步的推理意识。通过小数加减运算、同分母分数加减运算，与整数运算进行比较，引导学生初步了解运算的一致性，培养运算能力。通过实际问题和具体计算，引导学生用归纳的方法探索运算律、用字母表示运算律，感知运算律是确定算理和算法的重要依据，形成初步的代数思维。 （4）数量关系的教学。在具体情境中，利用加法或乘法表示数量之间的关系，建立加法模型和乘法模型，知道模型中数量的意义。估算的重点是解决实际问题。 （5）常见数量关系的教学要在了解四则运算含义的基础上，引导学生理解现实问题中的加法模型是表示总量等于各分量之和，乘法模型可大体分为与个数有关（总价 = 单价 × 数量）和与物理量有关（路程 = 速度 × 时间）的两种形式，感悟模型中数量纲的意义。应设计合适的问题情境，引导学生分析和表达情境中的数量关系，启发学生会用数学的语言表达现实世界，形成初步的模型意识，提升问题解决能力。利用现实背景，引导学生理解等量的等量相等这一基本事实，形成初步的推理意识。 （6）估算教学要引导学生在具体的问题情境中选择合适的单位进行估算，体会估算在解决实际问题中的作用，了解估算的实际意义

续表

学段	教学提示
第三学段	（1）数与运算的教学。通过整数的运算，感悟整数的性质；通过整数、小数、分数的运算，进一步感悟计数单位在运算中的作用，感悟运算的一致性。 （2）数的认识教学要引导学生根据数的意义，用列举、计算、归纳等方法，探索2、3、5的倍数的特征，理解公因数和公倍数、奇数和偶数、质数和合数，形成推理意识。 （3）在初步认识小数和分数的基础上，引导学生在具体情境中，理解小数和分数的意义，感悟计数单位。在教学过程中，可以让学生体验与小数有关的数学文化，理解、描述各数位上数字的意义，进一步提升数感。 （4）数的运算教学应注重对整数、小数和分数四则运算的统筹，让学生进一步感悟运算的一致性。例如，在分数加减运算的过程中，引导学生理解通分的目的是得到同样计数单位，进一步理解计数单位对分数表达的重要性，理解整数、分数、小数的加减运算都要在相同计数单位下进行，感悟加减运算的一致性。 （5）数量关系的教学。理解用字母表示的一般性，形成初步的代数思维。 （6）用字母表示的教学要设计合理的实际情境，引导学生会用字母或含有字母的式子表达实际情境中的数量关系、性质和规律。例如，用字母表达常见数量关系及其变形，"路程 = 速度 × 时间"表示为 $s = v \times t$，这个关系的变式表示为 $v = s \div t$，$t = s \div v$；还可以表达图形的周长和面积计算公式等，感受字母表达的一般性。运用数和字母表达数量关系，通过运算或推理解决问题，形成与发展学生的符号意识、推理意识和初步的应用意识。 （7）估算教学要借助真实情境，引导学生在选择合适单位估算的基础上，感悟选择合适的方法估算的重要性，提高解决问题的能力，发展初步的应用意识。 （8）比和比例教学要合理利用实际生活中的情境，引导学生发现并用字母表达两个数量之间的倍数关系。例如，通过同样照片的放大与缩小、食品中原料的成分比等，理解比例的意义，能解决简单的按比例分配的问题。 （9）成正比的量教学要在具体情境中呈现两个成正比的量的变化规律，引导学生理解可以把这个规律表示为 $\frac{y}{x} = k$（$k \neq 0$）的形式，也可以表示为 $y = kx$（$k \neq 0$）的形式，感悟这两个表达式的共性与差异；引导学生尝试在方格纸上画出给定的成正比的量的数据，建立几何直观，为初中学习函数积累经验

（二）图形与几何

图形与几何是小学阶段学生数学学习的重要领域，包括"图形的认识与测量"和"图形的位置与运动"两个主题。学段之间的内容相互关联，螺旋上升，逐段递进，如表1.9至表1.11所示。

"图形的认识与测量"包括立体图形和平面图形的认识，线段长度的测量，以及图形的周长、面积和体积的计算。

图形的认识主要是对图形的抽象。学生经历从实际物体抽象出几何图形的过程，认识图形的特征，感悟点、线、面、体的关系；积累观察和思考的经验，逐步形成空间观念。图形的认识与图形的测量有密切关系。图形的测量重点是确定图形的大小。学生经历统一度量单位的过程，感受统一度量单位的意义，基于度量单位理解图形长度、角度、周长、面积、体积。在推导一些常见图形周长、面积、体积计算方法的过程中，感悟数学度量方法，逐步形成量感和推理意识。

"图形的位置与运动"包括确定点的位置，认识图形的平移、旋转、轴对称。学生结合实际情境判断物体的位置，探索用数对表示平面上点的位置，增强空间观念和应用意识。学生经历对现实生活中图形运动的抽象过程，认识平移、旋转、轴对称的特征，体会运动前后图形的变与不变，感受数学美，逐步形成空间观念和几何直观。

表 1.9　图形与几何的内容要求

学段	图形的认识与测量	图形的位置与运动
第一学段	（1）通过实物和模型辨认简单的立体图形和平面图形，能对图形分类，会用简单图形拼图。 （2）结合生活实际，体会建立统一度量单位的重要性，认识长度单位米、厘米。能估测一些物体的长度，并进行测量。 （3）在图形认识与测量的过程中，形成初步的空间观念和量感	
第二学段	（1）结合实例认识线段、射线和直线；体会两点间所有连线中线段最短，知道两点间距离；会用直尺和圆规作一条线段等于已知线段；了解同一平面内两条直线的位置关系。 （2）结合生活情境认识角，知道角的大小关系；会用量角器量角，会用量角器或三角板画角。 （3）认识长度单位千米，知道分米、毫米；认识面积单位厘米²、分米²、米²；能进行简单的单位换算；能恰当地选择单位估测一些物体的长度和面积，会进行测量。 （4）认识三角形和四边形，会根据图形特征对三角形和四边形进行分类。 （5）结合实例认识周长和面积；探索并掌握长方形、正方形的周长和面积的计算公式。 （6）能根据具体事物、照片或直观图辨认从不同角度观察到的简单物体。 （7）在图形认识与测量的过程中，增强空间观念和量感	（1）结合实例，感受平移、旋转、轴对称现象。 （2）在感受图形的位置与运动的过程中，形成空间观念和初步的几何直观
第三学段	（1）知道三角形任意两边之和大于第三边；知道三角形内角和是180°。 （2）认识圆和扇形，会用圆规画圆；认识圆周率；探索圆的周长和面积计算公式，能解决简单的实际问题。 （3）知道面积单位平方千米、公顷；探索并掌握平行四边形、三角形和梯形的面积计算公式；会估计不规则图形的面积。 （4）通过实例了解体积（或容积）的意义，知道体积（或容积）的度量单位，能进行单位之间的换算；体验不规则物体体积的测量方法。 （5）认识长方体、正方体和圆柱，了解这些图形的展开图，探索并掌握这些图形的体积和表面积的计算公式，认识圆锥并探索其体积的计算公式，能用这些公式解决简单的实际问题。 （6）对于简单物体，能辨认不同方向（前面、侧面、上面）的形状图。 （7）在图形认识与测量的过程中，进一步形成量感、空间观念和几何直观	（1）能根据参照点的方向和距离确定物体的位置；会在实际情境中，描述简单的路线图。 （2）能用有序数对（限于自然数）表示点的位置，理解有序数对与方格纸上点的对应关系。 （3）了解比例尺，能利用方格纸按比例将简单图形放大或缩小。 （4）能在方格纸上进行简单图形的平移和旋转；认识轴对称图形和对称轴，能在方格纸上补全简单的轴对称图形。 （5）能从平移、旋转和轴对称的角度欣赏生活中的图案，能借助方格纸设计简单图案，感受数学美，形成空间观念

表 1.10　图形与几何的学业要求

学段	图形的认识与测量	图形的位置与运动
第一学段	（1）能辨认长方体、正方体、圆柱、球等立体图形，能直观描述这些立体图形的特征；能辨认长方形、正方形、平行四边形、三角形、圆等平面图形，能直观描述这些平面图形的特征。能根据描述的特征对图形进行简单分类。	

续表

学段	图形的认识与测量	图形的位置与运动
第一学段	（2）会用简单的图形拼图，能在组合图形中说出各组成部分图形的名称；能说出立体图形中某一个面对应的平面图形。形成初步的空间观念。 （3）感悟统一单位的重要性，能恰当地选择长度单位米、厘米描述生活中常见物体的长度，能进行单位之间的换算；能估测一些身边常见物体的长度，并能借助工具测量生活中物体的长度。初步形成量感。	
第二学段	（1）能说出线段、射线和直线的共性与区别；知道两点间所有连线中线段最短，能在具体情境中运用"两点之间线段最短"解决简单问题；能辨认同一平面内两条直线是否平行或垂直；能辨认从不同角度观察简单物体所对应的照片或直观图。形成空间观念和初步的几何直观。 （2）会比较角的大小；能说出直角、锐角、钝角的特征，能辨认平角和周角；会用量角器测量角的大小，能用直尺和量角器画出指定度数的角；会用三角板画30°、45°、60°、90°的角。 （3）会根据角的特征对三角形分类，认识直角三角形、锐角三角形和钝角三角形；能根据边的相等关系，认识等腰三角形和等边三角形。能说出长方形、正方形、平行四边形、梯形的特征；能说出图形之间的共性与区别。形成空间观念和初步的几何直观。 （4）能描述长度单位千米、分米、毫米，能进行长度单位之间的换算；能在真实情境中选择合适的长度单位。能通过具体事例描述面积单位厘米²、分米²、米²，能进行面积单位之间的换算。 （5）经历用直尺和圆规将三角形的三条边画到一条直线上的过程，直观感受三角形的周长，知道什么是图形的周长；会测量三角形、长方形和正方形的周长；会计算长方形、正方形的周长和面积。 （6）在解决图形周长、面积的实际问题过程中，逐步积累操作的经验，形成量感和初步的几何直观	能在实际情境中，辨认出生活中的平移、旋转和轴对称现象，直观感知平移、旋转和轴对称的特征，能利用平移或旋转解释现实生活中的现象，形成空间观念
第三学段	（1）探索并说明三角形任意两边之和大于第三边的道理；通过对图形的操作，感知三角形内角和是180°，能根据已知两个角的度数求出第三个角的度数。 （2）会计算平行四边形、三角形、梯形的面积，能用相应公式解决实际问题。 （3）会用圆规画圆，能描述圆和扇形的特征；知道圆的周长、半径和直径，了解圆的周长与其直径之比是一个定值，认识圆周率；会计算圆的周长和面积，能用相应公式解决简单的实际问题。 （4）认识长方体、正方体和圆柱，能说出这些图形的特征，能辨认这些图形的展开图，会计算这些图形的体积和表面积；认识圆锥，能说出圆锥的特征，会计算圆锥的体积；能用相应公式解决简单的实际问题，形成空间观念和初步的应用意识。 （5）能说出面积单位千米²、公顷和体积单位米³、	（1）能根据指定参照点的具体方向和距离描述物体所处位置；能在熟悉的情境中，描述简单的路线图，形成几何直观。 （2）能在方格纸上用有序数对（限于自然数）确定点的位置，理解有序数对与对应点的关系，形成空间观念。 （3）认识比例尺，能说出比例尺的意义；在实际情境中，会按给定比例进行图上距离与实际距离的换算；能在方格纸上按给定比例画出简单图形放大或缩小后的图形，形成空间观念和推理意识。 （4）能在方格纸上描述图形的位置，能辨别和想象简单图形平移、旋转后的图形，画出简单图形沿水平或垂直方向平移后的图形，以及旋转90°后的图形；能借助方格纸，了解图形平移、旋转的变化特征。知道

续表

✏ 笔记栏

学段	图形的认识与测量	图形的位置与运动
第三学段	分米^3、厘米^3，以及容积单位升、毫升，能进行单位换算，能选择合适单位描述实际问题。 （6）对于简单物体，能辨认不同方向（前面、侧面、上面）的形状图，能把观察的方向与相应形状图对应起来，形成空间观念	轴对称图形的对称轴，能在方格纸上补全轴对称图形，形成推理意识。 （5）对给定的简单图形，能用平移、旋转和轴对称的方法，在方格纸上设计图案，并能说出设计图案与简单图形的关系

表 1.11　图形与几何的教学提示

学段	教学提示
第一学段	（1）图形的认识与测量的教学。结合低年级学生的年龄特点，充分利用学生在幼儿园阶段积累的有关图形的经验，以直观感知为主。 （2）图形的认识教学要选用学生身边熟悉的素材，鼓励学生动手操作，感知立体图形和平面图形的特点以及这两类图形的关联，引导学生经历图形的抽象过程，积累观察物体的经验，形成初步的空间观念。 （3）图形的测量教学要引导学生经历统一度量单位的过程，创设测量课桌长度等生活情境，借助拃的长度、铅笔的长度等不同的方式测量，经历测量的过程，比较测量的结果，感受统一长度单位的意义；引导学生经历用统一的长度单位（米、厘米）测量物体长度的过程，如重新测量课桌长度，加深对长度单位的理解
第二学段	（1）图形的认识与测量的教学。将图形的认识与图形的测量有机融合，引导学生从图形的直观感知到探索特征，并进行图形的度量。 （2）图形的认识教学要帮助学生建立几何图形的直观概念。通过观察长方体的外表认识面，通过面的边缘认识线段，感悟图形抽象的过程。 （3）在认识线段的基础上，引导学生用直尺和圆规作给定线段的等长线段，感知线段长度与两点间距离的关系，增强几何直观。 （4）结合实际情境，感受同一平面内两条直线的两种位置关系，借助动态演示或具体操作，感悟两条直线平行与相交的差异。 （5）角的认识教学可以利用纸扇、滑梯等学生熟悉的事物或场景直观感知角，利用抽象图形引导学生知道角的大小与边的长短无关，并比较角的大小。利用学具让学生观察角的大小变化，认识直角、锐角、钝角、平角和周角。启发学生根据角的特征将三角形分为锐角三角形、直角三角形和钝角三角形；通过边的特征知道等腰三角形和等边三角形。引导学生在认识长方形、正方形、平行四边形、梯形的过程中，感悟这几类四边形的共性与区别。 （6）结合学生身边熟悉的场景，通过从不同方位观察同一物体，引导学生将观察到的图像与观察方位对应，发展空间观念和想象能力。 （7）图形的面积教学要让学生在熟悉的情境中，直观感知面积的概念，经历选用面积单位进行测量的过程，理解面积的意义，形成量感。 （8）图形的周长教学可以借助用直尺和圆规作图的方法，引导学生自主探索三角形的周长，感知线段长度的可加性，理解三角形的周长，归纳出长方形和正方形周长的计算公式。采用类比的方法，感知图形面积的可加性，推导出长方形和正方形面积的计算公式。在探索的过程中，形成初步的几何直观和推理意识。 （9）图形的位置与运动的教学。尽量选择学生熟悉的情境，通过组织有趣的活动或布置需要较长时间完成的长作业，帮助学生认识平移、旋转和轴对称的现象，感知特征，增强空间观念
第三学段	（1）图形的认识与测量的教学。引导学生通过对立体图形的测量，从度量的角度认识立体图形的特征；理解长度、面积、体积都是相应度量单位的累加；通过对平面图形性质的认识，感知数学说理的过程。 （2）图形的认识教学要引导学生经历基于给定线段用直尺和圆规画三角形的过程，探索三角形任意两边之和大于第三边，并说出其中的道理，经历根据"两点间线段最短"的基本事实说明三角形三边关系的过程，形成推理意识。可以从特殊三角形入手，通过直观操作，引导学生归纳出三角形的内角和，增强几何直观。 （3）引导学生运用转化的思想，推导平行四边形、三角形、梯形、圆等平面图形的面积公式，形成空间观念和推理意识。

续表

学段	教学提示
第三学段	（4）借助现实生活中的实物，引导学生通过观察、操作等活动，认识长方体、正方体、圆柱、圆锥等立体图形的特征，沟通立体图形之间的联系，如圆柱和圆锥的相同点和不同点，以及平面图形和立体图形之间的关系，增强空间想象能力。引导学生经历体积单位的确定过程，通过操作、转化等活动探索立体图形的体积和表面积的计算方法。让学生借助折叠纸盒等活动经验，认识立体图形展开图，建立立体图形与展开后的平面图形之间的联系，培养空间观念和空间想象能力。 （5）圆的教学可以列举生活中的实例，引导学生概括圆的特点，利用圆规画圆，加深对圆的理解。引导学生经历探索周长与直径之比是一个常数的过程，认识圆周率，讲述祖冲之的故事，加深对圆周率和小数数位的理解，了解中国古代数学家的杰出贡献，传播数学中的中华优秀传统文化。让学生借助操作探究和掌握圆的周长和面积公式，解决实际问题。 （6）图形的位置与运动的教学。引导学生通过图形位置的表达，理解坐标的意义；通过图形运动的观察和表达，体会坐标表达的重要性，为未来学习数形结合奠定基础。 （7）图形的位置教学可结合教室里学生的位置、电影院里观众的位置等熟悉的情境，引导学生借助方格纸上的点，用有序数对表示具体的位置。结合现实情境，引导学生根据相对参照点的方向和距离说出物体所处位置，例如，"书店"在"人民广场"北偏东30°方向，距离300米的地方。教学时，可结合所在地的标志性建筑等，有条件的学校可以借助信息技术，通过动态演示点的运动帮助学生理解图形位置确定方式的合理性。也可以结合军事演练等素材，渗透国防教育。 （8）图形的运动教学可借助方格纸，引导学生画出简单图形平移、旋转后的图形，以及补全轴对称图形，感受图形变化的特征，动手操作，动脑想象；引导学会从平移、旋转和轴对称的角度欣赏自然界和生活中的美；引导学生按给定比例将简单图形放大或缩小，通过前后图形的变化，感受比例尺的意义，加深对比、比例的理解。根据学情，可组织剪纸等活动，引导学生了解图案中的基本图形及其变化规律，感知中华优秀传统文化，增强空间观念。鼓励学生在欣赏的基础上学会创作设计，可以通过制作数学板报的形式，呈现学生的创作成果，增强应用意识和创新意识

（三）统计与概率

统计与概率是小学阶段数学学习的重要领域之一，包括"数据分类""数据的收集、整理与表达"和"随机现象发生的可能性"三个主题。这些内容分布在三个学段，由浅入深，相互联系，如表1.12至表1.14所示。学生在学习过程中，了解统计与概率的基础知识，感悟数据分析的过程，形成数据意识。

"数据分类"的本质是根据信息对事物进行分类。学生经历从事物分类到数据分类的过程，感悟如何根据事物的不同属性确定标准，依据标准区分事物，形成不同的类。在学习统计图表时，学生将进一步认识数据的分类，从中感悟对事物共性的抽象过程，不仅为统计学习，也为数学学习奠定基础。

"数据的收集、整理与表达"包括数据的收集，用统计图表、平均数、百分数表达数据。在学习过程中，让学生初步感受现实生活中存在大量数据，其中蕴含着有价值的信息，利用统计图表和统计量可以呈现和刻画这些信息，形成初步的数据意识。

"随机现象发生的可能性"是通过试验、游戏等活动，让学生了解简单的随机现象，感受并定性描述随机现象发生可能性的大小，感悟数据的随机性，形成数据意识。

表 1.12 统计与概率的内容要求

学段	数据分类	数据的收集、整理与表达	随机现象发生的可能性
第一学段	会对物体、图形或数据进行分类，初步了解分类与分类标准的关系，形成初步的数据意识		
第二学段		（1）经历简单的数据收集和整理、描述和分析的过程，了解简单的收集数据的方法，会呈现数据整理的结果。 （2）通过对数据的简单分析，感受数据蕴含着信息，体会运用数据进行表达与交流的作用。 （3）认识条形统计图，会用条形统计图合理表示和分析数据。 （4）能读懂报纸、电视、互联网等媒体中的简单统计图表。 （5）探索平均数的意义，能解决有关的简单实际问题。 （6）能在简单的实际情境中，合理应用统计图表和平均数，形成初步的数据意识和应用意识	
第三学段		（1）根据实际问题需要，经历数据收集、整理和分析的过程，能合理述说数据分析的结论。 （2）认识折线统计图、扇形统计图；会用条形统计图、折线统计图呈现相关数据，解释所表达的意义。 （3）能从各种媒体中获得所需要的数据，读懂其中的简单统计图表。 （4）结合具体情境，探索百分数的意义，能解决与百分数有关的简单实际问题，感受百分数的统计意义。 （5）在简单的实际情境中，应用统计图表或百分数，形成数据意识和初步的应用意识	（1）通过实例感受简单的随机现象及其结果发生的可能性。 （2）在实际情境中，对一些简单随机现象发生可能性的大小作出定性描述

表 1.13 统计与概率的学业要求

学段	数据分类	数据的收集、整理与表达	随机现象发生的可能性
第一学段	（1）能依据事物特征，按照一定的标准进行分类。 （2）能发现事物的特征并制订分类标准，依据标准对事物分类。 （3）能用语言简单描述分类的过程；感知事物的共性和差异，形成初步的数据意识		
第二学段		（1）能收集、整理具体实例中的数据，并用合适的方式描述数据，分析与表达数据中蕴含的信息。	

◆ 笔记栏

续表

学段	数据分类	数据的收集、整理与表达	随机现象发生的可能性
第二学段		（2）能用条形统计图合理表示数据，说明数据的现实意义。 （3）知道用平均数可以刻画一组数据的集中趋势，知道平均数的统计意义；知道平均数是介于最大数与最小数之间的数，能描述平均数的含义；能用平均数解决有关的简单实际问题，形成初步的数据意识和应用意识	
第三学段		（1）能根据问题的需要，从报纸、杂志、电视、互联网等媒体上获取数据，或者通过其他合适的方式获取数据，能把数据整理成条形统计图、折线统计图，知道条形统计图、折线统计图和扇形统计图的功能，会解释统计图表达的意义，能根据结果作出简单的判断和预测。 （2）能在真实情境中理解百分数的统计意义，解决与百分数有关的简单问题。 （3）能在认识及应用统计图表和百分数的过程中，形成数据意识，发展应用意识	（1）能列举生活中的随机现象，列出简单随机现象中所有可能发生的结果，判断简单随机现象发生可能性的大小。 （2）对于现实生活中的一些简单问题，能根据数据提供的信息，判断随机现象发生的可能性

表 1.14　统计与概率的教学提示

学段	教学提示
第一学段	数据分类的教学。要重视对接学生学前阶段已有的生活经验，鼓励学生在活动中学会物体的简单分类，在亲身参与的动手活动中感悟分类的价值，在分类的过程中认识事物的共性与区别，学会分类的方法。鼓励学生运用文字、图画或表格等方式记录并描述分类的结果，体会如何用数学语言表达现实世界，形成初步的数据意识，为后续学习统计中的数据分类打好基础
第二学段	（1）数据的收集、整理与表达的教学。创设真实情境，引导学生经历简单的数据收集和整理，感悟收集数据的意义和方法，用数学语言表达数据所蕴含的信息，形成初步的数据意识。 （2）条形统计图教学要通过现实背景，让学生理解条形统计图中横轴和纵轴的意义及两者之间的关联，知道条形统计图的主要功能是表达数量的多少，借助条形统计图可以直观比较不同类别事物的数量。 （3）平均数教学要引导学生在熟悉的情境中理解平均数所具有的代表性，通过刻画一组数据的集中程度表达总体的集中状况。例如，某篮球运动员平均每场得分、某地区玉米或水稻的平均亩（亩，市制面积单位。1 亩≈666.67 米^2）产、某班级学生的平均身高等，理解平均数的意义；也可以让学生经历收集体现社会发展或科技进步数据的过程，初步体会平均数的统计意义，形成初步的数据意识
第三学段	（1）数据的收集、整理与表达的教学。从实际情境和真实问题入手，引导学生在条形统计图的基础上，进一步学习统计图；在平均数的基础上，进一步学习百分数。在这样的过程中，了解数据的随机性。 （2）折线统计图教学要引导学生理解折线统计图的主要功能是表达数据的变化趋势。例如，表达中国高速铁路运营里程的逐年增长、某学生身高的逐年增长、某地区一个月最高温度的变化等。体会折线统计图与条形统计图的区别，知道针对不同问题应选择合适的表达方式，逐步感知统计学基于合理性的价值判断准则。有条件的学校可以利用信息技术处理数据、绘制统计图。 （3）百分数教学要引导学生知道百分数是两个数量倍数关系的表达，既可以表达确定数据，如饮料中果汁的含量、税率、利息和折扣等，也可以表达随机数据，如某篮球运动员罚球命中率、某城市雾霾天数所占比例等。建议利用现实问题中的随机数据引入百分数的学习，帮助学生了解百分数的统计意义，了解利用百分数可以认识现实世界中的随机现象，作出判断、制订标准。同时，引导学生了解扇形统计图可以更好地表达和理解百分数，体会百分数中部分与整体的关系。

笔记栏

续表

学段	教学提示
第三学段	（4）随机现象发生的可能性的教学。引导学生在自然界和生活的情境中感受简单的随机现象，如下周三是不是晴天、从家到学校所需要的时间等，知道在现实世界中随机现象普遍存在；感知随机现象的基本特征，可能发生也可能不发生，可能以这样的程度也可能以那样的程度发生。让学生感知，许多随机现象发生可能性的大小是可以预测的，例如，一个袋子里装有若干不同颜色的球，学生通过有放回地摸球试验记录，感受数据的随机性，判断各种颜色球的多与少，发展数据意识

（四）综合与实践

综合与实践是小学数学学习的重要领域。学生将在实际情境和真实问题中，运用数学和其他学科的知识与方法，经历发现问题、提出问题、分析问题、解决问题的过程，感悟数学知识之间、数学与其他学科知识之间、数学与科学技术和社会生活之间的联系，积累活动经验，感悟思想方法，形成和发展模型意识、创新意识，提高解决实际问题的能力，形成和发展核心素养。

综合与实践主要包括主题活动和项目学习等。第一、第二、第三学段主要采用主题式学习，第三学段可适当采用项目式学习，如表1.15至表1.18所示。

主题活动分为两类：第一类，融入数学知识学习的主题活动。在这类活动中，学生将学习和理解数学知识，感悟知识的意义，主要涉及量、方向与位置、负数等知识的学习。第二类，运用数学知识及其他学科知识的主题活动。在这类活动中，学生将综合运用数学知识解决问题，体会数学知识的价值，以及数学与其他学科的关联。

在主题活动中，学生将面对现实的背景，从数学的角度发现并提出问题，综合运用数学和其他学科的知识与方法，分析并解决问题。

项目式学习的设计以解决现实问题为重点，综合应用数学和其他学科知识解决问题，体会数学知识的价值，以及数学与其他学科的关联。

在表1.15至表1.17的表述中，为了便于理解，分别列举了主题活动和项目学习的名称及具体活动内容，仅供参考。在教材编写或教学设计时，可以使用不同的主题名称，设计不同的活动内容，但要关注主题内容的选取和学生的接受能力，达到主题活动的内容要求和学业要求。

表1.15　综合与实践第一学段内容与学业要求

主题	内容要求	学业要求
总要求	第一学段综合与实践的主题活动，涉及"认识货币单位，认识时间单位时、分、秒，认识东、南、西、北四个方向"等知识的学习，关注幼小衔接，帮助学生积累数学活动经验	能够积极参与活动，在活动中能主动表达，并与他人交流，加深对数学知识的理解，感悟数学知识与现实生活的联系，发展对数学的好奇心，提升学习数学的兴趣，初步获得一些数学活动经验
1.数学游戏分享	在具体情境中，回顾自己在学前阶段经历的与数学学习相关的活动，唤起数学学习感性认识和学习经验，激发进一步学习数学的兴趣，尝试运用与数学学习相关的词语，逐步养成学习数学的良好习惯	能比较清晰地描述幼儿园和学前生活中的数学活动内容，比较准确地表达自己对数、数量、图形、方位等数学知识的理解；能说明或演示自己玩过的数学游戏内容和规则，在教师的协助下能带领同伴一起玩这些数学游戏

35

续表

主题	内容要求	学业要求
2. 欢乐购物街	在实际情境中认识人民币，能进行简单的单位换算，了解货币的意义，具有勤俭节约的意识，形成初步的金融素养	积极投入模拟购物活动，能清晰表达和交流信息，认识元、角、分，知道元、角、分之间的关系；会在真实或模拟的情境中合理使用人民币；在教师的指导下能够反思并述说购物的过程，积累使用货币的经验；形成对货币多少的量感和初步的金融素养
3. 时间在哪里	在生活情境中认识时、分、秒，结合生活经验体会并述说时间的长短，了解时间的意义，懂得遵守时间	认识时、分、秒，能说出钟表上的时间；了解时、分秒之间的关系，能结合生活经验体会时间的长短；能将生活中的事件与时间建立联系，感悟时间与过程之间的关系；形成对时间长短的量感，懂得遵守时间的重要性
4. 我的教室	在日常生活情境中，会用上、下、左、右、前、后描述物体的相对位置；认识东、南、西、北四个方向。形成初步的空间观念	会用上、下、左、右、前、后描述现实生活中物体的相对位置；会用东、南、西、北描述物体所在的方向；给定东、南、西、北四个方向中的一个方向，能辨别其余三个方向；了解物体间位置、方向的相对性，形成初步的空间观念
5. 身体上的尺子	运用学过的测量长度的知识，发现自己身体上的一些"长度"；利用这些"长度"作为单位，测量空间或其他物体，积累测量经验，发展量感	能运用测量长度的知识，了解身体上的一些"长度"；能用身体上这些"长度"测量教室以及身边某些物体的长度；能记录测量的结果，能与他人交流、分享测量的经验，发展量感
6. 数学连环画	结合自己的生活，运用学过的数学知识记录自己的经历，或述说一个含有数学知识的小故事，表达对数量关系的理解，感受数学知识与现实生活的联系	能简单整理学过的数学知识，思考如何运用数学知识记录自己的经历；能结合生活经验或者通过查阅资料，编写含有数学知识的小故事；能用自己的语言表达数学连环画中数学知识的意义及蕴含的数量关系，能理解他人数学连环画中的数学信息及关系，学会数学化的表达与交流

表1.16　综合与实践第二学段内容与学业要求

主题	内容要求	学业要求
总要求	第二学段综合与实践的主题活动，涉及"认识年、月、日，认识常用的质量单位，认识方向"等数学知识的学习，在活动中综合运用数学和其他学科知识解决问题	能够积极参与活动，在活动中能独立思考问题，主动与他人交流，加深对数学知识以及数学与其他学科关联的理解；经历解决简单实际问题的过程，提高应用意识，积累数学活动经验，感悟数学的价值
1. 年、月、日的秘密	知道24时记时法；认识年、月、日，知道它们之间的关系；能运用年、月、日的知识解释生活中的问题，提高初步的应用意识。了解中国古代如何认识一年四季，了解中华优秀传统文化	知道24时记时法与钟表上刻度的关系，能用24时记时法表示时间；知道年、月、日之间的关系，以及相关的简单历法知识；知道一年四季的重要性，了解中国古代是如何通过土圭之法确定一年四季的，培养家国情怀
2. 曹冲称象的故事	以"曹冲称象"故事为依托，结合现实素材，感受并认识克、千克、吨，以及它们之间的关系，感受等量的等量相等，发展量感和推理意识，积累数学活动经验	知道"曹冲称象"的故事，形成问题意识。能结合现实素材，感受并认识克、千克、吨，能进行简单的单位换算；理解"曹冲称象"的基本原理是等量的等量相等，能针对具体问题与他人合作制订称重的实践方案，并能在执行方案的过程中不断反思，丰富度量的活动经验

续表

主题	内容要求	学业要求
3. 寻找"宝藏"	在生活情境中，认识东北、西北、东南、西南四个方向，了解"几点钟方向"，会描绘物体所在的方向，发展空间观念	（1）在认识东、南、西、北的基础上，能在平面图上认识东北、西北、东南、西南四个方向；能描绘图上物体所在的方向，判断不同物体所在的方向，以及这些方向之间的关联；能把这样的认识拓展到现实场景中，在简单的实际情境中正确判断方位；进一步理解物体的空间方位及物体之间的位置关系，发展空间观念。 （2）了解用"几点钟方向"描述方向的方法及其主要用途，能在现实场景中尝试以站立点为正中心（圆心），以钟表盘 12 个小时的点位来说明方向 （3）能尝试设计符合要求的藏宝图，能从他人的藏宝图中发现、提取信息并解决问题，提高推理意识
4. 度量衡的故事	知道中国在秦朝统一了度量衡，指导学生查阅资料，理解度量衡的意义，知道最初的度量方法都是借助日常用品，加深对量和计量单位的理解，丰富并发展量感	会查找资料，理解度量衡的意义，提升学习的意识与能力；了解最初的度量方法都是借助日常用品，理解度量的本质就是表达量的多少，知道计量单位是人为规定的；了解计量单位的发展历史，知道科学发展与度量精确的关系；在教师指导下，能对不同的量进行分类、整理、比较，丰富并发展量感

表 1.17　综合与实践第三学段内容与学业要求

主题	内容要求	学业要求
总要求	第三学段综合与实践包括主题活动和项目学习，涉及"了解负数"等数学知识的学习，在活动中综合运用数学及其他学科知识解决问题，提高应用能力	能够积极参与活动，在活动中能独立思考问题，主动与他人交流，经历实地测量、收集素材、调查研究、解决问题的过程，提升思考问题的能力，积累根据解决问题的需要合理选择策略和方法的经验，形成模型意识与初步的应用意识和创新意识
1. 如何表达具有相反意义的量	在熟悉的情境中了解具有相反意义的数量，知道负数在情境中表达的具体意义，感悟这些负数可以表达与正数意义相反的量，进一步发展数感	在真实情境中，通过具体事例体会相反意义的量，如温度、海拔等，能表达具体情境中负数的实际意义，能通过对多个事例的归纳、比较，感悟负数可以表达与正数相反意义的量
2. 校园平面图	在实际情境中，综合应用比例尺、方向、位置、测量等知识，绘制校园平面简图，标明重要场所；交流绘制成果，反思绘制过程，形成初步的应用意识和创新意识	结合本校校园的实际情况，能制订比较合理的测量方案和绘制比例；能理解所需要的数学和其他学科的知识，在教师指导下，积极有序展开测量；能按校园的方位和场所的位置，依据绘图比例绘制简单的校园平面图；能解释绘图的原则，在交流中评价与反思；提升规划能力，积累实践经验
3. 体育中的数学	收集重大体育赛事的信息、某项体育比赛的规则、某运动员的技术数据等素材，提出数学问题，设计问题解决方案；在问题解决的过程中，形成发现、提出、分析、解决问题的能力	能结合自己的兴趣，确定所要研究的关于体育的内容与范围；会查找相关资料，提出有价值的数学问题；在教师指导下，能与他人交流合作，运用数学或其他学科的知识解决问题；能积极参与小组间的交流，说明自己小组的问题解决过程，理解其他小组所解决的问题和问题解决的思路；感悟数学在体育中的作用，提高学习数学的兴趣

笔记栏

续表

主题	内容要求	学业要求
4. 营养午餐	调查了解人体每日营养需求，几类主要食物的营养成分，感受合理膳食的重要性；调查学校餐厅或自己家庭一周午餐食谱的营养构成情况，提出建议；开展独立活动或小组活动，设计一周合理的营养午餐食谱；形成重视调查研究、合理设计规划的科学态度	在对人体营养需求和食物营养物质的调查研究中，进一步理解百分数的意义；会用扇形统计图整理调查结果，分析如何实现营养均衡；经历一周营养午餐食谱的设计过程，感悟在实际情境中方案的形成过程；形成重视调查研究、合理设计规划的科学态度
5. 水是生命之源	调查了解生活中人们使用淡水的习惯及用量，结合淡水资源分布、中国人均淡水占有量、城市生活用水的处理等信息，发现、提出并解决问题；制订校园或家庭节水方案，尝试设计节水工具或方法，提高环保意识，形成初步的应用意识和创新意识	能合作设计生活中用水情况的调查方案，并展开调查，在调查中进一步优化方案；会查找与淡水资源相关的资料，从资料和实地走访中筛选需要的信息，提出问题，确定解决问题的思路，提高应用意识；根据问题解决中的发现和收获，制订节水方案，尝试设计节水工具或方法，培养创新意识；在问题解决中加深对水资源保护等社会问题的关注与理解

表 1.18 综合与实践的教学提示

学段	教学提示
第一学段	（1）为使学生更好地完成从幼儿园阶段到小学阶段的过渡，在学生入学的第 1~2 周安排"数学游戏分享"主题活动。学生通过介绍自己幼儿园生活中经历的数学活动，表达自己在幼儿园数学活动中的收获，分享在幼儿园玩过的数学游戏，邀请同伴一起做这些数学游戏等，衔接幼儿园与小学生活，顺利开始小学数学的学习。 （2）本学段的综合与实践，涉及货币、时间等常见量的认识，以及方向、位置的学习。应当在具体活动中，引导学生知道货币价值、了解时间意义、辨别方向和位置，丰富对量的体验，形成初步的量感和空间观念，初步积累数学活动经验。 （3）作为综合与实践活动，教学目标除了包含对常见的量的数学知识要求，还要关注学生活动经验的获得和情感态度的发展。例如，"欢乐购物街"，不能将教学目标仅聚焦在"认识人民币，能进行简单的单位换算"，还应考虑将"积极投入模拟购物活动，能清晰表达和交流信息""会在真实或模拟的情境中合理使用人民币""能够反思并述说购物的过程""形成对货币多少的量感和初步的金融素养"等作为主题活动的教学目标。 （4）主题活动的设计提倡多学时的长程学习，可以根据实际情况灵活设计活动内容和形式，有助于学生加深对知识的理解，积累基本活动经验。例如，"欢乐购物街"，可以设计 4 学时完成：第 1 学时回顾生活经验，认识人民币；第 2~3 学时筹备、开展购物活动，可以与学校"数学节"或其他学科的教学活动整合；第 4 学时反思、评价购物活动的收获，积累反思与交流的经验，拓展金融知识。 （5）主题活动的实施要有利于学生的参与和体验。指导应面向全体，全程跟进，关注学生的参与情况，包括获得了什么样的体验、如何与他人交流、需要怎样的帮助等；指导学生反思与交流活动，引导学生描述感受、表达收获、总结发现。 （6）主题活动的评价是综合与实践的重要组成部分，应当关注过程性评价，对照主题活动的教学目标确定评价方式，不仅要关注学生对教学内容的掌握情况，还要关注学生参与活动的程度。例如，"欢乐购物街"，活动之前要了解学生已有的购物经验，确定学生的课前知识基础和经验。第 1 学时，评价学生认识人民币的情况；第 2~3 学时，设计学生自评工具，指导学生关注自身的活动过程；第 4 学时，可组织学生进行反思、互评。 （7）主题活动内容的确立可参照以上案例，依据本学段数学知识的内涵、在生活中的应用，以及与其他学科知识的关联，自主设计形式多样、富有趣味的活动，如纸的厚度、神奇的七巧板、最喜欢的故事书等，帮助学生加深对数学知识的理解，体会数学与现实生活的联系
第二学段	（1）第一学段的主题活动，侧重认识日常生活中最常见的量，例如，元、角、分等人民币的量，时、分、秒等时间的量，以及认识东、南、西、北四个方向。第二学段的主题活动，不仅要让学生认识度、量、衡等更为广泛的量，认识年、月、日等更为一般的时间概念，认识八方，还要引导学生尝试用学过的知识解决应用性的数学问题和简单的实际问题，体会数学的价

续表

学段	教学提示
第二学段	值，提升应用意识；引导学生查阅相关资料，知道中国古代那些与量有关的概念的由来，培养家国情怀，积累学习经验。 （2）主题活动的设计可以考虑问题引领的形式。例如，"曹冲称象"的故事可以从故事引入，引发学生的好奇心和探究的欲望，在理解质量单位的基础上，思考如何运用"总量等于各分量之和"称出一个庞然大物的质量，感知"等量的等量相等"这一基本事实，感悟如何用数学的思维思考现实世界。 （3）与第一学段相同，第二学段也可以设计长程活动，引导学生主动参与、查阅资料、深入思考、得出结论，经历探求解决问题策略的过程，丰富数学学习的经验。例如，"曹冲称象"的故事，可设计5学时完成：第1～2学时，可以联系学生对物体质量的感觉，帮助学生在体验活动中理解质量单位的意义，了解一些测量物体质量的工具；第3～4学时，可以从"曹冲称象"的故事入手，让学生经历测量物体质量的过程，提出如何测量庞然大物质量的问题，鼓励学生探究度量的策略，培养学生的想象力；第5学时，鼓励学生回顾与反思主题活动的过程，分析度量策略的数学原理，感悟两个基本事实，以及如何基于这两个基本事实思考现实世界。 （4）主题活动的评价。在第一学段强调关注过程性评价的基础上，还可以增加关注创新性评价。需要注意的是，只要策略和方法是学生独立或小组讨论得到的，对于学生而言，这样的策略和方法就是创新，就应当予以鼓励。要引导学生经历克服困难获得成功的过程，鼓励学生个体和小组在解决问题的过程中提出独特的策略和方法，激发创造的热情，形成创新意识。 （5）活动实施的保障。对于一些复杂的操作性活动，需要认真准备活动实施所需要的设施，如"曹冲称象"的故事，需要提前收集与质量度量相关的素材，作为学生探究的补充资源；需要准备不同的测量工具，让学生感悟其中的共性和差异；需要了解学生称重实践可能需要的物品（如设计缩小版的"称象"学具）；等等。 （6）第二学段的主题活动涉及综合性、实践性较强的跨学科内容，需要多学科教师协同教学，统筹设计与实施。 （7）与第一学段相同，第二学段也可以自行设计主题活动的内容，但要指向综合数学知识、融合其他学科知识的实际情境和真实问题，设计具有操作性的活动。如制订旅游计划、你有多少根头发、学校中的数学等，引导学生感受数学与其他学科的联系，以及在解决实际问题中的作用，提高应用意识
第三学段	（1）学生在主题活动中学习某些数学知识，运用数学和其他学科的知识与方法解决问题。在"如何表达具有相反意义的量"中，借助气温、海拔等事例了解负数表达的实际意义。在"校园平面图"中，通过实际操作、小组合作等方式，运用测量、画图等方法解决问题。在"体育中的数学"中，可以与体育课相结合，记录、整理和呈现某些体育项目活动中的数据，从中发现问题、解决问题。第三学段应引导学生经历数学应用的一般性过程，包括有价值数学问题的提出、解决问题策略和方法的探究、数学结论现实意义的合理解释等，体会数学的价值和思想方法，提高创新意识和应用意识。 （2）"营养午餐""水是生命之源"，可按照项目式学习的方式进行活动设计。学生可分组，发现、提出与"项目"相关的问题，分工协作完成计划，反思交流问题解决中的收获、感悟。例如，"营养午餐"采用项目式学习，应当遵循项目式学习的要求，对问题进行完整的设计和规划。其中包括知道人体所需的各种营养物质，甚至还要知道这些营养物质的作用；需要知道各种食物所含营养物质的比例；需要调查并分析学校食堂或自己家庭午餐的营养状况；需要用统计图表整理调查结果，可以用百分数表达相应数据，用扇形统计图呈现各自所占比例。 （3）学生需要分工协作完成调查分析。如上所述，所要调查分析的内容很多，为了保证活动的实效性，教师需要组织学生分组活动，分工负责，以长程活动的方式进行，最后归纳总结。可设计6学时完成"营养午餐"的学习。其中第1～2学时，分别调查了解人体所需要的营养物质和几种主要食品所含营养物质，计算相应的百分数，看懂相应的扇形统计图；第3～4学时，收集学校食堂或自己家庭一周的午餐食谱，分析其中的营养成分，进行类似的统计分析；第5学时，综合所有数据，分析午餐营养与人体所需营养之间的关系，小组之间进行交流，达成人体对午餐所需营养的共识；第6学时，把学校或自己家庭午餐营养统计数据与达成的共识进行比较，提出改进建议，并且设计一周的营养午餐，小组之间进行交流。 （4）这样的项目式学习，可以采用"课内＋课外、校内＋校外、集中＋分散"等灵活方式进行，调动学生的自主性，指导学生综合运用知识，开展有目的、有设计、有步骤、有合作、有反思的实践活动，培养学生解决实际问题的兴趣和能力，发展模型意识。

续表

学段	教学提示
第三学段	（5）除上述主题内容外，还可以结合中华优秀传统文化，以及与学生密切相关的校园生活、社会生活选择内容，如垃圾回收与利用、身边的一棵树、城市公共交通路线图、寻找黄金分割等，以保证不同基础、不同需求的学生都可以参与活动，普遍提高学生学习数学的兴趣、应用意识和创新意识

三、选择小学数学课程内容的原则

（一）要以课程目标为准绳

课程目标对课程内容的选择起指导作用，《标准》中阐述的小学数学课程目标是确定小学数学课程内容的主要依据。在选择和确定小学数学课程内容时应充分考虑相应的课程目标。只有以课程目标为准绳，选择密切联系学生生活实际和现实社会的内容，才能激发学生的好奇心，提高他们学习数学的兴趣。例如，某学校为学生编号时，设定末尾用1表示男生，用2表示女生，则20212471表示2021年入学的2班的47号学生，且该学生是男生。

（二）要反映社会的进步和数学学科自身的发展

小学教育是基础教育的基石，小学数学是为学生打基础的重要学科。一般来说，小学数学是数学学科体系中基础部分，其教材内容具有相对的稳定性。但是，随着科技的发展，社会对人才的要求也在发生变化，作为在人才培养过程中起奠基作用的小学教育也应与之相适应，因此，更新和调整部分教学内容是很有必要的。例如，引入计算机与计算器、增加图形与几何内容、增加概率统计内容等都体现了这一原则。

（三）要满足学生的需要和促进学生的发展

数学具有广泛的应用性，日常生活中经常需要运用数学知识解决问题。应当选择学生未来生活所必需的基础内容作为小学数学课程内容。同时，小学阶段是打基础的阶段，小学数学课程内容的选择要考虑绝大多数学生的需要和发展，满足学生未来成为合格公民和进一步学习的需要。可见，学生未来发展所必需的数学基础知识既是数学课程目标的要求，也是提高学生数学素养的需要，例如，整数、小数、分数及其基本的四则运算，图形与几何的基本内容，统计与概率的最简单的知识和方法。而繁杂的四则运算、解题步骤繁多的应用题在日常生活中比较少见，在选择课程内容时就应该对这部分内容有所取舍。

◎思考与练习：

1.《标准》的基本理念和课程目标是什么？

2.小学数学核心素养的内涵是什么？

3.小学数学课程内容有哪些？对应的学习要求是什么？

第二章

小学数学学习

▶学习目标：

    1. 理解数学基础知识、基本技能、基本思想、基本活动经验的含义。

    2. 掌握以上内容学习的一般过程和指导策略。

    3. 了解小学生数学情感态度培养方法。

▶教前准备：

    小学数学教材图片、教学片段（文本或视频）。

▶学前准备：

    学习小学数学基础知识、教育学理论知识以及本书第一章内容。

    数学学习是学生在特定的教育环境中，在预定教学目标的指引下，在各种教育资源、教育形式的帮助下获得数学知识经验并产生持久性行为、能力和情感变化的过程。建构主义学习理论指出，世界是客观存在的，但每个人对于客观的理解是由自己决定的，对于同一客观存在，每个人头脑中的认知结构是不同的。学习就是扩充和改组原有的认知结构，也就是同化和顺应的过程。学习指导要突出学生的主体地位，关注学生原有的认知条件，重视活动性学习，为学生创设有利于产生疑惑的情境和多向交流的社会性环境。

第一节　小学数学基础知识的学习

    小学数学基础知识包括以下三类：数学概念、数学规则（包括公式、定理、性质、算理、算法、运算顺序、运算定律等）、数学（思想）方法。

    小学数学知识与生活密切相关，数学概念和规则是在人们运用数学思想和方法解决实际问题中产生的。小学生的数学学习在一定程度上要契合数学的发展。因此，数学知识的学习包含数学概念学习、数学规则学习，问题解决的学习则贯穿于概念和规则的学习。

一、小学数学概念的学习

数学概念是反映一类对象数与形本质属性的思维形式。小学数学中的概念包括数的概念（如自然数、分数、小数、质数、倒数等）、运算的概念（如加、减、乘、除、比等）、量与计量的概念（如时间单位、长度单位等）、几何形体及其空间关系的概念（如长方形、长方体、面积、平行、对称等）、统计与概率的概念（如统计图、平均数、可能性大小等）。

（一）数学概念的表现形式

根据小学生的接受能力，小学数学概念采用描述式和定义式两种表现形式。

1. 描述式

描述式就是直接描述特征或列举代表性特例，用于点、线、面、体等原始概念和小学阶段难以用概括性语言表达的概念。例如，用来表示物体个数的1、2、3、4……叫自然数，一条绳子拉紧就成了一条直线，长方形的特征是两条对边分别平行且有四个直角等。描述式借助学生的感知建立表象，具有一定的直观性。

2. 定义式

定义式就是用简明完整的语言揭示概念内涵，往往要用原有概念说明新概念。如"同一平面内不相交的两条直线互相平行"，这里用了原有概念"平面""相交"来定义"平行"。这类概念，是在理解原有概念的基础上，对大量探究材料进行分析、分类、比较、综合，在表象的基础上运用语言概括形成的理性认识。

（二）数学概念的特点

某些数学概念来源于现实世界的具体事物，是人脑对一类客观事物数量关系和空间形式方面本质属性的反映。任何事物都有很多属性，如黑板、电视、门窗等具有颜色、材质、用途、形状等属性，它们形状相同，可归为一类，对它们的形状特征加以概括就得到"长方形"概念。可见，数学概念脱离了原始对象，独立于具体事物之外，仅反映数和形方面的性质特征，是抽象的。

某些数学概念来源于数学内部已形成的概念。如乘法是求几个相同加数的和的运算，建立在加法概念之上，而除法又建立在乘法概念之上。高层次概念以低层次概念为具体内容，不同层次的概念抽象水平不同，从而形成逐级抽象的数学概念系统。

（三）数学概念的内涵和外延

数学概念的内涵表明数和形的本质属性，是质的规定，数学概念的外延是概念所指对象的全体，是量的规定。例如三角形概念的内涵是三条线段首尾相连这一本质特征，这一特征使得所指对象区别于其他事物，三角形概念的外延就是所有三角形。概念的内涵和外延是互相制约的，当概念的内涵扩大时，概念的外延就缩小；

当概念的内涵缩小时，概念的外延就扩大。例如，在三角形的内涵中增加"有两条边相等"这个性质，即形成等腰三角形的内涵，而等腰三角形的外延比三角形的外延小。

（四）小学数学概念学习的基本形式

数学概念的学习就是学生对概念肯定例证和否定例证的判定以及对同类事物本质属性不断辨别的过程。主要有概念形成和概念同化两种形式。

1. 概念形成

在教学中，概念形成指学生从大量具体例子出发，从实际经验的肯定例证中，以归纳的方法抽象出某类事物的本质属性，再提出各种假设加以验证，从而获得初级概念，最后把这一概念的本质属性推广到同一类事物之中，并用符号或专有名称表示。

以数字 5 的认识为例，先是从 5 辆车、5 朵红花、5 个小朋友等具体例子出发，排除形状、颜色、大小等不同属性，通过物体和物体之间的一一对应，归纳出它们之间"不多也不少"的共同的本质属性，再用小棒、石头等物体加以验证，最后用"数量相同"概括出这些物体之间"不多也不少"的属性，同时用符号"5"表示。之后所有同类事物都可以用符号"5"表示。

概念形成需要内部与外部两方面的条件：其外部条件是教师须对学生提供大量的正反例证感性材料，对学生提出的概念的本质属性的假设作出肯定或否定的反馈，对学生的感性经验利用严谨的数学语言进行理性的提升；其内部条件是学生积极对概念的正反例证进行辨别，根据教师的反馈进行选择，对教师的语言进行模仿，从而概括出本质属性并确认对应的数学符号和名称。

2. 概念同化

在教学中，概念同化就是利用学生认知结构中原有的相关知识与新概念之间的联系，以定义或描述的方式直接向学习者揭示新概念的本质属性，进而使学生获得新概念的过程。

以梯形为例，教学时可以从平行四边形入手，让学生将梯形与平行四边形相比较，就可以得出"只有一组对边平行的四边形"这一梯形的本质属性。这就是概念的同化。

概念的同化也需要外部和内部两方面的条件：其外部条件是教师引导学生将新学习的概念与原有认知结构中的某些概念、表象建立联系，如引导学生观察、比较、计算、分类等；其内部条件是学生认知结构中有稳定的基础概念并有主动学习的意向，例如，学习公约数、最大公约数时，学生必须主动将它们与自己认知结构中已有的"约数"概念和"公有""最大"表象联系起来思考，认识到约数是对一个数来说的，而公约数是对两个或更多个数来说的，几个数的公约数是有限的，其中必有一个是最大的，这样对约数、公约数、最大公约数三个概念建立起逻辑联系，这时新概念"公约数""最大公约数"被纳入原有认知结构。

值得注意的是，由于小学生的逻辑思维在很大程度上需要具体形象的支持，在以概念同化为主的学习中，往往也有概念形成的过程。特别是在引入新概念时，除了复习有关的已有概念以促进概念同化外，还常常提供一些典型的例子，由具体到抽象，引入新概念。如"倍"的概念的建立：教师一方面利用直观手段，让学生摆小棒、小圆片等；另一方面复习有关"平均分成几份"的知识。这样既符合学生由具体到抽象的认知规律，又可以利用原有的概念进行迁移，在较短的时间内揭示事物本质属性。

（五）影响小学生概念学习的因素

1. 感性材料、知识、经验

概念的形成主要依赖对感性材料的抽象，感性材料太少，学生感知不充分就难以辨析各种对象的本质属性。针对这一情况，教学时教师要提供数量充足的典型的正例材料，还可以提供变式、反例材料突出事物本质属性。如在学生三角形概念的形成过程中，教师可以提供各种不同类型的三角形（大小不同、颜色不同、锐角或钝角三角形、等边或不等边三角形等），也可以提供曲线图形、开放图形作为反例突出三角形概念中的"线段、首尾相连"特征。

概念的同化依靠新旧知识的关系和差异，旧知识不存在或模糊则学生无法分析推理。针对这一情况，教学时教师要找准新概念依赖的旧知识，以课堂练习的形式复习回顾，再讲授新课。如质数概念的学习，可以先让学生计算一个数的约数，明确一个数约数的特点：一个大于1的整数，其约数一定含有1和它本身。在此基础上，学生就会产生按约数个数进行分类的意向，头脑中约数个数和质数就建立了联系。

小学数学中的很多概念与日常生活联系密切，有些生活经验可以促进新概念的理解，有些则会产生干扰。如生活中牛角、墙角和小学数学中的角内涵不同，教学中要注意引导学生区分。以往概念学习的经验也会影响新概念的获取，当学生有了分类、比较等经验时就会自觉地迁移到新的对象中，因此概念教学中要注意帮助学生形成概念学习经验。

2. 概括和表达能力

概念形成过程中，学生必须对一类具体事例的各种属性进行分化，经过分析、综合、比较而抽象出它们共同的、本质的属性或特征，这是概括的基本过程。概念同化过程中学生需要把新获得的概念纳入原有的概念系统，即要建立起新概念与已掌握的相关概念之间的联系，这是概括的高级阶段。获得这些认识后还需要学生用自然语言和数学语言正确地叙述。学生发现特征和联系是形成概括能力的必要途径，在此基础上用语言外化自己的思维则需要长期模仿和训练。

（六）小学数学概念学习指导策略

（1）以问题驱动学生思考。问题可以来源于生活，也可以来源于数学活动。学生在生活情境和数学活动中发现了概念原型蕴藏于问题之中，就会产生探究的欲望。在"角的初步认识"的教学中，可提供生活场景，如剪东西时剪刀要打开，随着时间流逝原本重合的分针和时针张开了，问学生这些场景中有一个什么样的图形。还可以开展数学活动，如遮盖长方形、正方形、平行四边形、三角形的其中一个角，让学生猜猜是什么图形，如何还原。只要充分调动学生，他们就能够在问题解决中发现概念原型的本质特征。

（2）对于学生概念形成的学习，教师可提供丰富多样的感性材料，开展对比、分类、归类等活动，引导学生观察、操作、计算、讨论完成活动，获得数学概念的清晰表象。对于学生概念同化的学习，教师要预先评估学生对于所需知识的掌握情况，如对质数和合数概念的学习，学生需懂得约数概念和求一个数的约数的方法，教师要根据学生的情况给予一定的指导，可以复习引入或在学生探究过程中有针对性地启发指导。

（3）要求学生尝试用自己的语言表达概念的本质特征，学生的表达可能存在不完整甚至错误的情况，教师要注意纠正学生错误的表达，完善学生的表述，最后向学生示范正确的数学语言的表达。值得注意的是，概念的数学名称和符号是固定的，教师不能让学生猜，而要明确其规定性，可以结合数学史简单讲解名称和符号的由来。

（4）提供举实例、判断正误的练习。教师可以要求学生说一说概念对应的具体实例，如学习三角形概念后让学生说一说：生活中哪些物体的表面是三角形？要注意引导学生正确规范地表达，如学生会举例说"三角形蛋糕"，教师可以评价"是的，蛋糕表面是三角形"。教师还可以根据概念定义中的关键词设计判断练习，如学习质数概念后提问："1是质数，对吗？为什么？"这一环节要求学生能运用概念阐述理由。

二、小学数学规则学习

数学规则是两个或两个以上数学概念之间固有关系的叙述。如长方形面积等于长乘宽，这一公式涉及长方形、面积、长、宽等概念，且阐明了它们之间在相乘条件下固有的相等关系。长方形面积公式可称为数学规则。数学公式、定理、法则、性质等都属于数学规则。

（一）数学规则学习的分类

数学规则学习关键是获得数学概念之间的关系，以及形成这些关系的条件。而对关系和条件的理解又依赖于新规则与原有认知结构中相关知识的联系。由于新规则和原有知识的关系可以分为下位关系、上位关系和并列关系三种，因此数学规则的学习也可以分为以下三种基本形式。

1. 下位学习

如果原有认知结构中的相关知识在概括层次上高于所学新规则，那么新规则和原有相关知识就构成下位关系。新规则可以直接和原有数学知识发生联系，并直接纳入原有认知结构使其变得更加充实，这样的学习形式叫作下位学习。下位学习中，新规则与原有认知结构的作用方式是同化。这一过程需要进行逻辑推理，学生进行下位学习必须具备的条件是已了解概念之间的从属关系，并掌握相关旧知识。例如，学习长方形的相关公式、性质后，再学习正方形的相关公式、性质属于下位学习，学生必须理解正方形是长宽相等的特殊长方形，在此基础上，如果学生已掌握长方形的周长公式，那么他就可以快速推导出正方形的周长公式。

2. 上位学习

如果新规则在概括层次上高于原有认知结构中的相关知识，那么新规则和原有相关知识就构成上位关系。通过对原有认知结构相关内容的综合、归纳、概括，形成新的数学规则，并使原有认知结构得到重组，这样的学习形式叫作上位学习。在上位学习中，新规则与原有认知结构的作用方式是顺应。学生进行上位学习必须具备的条件是头脑里具有比新的数学规则层次低的相关内容并能发现它们的共同特征。如学习加法交换律，如果学生头脑中有具体的多个等式，如 12+3=3+12，200+300=300+200，345+12=12+345……发现无论加数是几位数等式都成立，这些等式的特征是加数相同，且加数位置相互交换，就可以顺利归纳出：交换加数位置，和不变。再如学习分数除法法则时，如果学生了解分数除以整数、整数除以分数、分数除以分数的法则，并且发现共同规律是"除以一个数等于乘它的倒数"，在此基础上，就可以概括出分数除法法则。

3. 并列学习

如果新规则在概括层次与原有认知结构中的已有知识不存在上、下位关系，但是有相通之处，那么称它们为并列关系。通过相关知识间的类比而获得数学规则的学习过程叫作并列学习。学生进行并列学习必须具备的条件是了解相关知识间的联系。如学生了解分数和除法之间各组成部分的对应关系以及除法的商不变性质，就能顺利得出分数基本性质。再如学生了解整数和小数都是十进制计数以及整数运算法则中的数位对齐原则，那么就能得出小数加减运算法则。

以上三种学习形式不是彼此孤立的，很多规则学习需要三种学习形式的相互配合。如学习乘法交换律，可以通过交换律这一数学名称进行下位学习，可以发现具体等式规律进行上位学习，可以和加法交换律进行并列学习。多种形式的学习有助于发现和理解规则。

（二）数学规则学习的一般过程

学生学习数学规则的目的：一是为将来能够在各种具体问题情境中熟练灵活运用规则，二是有利于后续数学知识的学习。因此数学规则学习可按以下过程进行：

1.通过发现问题了解建立新规则的必要性

学生原有认知结构中的知识不能解决问题，就会产生主动学习新规则的需要。同时，学生通过对问题信息的考察能认识到新规则的适用范围和应用价值。

2.通过上位学习、下位学习、并列学习理解新规则的合理性和正确性

以上三种形式的学习过程是新的学习材料与学生原有认知结构中的知识相互作用形成新规则的过程，是有意义的知识建构过程，通过对规则推导过程的思考，学生才能明白新规则是合理的、正确的，从而达到一定的理解程度。

3.通过练习熟练运用新规则

通过基本练习可以识记新规则中的概念、关系以及规则的表现形式，如学习乘法分配律时，可以做填空练习题 $23 \times (5+16) = 23 \times 5 + (\quad) \times 16$，$12 \times 3 + 15 \times 3 = (\quad) \times 3$，熟悉规则后，可以做提升练习，运用新规则进行运算和推理，如计算 $14 \times 99 + 14$。多层次练习可以使规则的运用达到自动化程度。

4.辨析不同数学规则之间的关系

小学数学的规则较多，如果规则之间没有联系，学生就容易遗忘和混淆。但如果规则系统化，学生明确各个规则的从属、包含、相近等关系，懂得它们之间的区别，就可以由此及彼地记忆和运用它们。如乘法结合率和乘法分配律是容易混淆的两个定律，要明确它们所含数字个数、运算个数相同，但所含运算类型不同，"结合"和"分配"含义也不同，区分之后可以加深记忆，避免混用。

（三）数学规则学习指导策略

（1）创设情境导入课堂，以情境中的问题和矛盾冲突引发学生思考，使学生主动探究新规则。

（2）探究过程中启发学生检索认知结构的相关知识进行推理。鼓励学生进行猜想，要注意猜想不是随意的，而是发现规律、发现共性以及合情合理地推理之后获得的，教师要引导学生不断提高猜想的可靠性，在认识和能力范围内进行有效的验证或证明。

（3）规则形成后提供多层次的练习，练习目的遵循从记忆规则到简单运用规则再到灵活运用规则的原则。如果新规则和之前学过的规则相近，则可以通过提问两者的相同和不同之处、设计错题辨析类练习来帮助学生进行区分。

三、小学数学问题解决的学习

（一）数学问题的含义、特征和结构

1.数学问题的含义

问题是指没有现成、直接的方法、步骤去解决的情景状态。数学问题就是需要通过探究未知数量关系和空间形式去解决的问题。数学问题和数学练习不同，数学练习的结构是常见的，即答案确定、条件刚好合适，可以通过套用现成的公式或常规思路获得答案。问题和练习具有相对性，同一道题，对于不同的学习者，可能是问题也可能是练习。如"已知三角形的一条边和这条边上的高，求这个三角形面积"，这道题对于知道三角形面积公式的学生来说是练习，对于不知道三角形面积公式的学生来说就是问题。

2.数学问题的特征

若实际问题抽去对象的物质性，只保留数和形方面的本质属性，变成了抽象的形式，就成了数学问题。如"小明 7 点 35 分从家出发到学校时刚好 8 点 15 分，小明从家到学校要多长时间？"这对于初学时间知识的小学生来说是一个实际问题，抽去小明、家、学校等物质条件，仅保留数字、时间，实际问题就转化为"7 点 35 分到 8 点 15 分是多长时间？"这一数学问题。可见，数学问题的特征是抽象的形式化。

3.数学问题的结构

数学问题主要由三部分构成：条件、目标、操作。

条件是指给定的信息，可以是一些数据、一种关系或者某种状态，即通常所说的"已知什么"。目标是指一个数学问题求解后所要达到的结果状态，即通常所说的"求什么"。如"7 点 35 分到 8 点 15 分是多长时间？"这一数学问题的已知条件是起始和终止两个时刻，目标是两个时刻之间的时长。有些问题的条件中含有操作要求，这里的操作是指条件所允许采取的求解行动，即可以采取哪些操作方式把数学问题由问题状态转化成稳定状态，它是问题求解的依据。并不是所有问题条件都包含操作要求，如"7 点 35 分到 8 点 15 分是多长时间？"这一问题的条件不含操作要求，学生可以尝试顺着数、倒着数、大数减小数等多种行动，而问题"拨一拨时钟，数一数分针从 7 点 35 分到 8 点 15 分走了几格？"中的"拨一拨""数一数"就是求解问题允许的操作。条件中增加操作要求可以改变问题的难易程度。

（二）问题解决的含义

问题解决指的是按照一定的思维对策一步一步地靠近目标，最终达到目标的过程。问题解决的关键是思维的参与，当然也需要意志、精神的参与。小学数学领域中的问题解决，不但关心问题的结果，而且关心求得结果的过程，即问题解决的整

个思考过程。在数学问题解决的过程中，需要运用概念、判断、演绎等抽象思维形式，有时还需要运用归纳、类比、联想、直觉、灵感（顿悟）等创新思维形式。创新思维对抽象思维具有依赖性。归纳、类比、联想都需要结合抽象和分析推理才能获得结论，直觉和灵感产生的基础则是长期有目的的思考。创新思维发散、自由，有充分的灵活性，可以形成一定的结论，使得问题解决有了起点。但创新思维的结论不一定正确，仅是猜想，要利用抽象推理验证和证明猜想是否成立。

小学生在数学学习中要解决的问题来源于现实世界，小学生在问题解决过程中需要运用已有的知识技能进行数学思考，最后产生对他们自己来说新鲜的、具开创性的结果，这些结果又可以推广运用到现实世界的同类问题和后续学习中。这个过程实际上是小学生用数学的眼光观察现实世界、用数学的思维思考现实世界、用数学的语言表达现实世界的体验过程，有助于培养学生的核心素养。

（三）问题解决的学习的一般过程

问题解决的学习是学生在教师的引导下主动探究的过程。小学数学与生活实际密切相关，基于培养学生核心素养的目标，小学生问题解决的学习一般过程如下。

1. 发现问题

这一阶段是发现现实世界中存在的与数和形有关的问题，有意识地把现实问题和数学联系起来，试图用数学的观点和方法来处理问题，即尝试"用数学的眼光观察现实世界"的阶段。对于现实问题，学生一般先发现问题的目标，意识到蕴藏其中的数与形的特点后，再寻找合适的条件。如"今年的国庆节是周末吗？"没有日历可以翻阅的情况下，如果学生意识到国庆节是 10 月 1 日，且周末是一周的第 6 和第 7 天，那么他就发现了现实世界中的数学问题。当学生从情境中接受了问题目标信息，意识到可以用数学方法解决，他的注意力便会集中于达到目标状态的数学思维之中，开始寻找合适的条件，而且对含有数与形的条件特别敏感，如今天是几月几号、星期几。

2. 提出问题

这一阶段是运用抽象思维将现实问题转化为完整的数学问题，即明确问题的条件和结论，确定条件是否包含"运算"要求的阶段。如"今年的国庆节是周末吗？"转化为"已知今天是 5 月 2 日、周三，计算今年的 10 月 1 日是周几"，这个题目的条件是某天的日期和周几；条件中包含"运算"要求，即计算；目标是 10 月 1 日是周几。这一阶段要求学生将条件和目标分离，学生不能简单地复述题目，而要尽可能去除情景中的物质内容，用数学语言清晰表述。这就需要学生理解相关的数学概念，具有一定的抽象思维能力，能正确使用数学概念的名称和符号。如"电视机售价 1850 元，电冰箱售价 1795 元，洗衣机售价 1865 元，哪种电器贵？"这一实际问题的转化要求学生运用"数的大小"这一数学名称，将实际问题转化为"已知 1850

元、1795 元、1865 元，比较这几个数的大小"。这个阶段实现了"用数学的眼光观察世界"。如果让学生出声表达，那么他在同伴和教师的启发下就能顺利完成此阶段的学习任务。

3. 分析问题

这一阶段学生要寻找问题条件和目标之间的联系，要将已有信息（条件、知识、经验）进行加工和重新组合，不断变更问题的条件和目标，使已知和所求距离越来越近，如比较三个数的大小变为两两比较数的大小。变更问题条件和目标需要采用一定的计划和策略，美国著名数学家和教育家波利亚在其著作《怎样解题：数学思维的新方法》中，提出了问题解决拟定计划阶段可采用的一些思考策略，如"某个定理是否可能用得上；不能解决当前问题是否可以利用一个有关的问题、一个更普遍的问题、一个更特殊的问题、一个类比问题；能否解决这个问题的一部分；仅保持条件的一部分对于未知能确定到什么程度"。实施这些策略，需要判断以及从特殊到一般、从一般到特殊、从特殊到特殊的推理，还需要较为扎实的知识基础和熟练技能。

问题解决不是一个按照事先制定好的程序一成不变地加以实施的机械过程，而是一个需要不断对执行情况进行评估并随时加以必要调整的动态过程。有时，学生在尝试了自己的计划或策略之后，发现并没有解决问题，这是一个正常的现象，这就要求学生随时对解题活动作出评价并进行必要的调整。学生应该意识到，第一次的尝试并不总是成功的，若一个策略不能用，就要采取其他的策略，在尝试—调整—再尝试中积累重要的经验。分析问题就是不断尝试使用数学的思维进行思考的过程。

4. 解决问题

这一阶段学生从分析过程到达目标，写出解决步骤，给出最后答案，再进行一定形式的检验，看答案是否合理、是否还有更为便捷的解题方法。虽然这一个问题得以解决，但是数学的应用性决定了成功解决某个问题并不是最终目标，而是以此为基础获得更一般的、适用性更广的方法模式，因此这一阶段的问题不是一个问题，而是一类问题。这一阶段还有一个重要的任务就是概括和推广。学生要审视问题已知条件和目标的特点，概括出一类问题，如解决"已知 1850 元、1795 元、1865 元，比较这几个数的大小"这个问题后可概括出一类问题：如何比较几个位数相同的整数的大小。并概括解决问题的步骤和结论，以后碰到此类问题就可直接套用方法和结论。学生完成此阶段学习后原来的问题就转化为练习了，由此学生学到了新的数学语言，用以分析和表达现实世界。

学生开展问题的解决的学习，最后还需要进行回顾和反思。回顾整个问题解决过程中的每一步的理由是否充分，如何获得数学问题，如何找到突破口，用了哪些策略和方法，是否还有其他解决方法，所有方法中是否有最优解，解决过程中有没有走"弯路"，有什么启发，等等。经过回顾和反思，才能积累问题解决的经验，有效提高问题解决的能力。

第二节　小学数学基本技能的学习

一、数学技能的含义

数学技能是完成某种数学任务的心智或动作的系列活动方式，它需要通过练习才能形成，技能的形成表现为完成某个任务达到一定的熟练程度。熟练程度高则任务正确完成所需的时间短。小学数学技能可以用以下动词阐述：说（读、解释）、写、算（口算、估算、笔算、用计算器计算、换算）、画（绘制）、辨认（找出）、比较、测量、收集、描述（表示）等。

数学技能和数学知识是不同的概念，数学技能是进行某种数学活动的方式，可以外显为通过系列动作完成某项任务；数学知识则是头脑中对数和形方面的认知。两者的联系在于知识是形成技能的基础，没有知识就无法形成技能；没有应用知识的技能，知识就失去了存在的意义。在数学的学习中，技能的形成有助于知识的理解、掌握和巩固。如画平行线是一项技能，形成技能之前要先懂得"什么是平行线"以及"一条直线通过平移可以得到它的平行线"这些知识，画平行线实际上是运用以上知识，体现了知识的价值，画的过程中学生加深了对以上知识的理解。

数学技能和数学能力也是不同的概念，数学能力是学习者拥有的支持数学活动得以完成的个性心理特征，能力强则活动完成较顺利或活动效率较高。某个数学技能可以完成对应的数学任务，如计算 20 以内的加减法只需要计算技能。完成数学活动（包含多个数学任务）则需要多种能力的配合。与技能相比，能力具有综合性特点，提高技能的熟练度有助于能力的提高。

二、数学技能的学习过程

数学技能的形成要借助心智活动（包括感觉、思维）的参与，内部语言在头脑中形成程序性认识后外化为一系列可视动作或直接结果。可将数学技能学习过程分为以下几个阶段。

（一）认知阶段

认知阶段是准备阶段。技能的学习是以知识为基础的，如果不理解知识，仅靠记忆和模仿，则获得的技能就不扎实、不稳定，容易遗忘。认知阶段的学习实际上是知识（与技能有关的概念和规则）的学习阶段。在这一阶段，学生要理解并记住与任务有关的知识，了解完成任务的关键步骤。如计算 20 以内的加减法学生需理解"凑十法""破十法"原理，并了解拆分数字，这样有助于快速计算。

（二）模仿阶段

模仿阶段是指在教师的示范下，学生在头脑中初步建立完成任务的活动程序并以外显的操作方式付诸执行。这一阶段，教师边讲解边示范，即把头脑中的心智活动过程外显出来，讲解时可使用第一步、第二步，首先、其次等引导词，强调需要注意的关键步骤。如示范 9+7，可讲解："第一步，选取其中一个加数，思考哪个数和它相加等于 10；第二步，根据想到的数将另一个加数拆成两部分；现在有三个数；第三步，先把其中两个数相加凑成 10，再加另一个数。这个方法的关键是凑成 10，称为"凑十法"。同时配以板书，如图 2-1 所示。

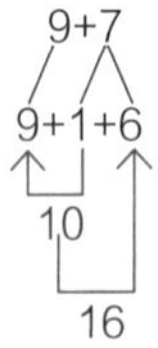

$$9+7$$
$$9+1+6$$
$$10$$
$$16$$

图 2-1　板书

教师讲解和示范应该同步，根据学生的情况调整速度，确认前一步完成后再进行下一步的教学。使用多媒体辅助教学时要确保课件的展示能完整地呈现教师的示范动作。如画平行线，仅用课件动态展示尺子、三角板、笔的变动是难以模仿真实情况的，学生看不到教师如何操作这些用具，而教师采用在黑板上画平行线的传统方式，则示范动作更容易达到规范、全面的要求。这一阶段，教师的讲解应该清晰、简洁、概括性强，并要求学生复述。

（三）有意识的外部语言阶段

在这一阶段，学生能将教师的示范语和示范动作迁移到新的同类任务中，由于对各个步骤还比较生疏，往往采用"念叨"方式监控自己的心智和外部动作，可能还会出现停顿的现象。这一阶段，学生对自己的活动方式是有意识的，教师要给予学生充足的时间进行训练，在纠正学生操作上的失误时要配以理由讲解，而不是单纯地进行动作示范。

（四）无意识的内部语言阶段

在这一阶段，外部动作内化为头脑中观念性的减缩表象，任务刺激和反应几乎同时发生，学生能迅速识别任务并连贯自如地按步骤完成任务，不用有意识地思考，内部语言和外部动作自觉同步，熟练程度逐步上升至自动化水平。如计算 9+7，学生无须思考什么是"凑十法"，也无须写出拆分的数字，头脑中能迅速拆分组合数字，外显为直接得出结果。

四个阶段的学习是有顺序的、层层递进的，前一阶段的学习结果会影响后一阶段的学习效率，技能训练过程中急于求成而跳过某个学习阶段是不可取的。

三、数学技能学习指导策略

（一）重视知识的理解

在技能形成的认知阶段，可以提问学生执行程序中关键步骤的理由，提问这样做的目的是什么，学生须整理知识信息进行回答。一些技能的知识基础是相同的，但是技能的实施步骤不同，如整数加减法中要求末位对齐，小数加减法则中要求小数点对齐，理由都是数位对齐以保证相同计数单位的数相加减。对于这些技能的培养，教师可以引导学生相互对照并说明理由，使学生更深刻地理解知识，建立技能和知识之间有意义的联系。

（二）循序渐进展开练习

学生对于程序步骤的运作，从熟悉到连贯再到自动化需要一定的经验积累，有时候学生练习时，即使某个步骤不规范、不细致也能完成任务，但是这样培养出的技能是不稳定的，教师要注重学生练习的过程而不是只关心结果，外部语言阶段的练习要重"质"，可以设计要求学生记录过程的练习，养成做一步—检查一步—对一步的习惯。当学生可以达到无意识内部语言阶段时，则练习要重"量"，一定量的练习可以提升技能的熟练度，为了保证学生注意的稳定性和集中性，练习形式还应多样化。如 20 以内的加减练习可以是书面练习，也可以采用抢答或同桌互相考一考的形式。

（三）及时反馈

学生做完练习后头脑中的心智活动痕迹还是清晰的，如果能及时知道正确与否，有助于反思和评估自己的技能。但小学生学习经验少，仅知道对或错，难以对自己的学习作出全面精准的评估，因此，针对学生练习暴露出的问题，教师可以给出有针对性和指导性的评语，帮助学生找到改进方向。

第三节　小学数学基本思想

一、数学思想和数学方法

数学思想是对数学知识形成过程的本质认识。人们通过对具体事物本质特征和数学对象之间本质关系的认识获得数学知识（概念和规则），对这一过程的本质认识就是数学思想。数学思想指导和支配人们的数学实践活动。

数学方法是指运用数学思想过程中所采用的途径、步骤、程序等，具有可操作性、稳定性、可仿效性的特点。在指导数学实践活动方面，数学方法较数学思想更为直接。由于数学方法和数学概念及数学规则都依赖于数学思想产生，从这个角度来说，数学方法和数学概念、数学规则一样属于数学知识。

基于思想和方法都对数学活动的思维过程具有指导性，研究者常用数学思想方法作为它们的统称。

二、数学基本思想内涵及其分类

在众多的数学思想方法中，存在最高层次的三个思想：抽象思想、推理思想、模型思想。这三个思想分别对数学理论的发生、发展、应用起到了重要作用，由这三个思想派生出了较低层次的思想，从而派生出众多的方法。因此，这三种思想合称为数学基本思想，如图2-2所示。

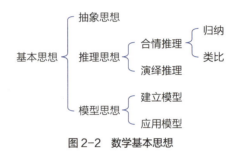

图2-2　数学基本思想

由以上思想派生出符号化、分类、对应、集合、函数、转化、数形结合、等量代换、统计推断等思想方法。

（一）抽象思想的运用

抽象是抽取客观对象数与形本质属性的思维过程，这个过程往往包含比较、区分、舍弃、概括四个步骤。首先比较思维对象的相同点和不同点，然后区分为不同的集合，由于比较可以从不同方面进行，所以区分出的结果也不同。依据研究或解决问题的需要，下一步就要进行舍弃，舍弃不需要的结果。最后进行概括，即把保留结果体现出的本质特征固定下来，扩展到更大的范围，并用符号或名称表示。这就完成了抽象。如1～20的正整数中，可以发现2、4、6、8、10、12、14、16、18、20这些数具有能被2整除的相同点，其余数不能，则可以区分为两个集合；还可以发现2、3、5、7、11、13、17、19这些数的约数只有1和它本身，1只有1个约数，其余数有2个以上约数，则可以区分为3个集合。当然还有很多其他的比较和区分。依据某种需要，只保留其中一种区分结果，舍弃其他，最后依据保留结果进行概括，即固定本质特征"能被2整除的数"，而且认识到大于20的数中也有这样的数，赋予它们一个数学名称——偶数。这样就完成了"偶数"的抽象，或者说得到了"偶数"这一抽象概念。

由以上可以看出，概括是指获得有限对象的本质特征后扩展到一类事物。概括是抽象过程的一个关键步骤，只有概括出本质特征才能完成抽象。概括也可以在已有抽象概念的基础上进行，如由长方形、平行四边形、梯形概括出它们有"四条边"这一共同属性，赋予它们"四边形"这一数学名称，从而完成更高层次的抽象。

（二）推理思想的运用

推理是从一些事实和命题出发，依据规则推出其他命题或结论的思维方式。不同的推理有不同的规则，数学的推理遵从逻辑性的规则，也称为逻辑推理。数学推理思想可分为演绎推理和合情推理。

1. 演绎推理

演绎推理是根据一般性的真命题再加上一个特殊的判断推出特殊命题的推理。它是从一般到特殊的推理。

三段论是演绎推理的主要形式，由大前提、小前提、结论三部分构成。

大前提：因为（所有）长方形面积等于长乘宽（一般性真命题）。

小前提：又因为正方形属于长方形（特殊的判断）。

结论：所以正方形面积等于长乘宽（特殊命题）。

在三段论的实际运用中，人们经常把不言自明的部分省略，如因为正方形属于长方形，所以正方形面积等于长乘宽。但是教学中，教师在示范推理过程时应该表述完整。

除了三段论，小学数学常见的演绎推理形式还有假言推理（如正方形四条边相等，这个图形四条边不相等，所以它不是正方形）、选言推理（如三角形分成锐角、钝角、直角三角形，这个三角形不是锐角三角形也不是直角三角形，所以它是钝角三角形）和关系推理（如 $a>b$，$b>c$，所以 $a>c$。）

在演绎推理中，前提蕴含结论，形式规则又使得前提和结论存在必然联系，因此，只要推理的前提正确，结论必然正确。这是演绎推理的根本特点，也决定了它是建立数学理论体系的主要工具。

2. 合情推理

合情推理，顾名思义是合乎情理的推理，是根据已有的事实、结论，凭借个人的数学经验，直观推测出结果的一种推理形式。主要可分为（不完全）归纳和类比两种形式。

（不完全）归纳法又称枚举法，是通过对一些个别的、特殊的情况加以观察分析，推出一个一般性结论的推理方法。它是从特殊到一般的推理。如分别测量 5 个三角形的内角并求和，发现都是 180°，推出所有三角形内角和是 180°。

类比是根据一类事物所具有的某种属性，得出与其类似的事物也具有这种属性的推理方法。它是从特殊到特殊的推理。如已知长方形面积等于长乘宽，即相邻两边的乘积，那么平行四边形面积等于什么呢？可做类比推理：平行四边形与长方形的边数相同，角的个数相同，也存在平行的对边，周长都等于四条边之和……两者存在诸多的类似之处，从而推出平行四边形面积也等于相邻两边乘积。

合情推理的结果可能正确也可能不正确，但是结果是合乎情理的，可称为猜想。它为人们获得数学结论提供了有效的途径，使得数学证明有了方向。

3. 合情推理与演绎推理的关系

演绎推理是合情推理获得结果的前提。合情推理需要分析判断个别事物的情况、属性以及它们之间的共性，这就离不开演绎推理，找不到共性就无法获得结论。

演绎推理可以提高合情推理结论的可靠性。归纳推理时枚举的个别事物越多当然越能增加结论的可靠性，但是分类讨论才能增强说服力，如测量5个三角形的内角要涉及锐角、直角、钝角三角形。类比推理时对个别事物本质属性的研究可以获得更为可靠的结论，如长方形的长和宽表面看是相邻的两条边，实际是底和高，从而得出平行四边形面积和长方形面积等于底乘高。分类讨论和研究本质属性需要演绎推理。

演绎推理可以解释和证明合情推理结论正确与否。要说明猜想结论是错误的，可以举反例，即寻找符合猜想条件的特例，而这个特例与猜想的结论不符合。这个特例就是猜想的反例，只要找到一个反例，即可证明猜想的结论是错误的，而反例的寻找需要借助演绎推理。由演绎推理"前提正确，结论必然正确"的根本特点可知，要解释和证明猜想的结论是正确的，就必须借助演绎推理。如三角形两边之和大于第三边可以解释为：两点之间线段最短，一条边是连接两个端点的线段（另外两条边连线则不是），所以一条边最短（小于另外两条边的和）。这就是演绎推理过程。

（三）模型思想的运用

数学具有广泛的应用性，数学的应用是通过数学模型实现的。数学模型是把某种事物系统的特征、关系利用数学语言概括表示的数学结构。广义的数学模型包括一切数学概念、公式、定理、规律、图表、方程……狭义的数学模型是指反映特定问题、能有效解决特定问题的数学结构，如长方形面积公式"长乘宽"是"已知长方形长和宽，求面积"这类特定问题的数学模型，整数加减法运算法则是"已知两个整数，求它们的和或差"这类问题的数学模型。模型思想中的模型指的是狭义模型，可分为建立模型和应用模型。模型思想的运用是依赖于抽象和推理的。

建立模型是从个别实际问题出发找到适合求解这类问题的模型。可分为认清实际问题、化简问题、建立初步的数学模型、检验修正这几个步骤，这几个步骤的实现需要用到抽象和推理思想。如长方形面积公式是由基于区分不同长方形物体表面大小的实际问题产生的，通过改变长方形的长和宽发现它们的大小（面积）发生变化，可以把问题化简为已知长方形长和宽，如何求面积。这里把物体表面抽象为长方形，把大小抽象为面积。然后在几个长方形里摆小正方形，发现所有正方形面积和（即长方形面积）等于长乘宽，归纳出所有长方形面积等于长乘宽。这里用了演绎和归纳推理。最后可以用更小或更大的正方形摆放进行检验，这一步也需要用到演绎推理。

应用模型就是把建立的模型应用到一类问题中迅速求解。如建立了长方形面积模型后，再求长方形面积只需套用模型即可，极大缩短了求解时间。应用模型的过程需要抽象和演绎推理：① 要明确需要求解的问题适用哪一个模型；② 模型中的要素条件是否完整？若不完整，则需要先求得；③ 把条件带入模型要认清位置。

笔记栏

三、数学基本思想的学习指导策略

《标准》提出了培养学生"三会"的数学核心素养，即"会用数学的眼光观察现实世界，会用数学的思维思考现实世界，会用数学的语言表达现实世界"，这也是数学教学的最终目标。东北师范大学资深教授史宁中指出：数学的眼光就是抽象，数学的思维就是推理，数学的语言就是模型。学生核心素养的形成过程就是数学基本思想的学习过程。

数学知识的产生发展依赖于数学基本思想，在实际运用中，三个基本思想不是孤立的，而是互相配合、互相成就的。运用数学思想的过程就是数学思考的过程，对于小学生来说数学知识是显性学习内容，数学基本思想是隐性学习内容，贯穿于知识的获取过程。以下学习指导策略可以帮助学生切实经历这一过程。

（一）以问题情境驱动学生思考

小学数学来源于生活，几乎所有的小学数学知识都可以找到生活应用场景：如质数的产生源于人们平均分配物体时发现有些物体只能分成一堆或一个一个，三角形三边关系则对应路线的选择……教师应该考虑学生的情感、兴趣，将应用场景转化为问题情境，如针对路线的选择，可以创设"小明从家走到学校，想尽快到校应该走哪一条路？"的情境，也可以创设"绕长方形跑道赛跑时，小明没有转弯被罚下场，裁判的理由是什么？"的情境。显然后者更能激发学生的情感、兴趣，使得学生不由自主地思考，并积极说出自己的看法。然而学生的看法往往是不完整的，如"小明这样跑路线短"，教师要引导学生说出"比哪一条路线短"，完整的表达有助于认清问题。由于情境中的问题是具体的现实问题，教师还要引导学生从中发现数量关系和空间特征，如提问"这是一个什么图形？路线是三角形的什么？你觉得三角形三边大小有什么关系？"引导学生运用抽象的数学语言表达。

（二）以数学活动支持学生思考

数学活动是调动学生多种感觉器官和大脑配合完成任务的操作，常见的形式有看、画、拼、摆、量、剪、比画、数、算、说……。教师可将抽象的数学对象转化为具体可见的实物，配合以上活动让学生找特征、找规律、找不同、找关系。多种器官的参与，有助于保持学生的注意力，同时化抽象为具体，使得思考对象具象化、明朗化，学生产生丰富的感知基础，各种动作、话语、形象建立联系后能较为轻松地转化为头脑中的数学事实。如探索三角形三边关系时，可以让学生量一量三角形三条边的长度，算一算两条边长的和；也可以随意选取两根小棒，用长度小于或等于它们长度和的小棒拼一拼；还可以用指定长度的三根小棒摆一摆。通过操作，学生头脑中三角形三边关系渐渐明晰，成为被认可的事实，学生也就形成了一定的认识。

（三）以反思型提问教会学生思考

操作活动中，学生虽然经历了一定的思考，但是这些思考往往缺乏逻辑性和条理性，并不是完整意义的数学思考。因此，表面上学生获得了预计的结论，实际上这些结论通常是模糊的、不确切的，教师需通过提问让学生回顾自己的结论是如何一步一步形成的，反思理由是否充分，依据是什么。可以从重难点、关键点、疑点、生成点进行提问，如三角形两边之和大于第三边，这两条边是任意的吗？你为什么认为是任意的？其他三角形也有这样的特征吗？学生回答问题时就会发现自己之前忽略的地方，从而对原来的思考过程进行补充、纠正和强化。只有这样才能让学生对推理过程的逻辑性及意义产生较深的感悟。最后教师应该总结梳理思考过程，以清晰规范的数学语言讲述逻辑推理过程。久而久之，学生就能养成讲道理、有条理的思维习惯。

第四节 小学数学基本活动经验

一、数学活动经验内涵

我国著名数学家、数学教育学家张奠宙认为数学活动经验是指：在数学目标的指引下，通过对具体事物进行实际操作、考察和思考，从感性向理性飞跃时所形成的认识。这一定义，将人的认识分成了三个阶段，其中初级阶段是感性认识，中级阶段是经验认识，高级阶段是理性认识。感性认识是以人的感觉器官直接反映事物，是人们对于事物的各个片面、现象和外部联系的反映，它包括感觉、知觉、表象，它的特点是具有直接性和形象性；理性认识是运用概念、判断和推理等抽象逻辑思维形式对事物的全体、本质和内部联系的反映，具有间接性和抽象性的特点，数学知识就是人类理性思维的成果。介于感性和理性之间的认识就是经验认识。数学活动经验高于感性认识是因为小学阶段大脑已经运用了逻辑思维，低于理性认识是因为这一阶段大脑的思维还停留在具体的事物或表象，概括程度较低，思维条理性较差，稳定性差。如学习进位加法 23+8，学生用以往学过的竖式计算法则尝试计算时感觉和原来做过的练习不同了，11 写哪里呢？这就是感性认识；学生通过摆小棒发现 3 根和 8 根放在一起一共是 11 根，可分成 1 捆和 1 根，最后是 3 捆和 1 根。通过以上思考学生会得到一个正确的答案 31，有些学生能够以此写出一个正确的竖式。以上过程是在具体的小棒操作、具体的数字考察基础上进行了一定的判断和分析，过程中形成的所有认识都可称为经验。相同的活动任务，不同的个体有不同的经验。在经验的基础上，梳理出算理，概括出一般的进位加法运算法则（这一法则适用于所有进位加法而不局限于某一道习题），这就是理性认识。从学习的角度看，理性认识就是获得了一定的知识（如学生学会了进位加法的运算知识），同时对数学思想的运用能力也有了提高。

笔记栏

二、数学活动经验的分类

数学活动的顺利进行需要学生调动感官、开动脑筋，需要积极情感的支持。由此，数学活动经验可分为以下三类。

（一）感官操作经验

小学生的数学活动离不开感官操作，如动手、动眼、动耳、动口等，活动过程中与动作相联系的认识就是感官操作经验，这是与动作程序步骤相联系的表象或记忆，具有生动性、形象性。

（二）逻辑思维经验

数学活动的核心是数学思维活动，在数学基本思想的指引下，思维活动有比较、概括、分类、归类、判断、联想、猜想、想象、归纳、类比、演绎、记忆、分析、综合、评价、应用等，这些活动产生的经验属于逻辑思维经验，具有抽象性、逻辑性。

（三）积极情感调动经验

人的认知与情感是紧密联系的，科学研究发现，人的大脑可以产生许多情感反应，从而对学习活动产生刺激和抑制作用。积极乐观和愉快的情感能够刺激视觉反映，提高表象生成水平，扩大想象空间，拓展推理活动的范围；反之消极沉闷的情绪则会抑制大脑兴奋。当小学生体验到积极情感与活动任务成功的联系后，会在后续的活动中不断加强和调动积极的情感，学会控制自己的精神状态，从而形成积极情感调动经验，具备个性特征。

在数学活动中，操作是在思维指引下完成的，思维又借助操作得以提升，情感则调动思维和感官操作的积极性。三种经验在活动中同时产生，实际上是融合为一体的。

三、数学活动经验在"四基"中的地位

数学基础知识、基本技能、基本思想、基本活动经验（简称"四基"）是数学学

习目标，其中知识和技能是结果目标，每一个知识（技能）点都是数学理论的构成部分，其内涵和形式是固有的。学生理解知识必须通过意义建构，熟练掌握技能必须经过演练，这些过程需要运用数学思想积极思考，而思维必定联合感官、情感协调活动，经验随之产生，因而数学思想的感悟和数学经验的积累是过程目标。如果说知识、经验、思想（方法）是人类共有的财富，那么数学活动经验则是个人的私有"财产"，学生大脑中的经验是活跃的、不断变化的，而且生动鲜明，具有很好的可迁移性。

"四基"的基本形式是一个三维的模块，可称为"基本数学"，一个个模块搭建成学生头脑中的"数学大厦"。数学基础知识的建构过程、基本技能的演练过程和基本思想方法的运用过程构成了三个维度。数学活动经验本身并不构成一个单独的维度，而是填充在三维模块中的黏合剂。"四基"三维模块如图 2-3 所示。数学活动经验是否充足及其与其他"三基"结合的广度和深度对模块的稳定性起着重要作用。

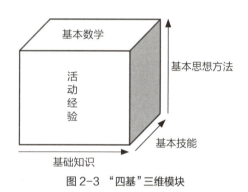

图 2-3 "四基"三维模块

四、数学活动经验积累过程及指导

经验是在一次次的活动中积累的，一个人只要经历了实践活动自然而然就会形成一定的经验。小学生的数学活动是在教师设计和指导下开展的，目的是帮助学生形成充足和稳定的经验。经验的积累一般有以下过程。

（一）激活原有经验

任何数学活动的开展都是在已有的经验基础上进行的，在人的头脑中，经验带有鲜明的感情色彩，较知识技能具有更好的活动性、迁移性。要保证活动顺利开展，教师应该激活学生原有经验而不是复习原有知识，以原有知识为基础。如小数加减法的学习以整数加减法为基础，正式的探究活动前，如果仅向学生提问"整数加减运算法则是什么？""要注意什么？"则就是回忆知识，而出示整数加减法的错题请学生辨析，就是激活学生原有的计算活动经验，较前者，学生大脑能更快地检索到相关信息，为后续探究小数点对齐原理奠定基础。经验基础可以是以往积累的数学活动经验，也可以是生活经验，需要注意的是学生的生活经验有些可以产生正迁移，有些则容易产生负迁移。如在"角的初步认识"教学中，在探究角的特征活动之前让学生想一想生活中有哪些"角"。学生可能会想到动物的"角"或人民币的"角"，这会给后续的探究活动带来干扰。这类经验可以在知识点初步形成后激活，让学生运用知识进行比较和判断，加深对知识的理解。

（二）获取直接经验

在活动过程中，如果能调动学生的主动性和积极性，那么他们就能获取充足的直接经验。首先要明确活动的任务，可采取板书、追问等方式让学生明白要做什么，之后才开始活动，否则学生只能被动地摆弄学具或随意写画。其次，活动开始前教师应预设学生可能的和必需的思考路径，准备好合适的具体事物，如探究同一平面两条直线的位置关系有几种时，教师要准备好格子纸以代替白纸，格子纸可以帮助学生观察两条直线的距离；探究两位数乘一位数的竖式计算时，由于学生已经有了横式计算的经验，对应教材提供的实际情境图片中的实物可以将十位数和个位数相分离，这样有利于学生将思考重心放在算理——如何对应竖式的写法上。最后要保障独立活动时间和空间，让每一位学生都进行一定的思考和操作，活动操作层次不作统一要求；如探究任意角的画法时，有些学生仅凭直观印象随手画出一个角，有些学生则想到了角的构成，分步骤画，而分的步骤各有不同。教师应允许学生先获取初步的直接经验，尽管有些和知识相差甚远，学生对于同伴、教师、教材中给出的间接经验，必须经过与自己的直接经验比较判断后才能接纳或拒绝，任何经验都是对原有经验的扬弃。

（三）交流不同经验

学生有了自己的直接经验后，他们就有话可说了。组织生生、师生之间的交流，可以展露出学生不同的经验，学生的思维得以碰撞，他们在阐述自己的看法和说服他人的过程中，会不断地纠正、调整和完善自己的经验。教师一方面要起到组织交流的作用；另一方面要注意聆听学生的表达，及时引导学生发现自己经验上存在的疏漏和错误，及时肯定学生合理的、有价值的经验。学生的表达往往只描述动作或结果，教师可多问几个"为什么？你怎么想到的？哪种做法好？"使学生的经验具有逻辑性。

（四）梳理重要经验

学生在一次活动中会获得各种经验，如利用铅笔的摆放探究同一平面的两条直线的位置关系有几种。活动中学生会获得由实物联想几何图形、画相交线和平行线、按位置关系分类、运用概念推理等重要经验。并不是每一个学生的经验都是完整、清晰的，学生交流结束后，教师还需从头到尾用简洁明了、富有条理的语言配以板书梳理重要经验，经验被一步一步整合、概括提升后，再引入数学名称和数学符号，最后就成为学生能够接受的知识。如"我们一边想象两支铅笔的位置，一边在格子纸上画两条直线，因为直线是可以无限延伸的，无论怎么画，两条直线要么有一个交点，要么没有交点。有一个交点的两条直线在数学上称为相交，没有交点的称为互相平行"。经过梳理的经验在学生头脑中的相互关系更为密切，与知识技能、数学思想黏合更牢固了。

第五节 小学生数学学习特点和情感态度的培养

一、小学生数学学习特点

小学生的数学学习一方面要体现数学学科抽象性、严谨性和应用性，另一方面要体现小学教育的基础性、普及性和发展性。小学生数学学习具体有以下特点。

（一）小学生的数学学习是以经验为基础的"数学再创造"过程

小学生在日常生活和以往的数学学习过程中已经积累了很多与数学相关的生活经验和数学活动经验，对数学基本思想的逻辑有一定的体验，每一个小学生都是从他们的经验出发，与教师、教材、同伴发生交互作用，扩充升华已有经验，建构自己的数学知识的。这一过程往往和数学理论的发生发展相一致，是数学的再创造过程。这一过程首先需要依赖已有经验通过直观、运算、推理等思维方式发现特征、发现规律，这实际是对思维严谨性的训练；其次需要对特征和规律加以抽象概括，使之成为用数学语言表达的概念、公式等，这实际是小学生符号意识的形成过程；最后，要尝试用新的数学语言表达和分析客观世界，在应用中加深认识，从而构建头脑中新的数学结构，同时形成一定的模型意识和应用意识。

（二）小学生的数学学习是"三会"核心素养逐步养成的过程

小学数学的学习，不仅仅是知识和技能的获取，而且以"会用数学的眼光观察现实世界，会用数学的思维思考现实世界，会用数学的语言表达现实世界"为目标。数学知识和技能有限定的应用领域，而"三会"则是适应个人终身发展和社会发展需要的必备品格和关键能力。核心素养是在一次次问题解决和数学活动中逐步发展的，学生唯有切实感悟、体验和经历，才能实现素养目标从感悟、意识到观念再到能力的升华。《标准》将小学阶段的核心素养细化为数感、量感、符号意识、运算能力、几何直观、空间观念、推理意识、数据意识、模型意识、应用意识、创新意识，在小学阶段，以达到感悟、意识、观念程度为主，强调经验积累和态度养成。

（三）小学生的数学学习过程存在思维发展的普遍规律和个体差异

数学思考贯穿于整个数学学习活动，数学思考的抽象性和逻辑性是造成小学生数学学习困难的重要原因。小学生思维的基本特点是从以具体形象思维为主要形式逐步过渡到以抽象逻辑思维为主要形式，而且抽象逻辑思维仍然与具体事物、个别实例相联系，且不能进行形式化的逻辑运算。在抽象性方面，小学生需要经历从具体到表象再到数学语言的过程。在逻辑性方面，小学生能理解逻辑推理的各种形式，能主动进行合情推理并得出结论，演绎推理具有一定的条理性。在这一普遍的过程中，有些小学生观察细致、辨识力强，能很快抓住事物本质特征，有些概括能力强，有些思维思辨程度高，有些擅于联想……这些思维的差异性导致在完成同一活动任务时，每个小学生所需要的支持和时间不同，这就要求教师因材施教，探索分层教学、合作学习等方式以使得不同的学生在数学上有不同的发展。

（四）小学生的数学学习是认知和情感态度相结合的过程

小学生正处于情感和态度的形成发展阶段，具有很强的可塑性。小学生的数学学习是以数学思考为中心的认知变化过程，会相应地产生对数学学习的情感态度，而良好的情感态度将会对后续的学习起到推动和辅助作用。《标准》将情感态度作为课程目标之一，旨在说明情感态度绝不是数学学习过程的"副产品"，需要有意识地加以培养，以良好的情感态度提高数学学习效果。

二、小学生数学学习情感态度的培养

学习情感是学习过程中产生的内心体验。学生在学习中感受到数学的价值和数学美，体会到用数学应用的高效性，体验到数学任务成功完成的喜悦，从而喜欢数学，对数学有求知欲，有学习数学的兴趣和信心，这就是积极的情感，积极的情感不仅能活跃思维、激发智慧潜能、提高学习效率，还能产生持续性的学习动力，鼓舞学生克服困难，努力完成学习任务。学习态度是对数学学习的认识、情感与行为倾向，外显为个人在数学学习过程中的语言和行为，如上课注意力能否集中、能否独立按时完成作业、能否勇于质疑问难等。科学的态度是数学学习必不可少的心理条件。情感和态度是互相影响、相互依存的。积极情感是正确态度的重要部分，而正确态度下的行为有利于获得成功的体验，进而提升积极情感。情感态度的发展不需要专门的学习，而是渗透于知识探索、问题解决的过程中，积极的情感和正确的态度需要教师有意识的长期的培养。可采取以下几种方法。

（一）将学生对现实世界的好奇心引向对数学的求知欲

人对周围世界具有天然的好奇心，好奇是人类的本能，小学生大脑还未发育完全，受到的本能的影响还很强烈，加上他们的生活经验少，现实世界对于他们来说是新奇的，他们乐于去探索、发现。教师应该充分利用学生的好奇心，以现实情境刺激学生的感官，调动他们的好奇心，然后引导他们发现现实中蕴藏的数量和图形，启发他们用数学的语言描述现实并提出问题，这时小学生对现实的好奇心就转化成了对数学的求知欲。当学生获得了新的数学知识时，还可以引导学生将数学的眼光转向更为广阔的生活情境：找一找周围是否存在概念原型，尝试用新规则处理生活问题，重新阅读媒体信息看看是否有不同的认识……让学生感受到将这缤纷的世界和数学联系起来时，数学竟"变得如此简单"，从而激发学生对数学的求知欲。

（二）展示数学价值，激发学生数学学习兴趣

兴趣是由爱好、喜欢产生的愉悦情绪，根据起因可分为直接兴趣和间接兴趣。直接兴趣是对事物和活动本身的兴趣，间接兴趣是对事物和活动所导致的结果产生的兴趣。如游戏是小学生喜爱的活动，把数学融入游戏就会激发学生的直接兴趣，但是直接兴趣不持久，当游戏结束，直接兴趣就消失了。间接兴趣让人想象到结果的美好，从而形成强大而持久的内驱力，因此间接兴趣的激发是关键。数学的价值在于它推动了人类社会的进步，在于它是人们适应现代社会发展所必需的学科。如果学生能够认识到数学的价值，就容易产生间接兴趣。数学史料、数学家的故事、数学名题生动地反映了数学学科和数学家对人类文明发展所做出的巨大贡献，现代生产生活中的数学应用实例则能清晰地体现学习数学的必要性，教师可根据学生的年龄特征和教学内容，将这些材料融入知识讲解或练习中。如比较古时候不同的计数方法，让学生说一说十进制计数法的优越性；学习百分数后介绍银行的理财产品等。学生了解了数学的价值，自然而然地喜欢上数学，产生"我要学"的冲动，学习兴趣才能持久。

（三）创造成功的机会，树立学生学习数学的自信心

数学学习的自信心就是相信通过自己的努力能完成学习任务。数学的学习充满未知的挑战，"无从下手，百思不得其解"是数学学习过程中的常态，不断调整策略、不断尝试才能达到"柳暗花明、豁然开朗"的境地。自信可以使学生无惧失败、勇于挑战，是数学学习必备的品质。

学生自信心的形成条件：一是有成功完成任务的体验；二是认识到由于自身的努力取得了成功。苏联著名心理学家维果斯基的"最近发展区"理论表明学生的发展有两种水平，一种是学生原有水平，另一种是进行教学以后所形成的水平。两者之间的差异就是最近发展区。如果学习任务总是落在原有水平，则学生能够轻易完成任务，不能感受到努力的作用，体验不到努力后成功的喜悦；如果学习任务总是落在第二种水平，则挑战难度太高，能成功的学生少之又少，不利于自信心的形成。在教学中，教师可根据教学目标（第二种水平）以及学生的经验基础（原有水平）设计阶梯式学习任务，使任务落在学生的最近发展区，那么学生只要在原有水平的基础上"跳一跳"，就很可能"摘到桃子"，这样，成功的概率是很大的。在学生

"跳一跳"的过程中，可以通过小组合作、对个别有困难的学生启发提问等方法提高成功学生的人数。小学生往往将"任务成功"等同于"自己的答案和老师的一样"，然而，任务执行过程中合理的思考、积极的合作、解答过程中正确的关键步骤等都是值得肯定的，教师应发现这些闪光点并给予表扬，使学生体验到尽管没有达到最终目标但是努力就会有收获，树立学生学习数学的自信心。

（四）培养指向科学态度的学习习惯

精神和态度一样都是人的心理状态，可以从外在的行动体现出来。《标准》指出，科学的精神就是质疑问难、自我反思、勇于探索。精神（态度）落实到长期的行动中成为学生自动化的行为方式就是学习习惯。对于小学生来说，质疑问难落实到行为习惯上就是认真倾听、参与讨论、不懂就问、提出不同的想法等，自我反思落实到行为习惯上就是完成任务后自行检查、及时复习、订正错题、总结经验和收获等，勇于探索落实到行为习惯上就是独立完成作业、积极回答问题、不断试错、多角度思考、查找资料等。对于学生而言，学习习惯是具体的行动，是可以自我监控的，指向科学态度的学习习惯可以提高学生的自主性，提高学生的学习效率。

小学生学习习惯的养成首先需要教师提出明确的要求，教给学生更为具体的实施路线，如要求学生"不懂就问"，可以告诉学生"想清楚哪里不懂后记下来，找机会和同学讨论或者问老师"，学生只有知道怎样做才能积极行动起来。其次，学生服从要求后教师应给予表扬，还可以将学生的成功和他的行为习惯联系起来，如"小明每次完成作业都自己检查，作业经常得100分"。最后，教师可以指导学生监督自己的行为是否形成了习惯，如编制"好习惯自查表"，让学生每周或每月对照自评，自评的目的不在于结果是否真实，而在于让学生知道什么是好的习惯，自己能否做到。当学生养成良好的学习习惯时，他就走在了追求科学态度、科学精神的大道上。

◎思考与练习：

1.小学数学基础知识和基础技能的学习内容有哪些？

2.小学数学基本数学思想有哪些？

3.小学生学习数学的特点是什么？如何在课堂中培养小学生学习数学的情感态度？

第三章

小学数学教学

▶ **学习目标：**

    1.了解小学数学教学过程的本质。

    2.掌握小学数学常用的教学方法。

    3.掌握小学数学教学常用的教学组织形式。

    4.了解教学手段的分类及其在教学活动中的作用。

▶ **教前准备：**

    认真研读《标准》。

▶ **学前准备：**

    认真学习小学数学基础知识和教育学理论知识。

《基础教育课程改革纲要（试行）》明确提出要"改变课程实施过于强调接受学习、死记硬背、机械训练的现状，倡导学生主动参与、乐于探究、勤于动手，培养学生搜集和处理信息的能力、获取新知识的能力、分析和解决问题的能力，以及交流与合作的能力"。因此，教师只有系统地掌握小学数学教学过程的本质、教学基本理论和方法，更新教育教学观念，把新的教学观念带进课堂，优化学生的学习过程，才能不断提高教学质量。

第一节　小学数学教学过程

一、小学数学教学过程的含义和本质

不同的教学思想和教学理论有不同的教学过程理论，归纳起来，大致有认识说、特殊认识说、认识–实践说、儿童发展说、认识–发展说、双边活动说、多质说或复合说等几种有代表性的主张。

（一）小学数学教学过程的含义

由于教学最基本的特性是育人，因此教学过程主要是促使学生知识、能力、情感、态度和价值观全面和谐发展的过程。而作为一门特定的学科教学，小学数学教

学必须充分体现小学数学的特点。小学数学教学过程是师生双方在教学目标的指引下，以小学数学课程内容为学习载体，教师组织和引导学生系统地学习和掌握数学知识、发展数学能力、形成良好心理品质的认识与发展相统一的活动过程。

（二）小学数学教学过程的本质

《标准》指出："有效的教学活动是学生学和教师教的统一，学生是学习的主体，教师是学习的组织者、引导者和合作者。"据此，小学数学教学过程的本质从结构上讲，是一个以教师、学生、教材、教学目的和教学方法为基本要素的多维结构；从功能上讲，是一个教师引导学生掌握数学知识、发展数学能力、形成良好心理品质的认识与发展相统一的过程；从性质上讲，是一个有目的、有计划的师生相互作用的多边活动过程。

二、小学数学教学过程的特征

教学过程既是一个特殊的认识过程，又是一个促进学生全面发展的过程，是认识与发展相统一的活动过程。小学数学教学过程有以下几个显著的特征。

（一）以发展初步逻辑思维能力为核心

任何一门学科的教学都是以促进学生基础知识、基本技能、基本思想和基本活动经验的获得与发展为主要任务的。小学数学学科的特点决定了小学生掌握数学基础知识、基本技能与形成良好的数学能力密不可分；而基本思想、基本活动经验的获得以初步的逻辑思维能力为基础。因此，小学数学教学过程是一个以发展初步逻辑思维能力为核心的促进学生全面发展的过程，这是小学数学教学过程有别于其他学科教学过程的一个重要特征。

小学数学教学过程要求学生在掌握数学知识的基础上，提高计算能力、初步的逻辑思维能力、空间观念和创新意识、用所学的数学知识解决简单实际问题的能力，培养良好的思想品德和个性心理品质，以促进全面发展。例如，在教学内容的选择上，教师要选择具有现实性、趣味性和挑战性的教学材料，让学生了解数学的价值，增强运用数学解决实际问题的能力。此外，教师要鼓励学生运用多样化、个性化的学习方式获取数学知识。

（二）以小学生为认识主体，以基本数量关系和空间形式为认识对象

小学数学教学过程的认识主体是小学生，他们的思维正处在以具体形象思维为主要形式、以基本数量关系和空间形式为认识对象的阶段，认识主体和认识对象的特殊性决定了小学数学教学过程的特征。这要求教师在教学中必须加强实际操作和直观教学。

（三）以小学数学教材为中介

小学数学教材是数学知识的载体，是教学活动中教师与学生、学生与学生多边互动的中介，既是教师教的依据，又是学生学的对象。在小学数学教学过程中，教师在教学中发挥主导作用，是教学过程的组织者、引导者与合作者，不仅决定着学生学的进程，还影响着学生学的方法。在教与学的相互作用中，教师通过有效的手段和方法引导学生认识、理解、掌握教材内容，把教材的知识结构转化成自己的数学认知结构，从而使教师的教对学生的学产生积极的促进作用。

（四）形象思维与逻辑思维、合情推理与演绎推理相结合

小学生的思维特点是以具体的形象思维为主，并逐步向抽象的逻辑思维过渡，而且，这种抽象的逻辑思维在很大程度上依赖于形象思维。小学生是小学数学教学过程中的主体，这个阶段的学生习惯于感受具体生动的事物，他们在学习过程中对感性材料具有更高的依赖性，往往难以理解抽象概括的知识内容，且由于数学知识具有高度的抽象性和严密的逻辑性，小学生对于数学知识尚不具备直接理解的能力，因此在小学数学教学过程中，首先，教师要加强直观教学，借助充分的感知和丰富的表象来支撑学生的思维；其次，教师要按照学生认知发展的顺序和数学知识的逻辑顺序组织教学，注意形象思维与逻辑思维、合情推理与演绎推理的有机结合。例如，在解决数学问题时，教师既要借助线段图等直观教学的手段使学生认识其中的数量关系，又要用分析与综合的方法引导学生寻求解题的途径。

三、小学数学教学过程的构成要素

小学数学教学过程是教师的教与学生的学的双边活动统一的过程，教师和学生是整个教学过程中的两个主要因素。又因为小学数学教学过程是使学生掌握知识技能、发展数学能力、形成科学态度并养成良好思想品质的过程，所以这一过程的进行必然要利用一定的教学中介（如教学目的、教学教材、教学方法、教学手段等），因此教学中介也是小学数学教学过程的主要因素。教师、学生和教学中介是小学数学教学过程的三大要素，它们之间的内在联系和相互作用构成了一个完整的小学数学教学过程系统，如图3-1所示。小学数学教学过程不仅受社会与时代的制约，而且受数学学科特点的制约。

图 3-1 小学数学教学过程系统

（一）教师

教师在整个小学数学教学过程中始终处于主导地位，是教学过程的组织者和调控者。因此，小学数学教师是构成小学数学教学过程的一个核心要素，没有小学数

学教师便没有小学数学教学过程。片面地强调学生的主体作用而忽视教师的主导作用，是对小学数学教学过程本质的一种歪曲。由此可见，小学数学教学过程的本质属性决定了教师在教学过程中的主导地位和作用，随着教学改革的不断深入，这种作用将会越来越明显。

（二）学生

在小学数学教学过程中，学生自身的年龄特点、认知水平和数学学科特点决定了他们的学习活动只有在教师的具体指导下才能进行，但是，教师的指导和帮助对他们来说归根结底只是一种外因。外因是变化的条件，内因是变化的依据，外因通过内因起作用。因此，学生的发展最终要通过他们自身的主观努力才能实现，无论是数学知识的掌握，还是数学能力和良好思想品质的养成，都是在教师指导下学生自己主动学习的结果。

《标准》强调，学生是学习的主体，在教学过程中处于主体地位。如果离开了学生这个主体，教学目的的导向作用、教师的主导作用、教材内容的中介作用及教学手段和教学方法都会失去意义。

（三）教学中介

教学中介也称为教学资料或教学影响，是构成小学数学教学过程必不可少的一个基本要素，它是教学活动中教师作用于学生的全部信息，包括教学目标、教学内容、教学方法、教学手段、教学组织形式、教学环境等诸多因素。在诸多教学中介中，教学内容为重点。

第二节　小学数学教学原则

作为一门学科教学，小学数学教学必须遵循教学论的一般原则。例如，17 世纪教学论奠基者夸美纽斯提出了直观性原则、自觉性和积极性原则、巩固性原则、量力性原则、循序渐进原则等，这些原则至今对小学数学教学仍然有着一定的指导意义。随着基础教育课程改革的深入，教学原则的研究引起了很多研究者和教师的广泛关注，他们根据教学论的基本理论，结合小学数学教学的具体特点，不仅进一步充实和完善了传统的教学原则，而且依据系统论、控制论、哲学、心理学等理论提出了一些新的教学原则。

科学性与思想性相结合的原则是指在教学过程中要以正确的方法向学生传授科学的数学知识，并结合教学内容，对学生进行爱国主义、社会主义、辩证唯物主义思想和科学世界观的教育。教师贯彻这一原则时，一要保证教学的科学性，使学生学到科学的数学知识和正确的计算方法；二要注意挖掘数学教材中所蕴含的思想因素，结合数学知识的传授，对学生进行思想品德教育。

一、严谨性与量力性相结合的原则

严谨性是数学的基本特点。所谓数学的严谨性，是指对数学结论的叙述必须精确，对结论的论证必须严格、周密，要将整个数学内容组织成一个严谨的逻辑系统。量力性是指量力而行，指学生的可接受性，即数学教学内容的深度与进度必须适合学生的探索能力、认识能力、理解能力、接受能力、思维发展水平及年龄特点。

在具体的小学数学教学中，教师主要通过下列各项要求来贯彻严谨性与量力性相结合的原则：教学要求应清晰明确、恰当；教学过程要逻辑严谨、思路清晰、语言准确；教学安排要有适当的梯度，要在研究学生的年龄特点、个性特点、智力、能力水平方面下功夫。《标准》要求小学数学教学一方面要面向全体学生，另一方面要顾及学生个体的差异性。这使得教师在贯彻严谨性与量力性相结合的原则时有一定的难度。在强调严谨性时，教师不可忽视学生的可接受性；在强调量力性时，教师不可忽视学科内容的科学性。只有将严谨性与量力性有机地结合起来，才能促进教学质量的提高。

二、理论与实际相结合的原则

理论与实际相结合的原则是指教学要以学生学习数学基础知识为主导，帮助学生从理论与实际相结合的角度理解知识，并运用所学的知识去分析问题和解决问题。

理论与实际相结合既是认识论与方法论的基本原理，又是教学论的基本原则。理论与实际相结合的原则要求教师在小学数学教学中尽可能地从学生所熟悉的生活和其他学科的实际问题出发，进行比较、分析、综合、抽象、概括，得出数学概念和规律，让学生学会将实际问题抽象成数学问题。这样做不仅有利于学生理解概念和法则，而且有利于学生提高运用数学知识的能力，有利于学生通过解决实际问题的过程，做到学懂会用、学以致用。

三、抽象与具体相结合的原则

抽象与具体相结合的原则是指在教学中通过学生的观察，或教师的形象描述，使学生对所学事物、过程形成清晰表象，丰富学生的感性知识，从而能正确理解数学基础知识、发展认知能力。

高度的抽象性是数学学科的基本特点之一。数学以现实世界的空间形式和数量关系为对象，将客观对象的所有其他特性抛开，只提取其空间形式和数量关系进行系统的、理论的研究。因此，数学具有比其他学科更显著的抽象性，这种抽象性表现出了高度的概括性。一般来说，数学的抽象程度越高，其概括性就越强。数学的抽象性还表现为广泛而系统地使用了数学符号，具有字词、字义、数学教育学教程符号三位一体的特性，这是其他学科所无法比拟的。

抽象与具体相结合的原则要求教师在小学数学教学中通过画线段图来帮助学生理解所学的知识内容，运用投影仪、幻灯片、电视机、多媒体等现代化教学手段进行直观教学。

四、循序渐进原则

循序渐进原则是指教学要按照学科的逻辑系统和学生的认知发展顺序进行，使学生系统地掌握基础知识、基本技能、基本思想方法和基本活动经验，形成严密的逻辑思维能力。

教师贯彻循序渐进原则时既要按照小学数学教材进行系统教学，又要抓住重点，分散难点，保证学生掌握正确的数学知识。

五、巩固性原则

巩固性原则是指教学要引导学生在理解的基础上牢固掌握知识与技能，能将其长久地保存在记忆中，能根据需要迅速地将其再现。

教师贯彻巩固性原则时要引导学生在理解的基础上巩固；要重视组织各种复习，如章节复习、单元复习、期末复习等；要精心设计各种类型的练习题，练习题不仅要有一定的数量，而且要有一定的质量。练习题在内容上，不但要有利于学生加深对基础知识的理解，而且要有利于学生能力的提高；在题型上，要新颖多样，可设置选择题、填空题、简答题等题型。对于难度较大的习题，教师可先让学生相互讨论，再让学生回答，这样，学生通过反复练习，不仅可巩固课堂教学成果，而且学习知识的能力和运用知识的能力会得到提高。

六、因材施教原则

因材施教原则是指教师要从学生的实际情况和个性差异出发，有的放矢地教学，使每个学生都能得到最佳的发展。

教师贯彻因材施教原则时，一要根据不同的年级因材施教；二要针对学生的个别情况进行有区别的教学，使优秀者更优秀，学习有困难者有进步。首先，教师要采用各种方法激发学生的学习兴趣，满足学生的学习需求，做到寓教于乐；其次，教师要重视语言的作用，教学语言必须准确、简练，能够准确传递信息，深入浅出，生动形象；最后，教师要合理使用体态语言，在教学中，手势、眼神、动作等体态语言在师生情感沟通、传递信息时起着不容忽视的作用。学生对教师举动的观察具有独特的敏感性，教师的一个亲切的眼神、一个鼓励的手势都有利于增进师生的情感交流，从而加速激活学生的认知活动，起到重要的教育作用。总之，教师要使每个学生都能在民主、和谐、愉悦而又紧张的课堂氛围中学好数学。

七、精讲多练与自主建构相结合的原则

精讲是指要讲清、讲透教材的重点。教师对于教学重点，要讲清讲透；对于非

笔记栏

重点内容，可以略讲；对于学生通过阅读可以理解、掌握的问题，可以不讲。多练指的是在课堂教学中，教师应多给学生练习的机会并加以指导，引导学生通过练习达到理解、巩固所学知识和提高分析、解决问题能力的目的。

精讲多练与自主建构相结合的原则要求教师在小学数学教学中，一方面要讲清、讲透教材的重点和难点，另一方面要让学生经历"再发现""再创造"的自我建构活动。首先，教师在讲解前要布置预习题，引导学生带着问题阅读思考，要求学生动脑动手；其次，教师在讲解过程中要设疑提问，培养学生思考问题、分析问题的能力。

八、信息交流多向性原则

心理学家认为，教育和其他社会过程一样，其成效依靠交往。在课堂教学中，教师不仅要建立师生间的双向交流，还应该建立学生与学生间的广泛的、多向的信息交流，尤其是当学生输入的信息量大于教师输出的信息量时，教学过程才能实现最大的效益。

针对班级学生人数较多的情况，教师应采用以班级授课为主、小组合作学习与个别辅导相结合的形式进行教学。小组合作学习时，教师可根据学生的学习水平、智力、性别、性格的差别进行分组，以利于学生互相学习；可以寻求一个既有利于学生个体获得成功又有利于集体获得成功的活动方式；要既强调竞争，又强调学生间的合作；要使每个学生都能获得平等参与学习的机会，为每个学生提供充分发言的机会，尤其要鼓励学习有困难的学生发表自己的认识；要鼓励各小组学生相互帮助，他们属于同龄人，他们用自己的语言所进行的解释往往比教师的解释更易于理解。

九、教学方法整体优化原则

教师在设计课堂教学结构时，重要的是要能根据不同的教学任务、教学内容和学生的实际情况，恰当地选择教学方法，并把它们有机地结合起来，做到教学时间最少、教学效率最高，达到教学方法整体优化的目的。选择教学方法时，教师除了要考虑常用的谈话、讲解、演示、练习、复习等方法以外，还要重视操作实验，注意充分利用现代信息技术，尽量为学生设计多种性质的活动空间。

十、信息反馈调控原则

在教学中，教师要重视信息的反馈，没有反馈，就谈不上调控，不能调控，也就构不成系统。信息反馈是双向的，学生可以从教师的评价、要求中获得反馈信息。得到肯定反馈的学习活动就进行强化，得到否定反馈的学习活动就予以改正，从而主动调节自己的学习活动；教师可从学生的回答、作业、眼神、表情、行为乃至整个课堂的气氛中获得反馈信息，随时检查自己的教学效果，调控教学进程。这样才能保证教与学沟通的畅通，达到教学共振、师生心理同步的效果，使教学过程始终处在一个动态平衡的状态，促进教学过程的优化。首先，信息反馈要及时、准确，在一堂课中，教师要随时捕捉来自学生各个方面的反应，以便有针对性地教学。其次，信息反馈要全面、多向，教师要对不同水平学生的反馈进行应全面了解，还要在课前、课中和课后全面接受反馈信息。最后，信息反馈要经济、高效，经济是高效的前提，教师要充分提高课堂教学效率。

不少教师创造了新的信息反馈形式，如反馈板、反馈数字卡片、打手势等，使自己提出的每个问题能立即得到全班学生的反应，使自己从中获得大量的一手资料与信息，及时调控教学过程。总之，及时、全面而又经济地获取学生的反馈信息是设计课堂教学结构的重要原则。

十一、基础与创新相结合的原则

一个有效的数学教学模式、教学原则、教育理论，必须同时研究基础与创新。没有基础的创新是空想，没有创新指导地打基础是"傻练"。基础要为发展服务，盲目地打基础、过量的练习是无效的劳动。以学生的发展为本，把数学"四基"和数学创新放在一起研究，找到适度的平衡，必将成为数学"四基"教学原则研究的指导思想。

综上所述，教学原则是指导教学工作的基本要求和一般原理，是设计教学过程、进行教学活动所应当遵循的行为准则，是教学必须遵循的基本原则，因此，教学原则应始终贯穿教学过程的各个方面。

第三节　小学数学教学方法

一、教学方法概述

（一）教学方法的含义

教学方法是指教师和学生为了完成一定的教学任务而在教学过程中所采用的方法的总称。教学方法是教学思想的反映，是教学原则的具体化和行为化，随着教学思想的更新以及教学目标和教学内容的变化而变化。

教学方法既受教学思想的支配，又受教学目标和教学内容的制约。在小学数学教学中，面对同样的教材、同样的学生，同一位教师，若采用不同的教学方法，则会产生截然不同的教学效果。教学方法直接影响学生数学知识的掌握、智力的开发、能力的培养、个性心理品质的形成。

笔记栏

笔记栏

教师在理解教学方法的含义时需要把握以下几个要点。

（1）教学方法是教学与方式、手段等范畴密切联系的一个概念。

（2）教学方法的采用与教师的教学风格和教学个性有关，其最主要的目的是完成教学任务。

（3）教学方法是一个结构性的概念，主要由教师的教和学生的学有机构成。

（二）教学方法和教学方式的区别

教学方法和教学方式是两个既密切联系又有严格区别的不同概念。教学方式是构成教学方法的基本单位，是教师和学生在教学过程中具体的操作行为；而教学方法是由许多教学方式所组成的，不是一个单独的操作行为方式，而是由语言系统、操作系统、实物系统、情感系统等构成的师生双方的活动系统。例如，讲解法是一种教学方法，在讲解时，教师说明、描述某个概念，解释某个名词术语或论证某个命题，这里的说明、描述、解释、论证就是教学方式。在不同的教学方法中可以采用同一种教学方式，在同一种教学方法中可以采用不同的教学方式。

（三）教学方法的作用

从宏观的角度看，教学方法是教学过程中最重要的因素之一，若没有适当的教学方法，就不可能实现教学目标；从微观的角度看，教学方法的作用在于以学生能接受的方式呈现教材内容，吸引学生的注意力，激发学生的学习兴趣，调节学生的行为增强学生因取得学习成果而产生的满足感。因此，教学方法对于完成教学任务、实现教学目标具有重要的意义。当确定了教学内容和相应的教学目标之后，教师就必须选择相应的、行之有效的教学方法，以便更好地完成教学任务，实现教学目标。可见，教学方法的使用关系到教学的成败。在我国，改革教学方法具有重要的现实意义。

（四）小学数学教学方法的特点

小学数学教学方法具有综合性和相对性的特点。

综合性表现为每种教学方法都是一系列教学方式的综合，或者是几种基本教学方法的组合。在一堂课中，教师很少只采用一种教学方法，常常是一法为主，多法相助，相互补充，综合运用。

相对性表现为没有也不可能有某一种或某几种教学方法能普遍适用于一切场合，各种教学方法都有自身的长处和短处，也都有一定的适用条件和适用范围，教师要根据具体的情况科学地选择、灵活地运用教学方法。

二、小学数学教学方法的分类

按照不同的分类标准，可以将小学数学教学分为不同的种类。

（1）根据运用教学方法的指导思想来划分，小学数学教学方法可分为启发式教学方法和注入式教学方法。

（2）根据学生获得知识的独立程度来划分，小学数学教学方法可分为三种：教师进行较多的组织、学生的活动较少的教学方法，如讲解法、演示法、复习法；教师进行必要的组织、学生的活动较多的教学方法，如谈话法、讨论法、参观法、练习法；以学生的独立活动为主的教学方法，如阅读法、实验法、实习法。

（3）根据教学的层次来划分，小学数学教学方法可分为基本的教学方法、综合性的教学方法以及创造性的教学方法。基本的教学方法主要有讲解法、练习法、谈话法、演示法、实验法、阅读法等，这些教学方法是小学数学教学方法体系的基础；综合性的教学方法是几种基本教学方法的组合，例如，自学辅导法是阅读法、练习法、讲解法和讨论法的组合，引导发现法是谈话法、实验法、演示法和讨论法的组合；创造性的教学方法是教师在学习和模仿各种综合性的教学方法的同时，不断总结，有所创新，创造出的独具特色的教学方法。

（4）根据教师呈现知识的方式来划分，小学数学教学方法可分为传递接受型、示范模仿型、引导发现型、自学辅导型和情境陶冶型。传递接受型教学方法是指主要通过教师的系统讲授使学生掌握知识的方法，如讲解法；示范模仿型教学方法是指学生对教师示范或课本示范进行模仿练习，从而培养自己技能的方法，如范例教学法、尝试教学法等；引导发现型教学方法（简称引导发现法）是指教师向学生提供研究的材料，引导学生探索、发现后得出结论的方法，如引探教学法、问题探索法、引导发现法、迁移教学法等；自学辅导型教学方法是指学生在教师的指导下自学的方法，如阅读法、自学法等；情境陶冶型教学方法是指通过教学环境的情感渲染，利用人的可暗示性，调动学生大脑中无意识领域的潜能，使学生在轻松愉悦的氛围中进行学习的方法，如游戏法、情境教学法、愉快教学法、暗示教学法等。

三、小学数学常用的教学方法

我国小学数学基本的教学方法有讲解法、谈话法、练习法、演示法、引导发现法、阅读法、实验法、实习法、参观法等。以下是几种常用的教学方法。

（一）讲解法

讲解法是指教师运用口头语言向学生说明、解释或论证数学概念、法则、规律的一种教学方法。

讲解法的作用是教师能在较短的时间内给学生传授大量的、系统的文化知识，能对学生进行思想品德教育、美感教育，能充分发挥教师的主导作用。

讲解法适用的对象是小学各年级的学生。

运用讲解法的基本要求如下。

（1）要运用规范的数学语言。教师要正确、清楚地阐明数学概念，运用规范的数学语言，不要随意用其他语言代替数学语言。

（2）语言要简明易懂，生动有趣。教师在讲解时，语言要清晰、精确、简练、逻辑性强并有感染力；要注意学生的年龄特点，使学生听懂讲解的内容，并且产生深刻的印象。

（3）注意新旧知识的联系。教师讲解新知识时，要选择与新知识密切联系并能作为其基础的旧知识，要切实复习那些在学生认知结构中与新知识有最佳关系的生长点，以便由旧引新，促进学生知识的迁移。例如，讲解多位数时，教师要重点复习万以内数的读写；讲解相遇问题前，教师要重点复习速度、时间与路程的关系。

（4）注意启发学生积极思维。教师在讲解时，要了解学生原有的认知结构与现有的发展水平，努力创造最近发展区。

（5）注意运用分析与综合、归纳与演绎等思维方法。数学的讲解与一般的讲述不同，要注重对关键内容的分析与综合。一些定义、法则和规律都是由若干个部分组合而成的。因此，教师在讲解时要善于把整体划分成若干个组成部分，根据学生的认知基础和由易到难的逻辑顺序进行分析，使学生逐个掌握，综合运用，达到解决问题的目的。例如，讲解两位数乘法时，以 46×12 为例，先分三个部分，即 46×2、46×10、$92+460$，进行讲解，最后综合得出两位数的乘法法则。事实上，要掌握数学知识是离不开分析、综合的。

归纳是由个别到一般的推理方法，小学数学中的很多概念、法则、公式都是通过不完全归纳法进行讲解的。例如，教师在讲解加法交换律时，可先让学生计算以下几组题目：

3+6=9	25+14=39	120+180=300
6+3=9	14+25=39	180+120=300
3+6=6+3	25+14=14+25	120+180=180+120

然后，让学生通过观察、比较，分析异同，归纳得出加法交换律。

演绎是由一般到个别的推理方法。例如，学过四边形后，学习梯形的定义"只有一组对边平行的四边形叫作梯形"；或者，学过梯形后，学习等腰梯形的定义"两腰相等的梯形叫作等腰梯形"。根据已学的法则、公式等对个别数学事实作出判断也是演绎。例如，把加法交换律运用于简便算法就是演绎。

归纳和演绎是讲解数学知识时不可缺少的思维形式。

（6）要恰当地运用板书。在讲解重点内容时，教师可以边讲边板书，也可以在总结时板书。板书要有目的，有计划，简明扼要，条理清晰，布局合理。教师的板书犹如一幅具有整体结构的蓝图，把课堂教学重点鲜明而又形象地印在学生的头脑之中，起到提纲挈领、画龙点睛的作用。

（二）谈话法

谈话法是指教师根据一定的教学目标、任务和内容，向学生提出问题并要求学生回答，在问与答的过程中引导学生获得新知识或巩固所学知识的方法。

谈话法的作用是：有助于教师了解学生的情况，便于因材施教；有助于教师了解学生的思维过程，便于训练、优化学生的思维；有助于锻炼和培养学生的综合能力；有助于师生之间情感的交流，以建立良好的师生关系。

谈话法的特点是教师根据学生已有的知识和经验提出一系列的问题，引导学生积极思考，从而达到使学生掌握新知识的目的。谈话法的精髓在于"启发"二字，即要把当前的新课题转化为学生认知中的矛盾，激发其求知欲，以此来推动教学过程的进行。谈话法有利于培养学生的逻辑思维能力和语言表达能力，也有利于教师及时获得反馈信息以调控教学程序，使教学过程处于动态平衡之中。谈话法不仅可以应用于讲解新知识，还可以应用于巩固旧知识、组织练习。

谈话法适用的对象是小学各年级的学生。

运用谈话法的基本要求如下。

（1）精心设问，有的放矢。施教之功，贵在引导，精心设问是谈话的核心。设问是一种重要的教学艺术，要有目的性、针对性、启发性和连贯性，要问在知识的关键处，问在思维的转折点，要围绕教学重点展开。例如，教学"三角形内角和"时，教师安排以下问题，引导学生从不同角度加深对这一知识的认识。

① 已知一个三角形的两个内角分别是 150° 和 24°，求第三个内角的度数。

② 为什么直角三角形只能有一个直角？为什么钝角三角形只能有一个钝角？

③ 直角三角形中的一个锐角是 53°，求另一个锐角的度数。

④ 把一个大三角形纸片剪成两个小三角形纸片，每个小三角形的内角和是多少度？

（2）谈话要面向全体学生，吸引全班学生积极参与，避免把谈话集中于少数几个"优等生"，而将多数学生遗忘在"角落"。教师可以根据问题的难易程度问不同水平的学生，调动每个学生的积极性和主动性，使各类学生的思维水平都在各自的基础上得到发展和提高。例如，教师可在教学"异分母分数加减法"时提出以下一组不同难度的问题。

① 整数加减法为什么要数位对齐？

② 小数加减法为什么要小数点对齐？

③ 同分母分数加减法为什么分子可以直接相加减？

④ 异分母分数加减法为什么要先通分再计算？

通过比较，学生自己悟出"只有计算单位相同，才能直接进行加减"这一概括性高的计算原理。其中渗透了"单位"的数学思想。

（3）谈话时要认真倾听，及时作出评价。对于学生的回答，教师要认真倾听并及时作出明确的评价，要肯定每个学生的点滴进步，以增强其学习的自信心。必要时，教师可以进一步提出补充问题引导学生思考。例如，有的学生说："圆的直径都相等。"教师可以追问："所有的直径都相等吗？"又如，有的学生说："能被 1 和它本身整除的数叫作质数。"教师可以紧接着问:"4能被1整除吗? 4能被4整除吗? 4是质数吗?"适时的提问和思考可以帮助学生及时扫除认识中的障碍,使学生作出合乎逻辑的判断。

(4)谈话要富于启发性,要难易适度。讲授新课时,教师让学生联系已有的知识或经验按教师的提问思考、研究并作出回答。首先,教师要了解学生对认知结构中作为新知识支柱的相应概念的掌握程度,引入新知识将会引起认知结构中的哪些不平衡;其次,教师要了解学生对新课题的学习兴趣和要求,必要时引入一些简单的先行性材料作为铺垫,使学生在心理上做好准备。例如,教学"三角形内角和"时,教师在引出课题时,提问:"长方形、正方形的四个角都是直角,那么,它们的内角和是多少度呢? 三角形的三个角的大小不是固定的,那么,三角形的内角和有没有规律呢?"前一个问题要求学生回答;后一个问题可以不用学生回答,让学生带着疑问学习新知识。

(5)谈话时要创设生动活泼的气氛。可以教师问、学生答,也可以学生问、教师答,还可以学生问、学生答。

(三)练习法

练习法是指学生在教师的指导下,通过练习来巩固知识,掌握数学技能,发展智力的一种教学方法。

练习法的作用是教学、教育、发展和反馈。

练习法适用的对象是小学各年级的学生。

运用练习法的基本要求如下。

(1)练习要有目的和要求。练习之前,教师要向学生说明练习的目的和要求,以调动学生练习的积极性和主动性。练习要求要适当:要求过低,不利于学生学习进步;要求过高,有些学生难以达到,会影响他们学习的信心。

(2)练习要有计划地进行。教师要根据教学的内容和目标按照循序渐进的原则来设计练习。例如,在教学新知识前,教师要安排准备性的练习。教学一个概念或法则后,教师要安排巩固性的练习,使学生加深对概念的理解,对法则的掌握。此外,教师还要适当地安排形成技能的练习和复习性的练习。

(3)练习要有层次。技能的形成是一个由懂到会、由会到熟、由熟到巧的过程。练习的安排也应贯彻循序渐进的原则,先单项后综合、先基本后变式、先尝试后独立地进行。练习一般要经过模仿、熟练和创造三个阶段;模仿阶段是技能初步形成的阶段,在这一阶段,题目可以是基础的、带有模仿性的;熟练阶段是技能的巩固阶段,在这一阶段,可以有变式题、小型综合题,要注意以新带旧,注意知识的系统性;创造阶段是技能的发展阶段,这一阶段的练习题要有一定的综合性和灵活性,促使学生灵活地运用知识去解决实际问题。

(4)练习要适当。练习的数量应根据教学内容和要求而定,练习的内容要有针对性，防止单调重复、盲目多练，避免学生因负担过重而降低练习的兴趣。

（5）练习的要求要有弹性。对于学习有困难的学生，可以让他们少做几道题，或者专门设计几道题；对于优秀的学生，在要求他们完成规定的练习外，可适当布置一些思考性强的练习题。

（6）练习的方式要多样化。选用多种练习方式可以提高学生练习的兴趣，也有利于加深他们对知识的理解。例如，低年级学生口算练习有集体算、个人算、分组算、听算以及找朋友、开火车等游戏性或竞赛性的形式；对中高年级的学生，可以根据具体内容适当采用不同题型，如填空、判断、选择、改错等。

（7）练习的时间安排要科学。科学地安排练习时间对提高练习效率起着重要的作用。心理学研究表明，技能练习具有规律性。单位时间内完成的练习量随着练习时间的后延而不断增加；随着练习次数的增加，相同量的练习所需要的时间会逐步减少，练习中出现的错误也会逐步减少。根据这些规律，教师要研究练习时间的长短、次数的多少、间隔的疏密等问题。一般来说，分散练习比过度集中练习的效果好。例如，学生每天花一定时间练习计算，持之以恒，计算能力能不断提高。根据艾宾浩斯遗忘曲线，在学生学完新知识后，教师要及时组织练习，练习分布要先密后疏。即在开始阶段，练习间隔时间要短，练习可以集中些，之后间隔时间逐步加长，次数也逐渐减少，而且可以组织学生对不同的知识进行交叉练习。例如，在练习分数四则运算时，教师可以附加一些整数或小数的计算练习；在练习应用题时，教师可以穿插一些几何求积的题目等，使旧知识不断地同化到新知识中。

（9）要教会学生练习的方法。教师要培养学生独立完成作业、认真思考和自我检查的良好习惯，即要使学生明确练习的具体目标和要求，要培养学生认真审题、计算和解答的良好习惯，要培养学生对解答的过程和结果进行细致检查和验证的良好习惯。

（四）演示法

演示法是教师通过教具演示、实物说明来印证所教知识的一种教学方法。演示法向学生提供了直观的感性材料，不仅有助于学生理解抽象的数学知识，而且有助于他们发展自身的观察力和思维能力。

数学概念比较抽象，有时单靠教师讲解学生很难掌握，必须借助实物或教具演示。演示法是直观教学原则的具体体现，因此，在小学数学教学中，教师应当十分重视演示法的应用。在演示过程中，一般伴有教师的解释或提问，以引导学生观察和分析。

演示法的作用是：激发学生的学习兴趣，使他们集中注意力；能使抽象知识具体化，缩短学生掌握数学知识的时间，提升教学效果。

演示法适用的主要对象是第一、二、三学段的小学生。

运用演示法的基本要求如下。

（1）演示要有明确的目的和重点。例如，教 20 以内的数时，教师可选用小木棒、小木块等作为教具，目的是突出十位和个位；教万以内的数时，教师可选用算盘，目的是说明数值的顺序；教几何形体时，教师可用模型或实物，使学生形成空间观念；应用题的难点是分析数量关系，对于第一学段的小学生可用实物图，对于第二学段的小学生可用示意图，对于第三学段的小学生可用线段图。

（2）课前要准备好演示教具。教具设计要符合差异律、组合律和活动律的要求，大小、色彩及安放的位置都要便于学生对观察对象获得完整的感知。每节课所使用的教具不宜过多、过杂，教具应到需要时才展示，以免分散学生的注意力，削弱其新鲜感。

（3）演示要与讲解相结合。只有直观演示与讲解紧密配合，才能充分发挥各自的作用。演示与讲解配合，可以改善学生的观察效果。演示前，教师应向学生提出观察的具体目的和要求，说明观察的方向，要告诉学生观察什么、怎样观察，以及思考什么问题。

（4）演示后要及时总结归纳。演示后，教师要及时总结所得的规律或结论，使学生的感性认识上升为理性认识。

（五）引导发现法

引导发现法是指教师提出课题，让学生完全独立地去探索和发现的一种教学方法。

引导发现法的作用是能很大程度地激发学生学习的主动性和创造性，提高学生的学习兴趣，培养其思维能力和独立习得知识的能力，使学生了解某些数学知识的由来。

引导发现法适用的对象是第二学段和第三学段的小学生。

运用引导发现法的基本要求如下。

（1）要掌握引导发现法的教学程序。引导发现法的教学程序大致分为六个步骤：创设问题情境促使学生思考；明确探究的目标和内容；拟定解决问题的途径；根据所得数据寻找问题的答案；组织交流，讨论成果；运用成果。

（2）要重视学生发现的过程。例如，在教长方形面积的计算时，教师可给学生创设问题情境。给每个学生分配两张大小不等的长方形纸片、一张面积计（透明的方格纸，每个方格的边长为 1 厘米）、几十个表示面积单位的小正方形纸片、一把米尺，要求他们用不同的方法求出每个长方形的面积。有的学生用面积计进行直接测量，有的用表示单位面积的小正方形纸片"铺方格"，有的用尺子量长方形的长和宽……经历一番探索后，学生终于找到了解决问题的途径。因此，在学生探索、发现的关键时刻，教师一定要给学生留足够的时间，要善于等待，让学生有足够的时间去探索和思考。

（3）要注意引导发现法运用的范围。对于约定俗成的内容不宜用引导发现法，如整数的读法和写法、几何形体的名称、四则运算的顺序等；而对于有些内容可以让学生通过观察、操作得到结果，如长方形和正方形的面积计算、加法和乘法的运算定律等。此外，其适用的知识内容必须是在大多数学生已有相关知识和经验的基础上，通过努力就能够发现的规律，否则费时长，且不一定能达到好的效果。

（4）要注意发挥教师的主导作用。在一般的教学过程中，教师的主导作用是直接的、明显的；而运用引导发现法时，教师的主导作用是潜在的、间接的，反映在教具与学具的准备、方案的设计、困难的预估等方面。因此，如何真正地发挥教师的主导作用仍是一个值得研究的问题。

一般来说，使用引导发现法教师应注意以下几点：上课前要细致地设计方案，明确探究的目标和所需要的操作材料；要充分预估学生在探究中可能遇到的困难、可能产生的问题，必要时，可以适当启发；当学生得出某些错误的结论时，要引导学生讨论或辨析，不要过早地作出评判，必要时，教师可适当配合讲解。

（六）讨论法

讨论法是指根据教学的要求，学生在教师的指导下，围绕某些问题各抒己见，展开辩论，辨明是非真伪，以此提高认识问题的能力的方法。

讨论法的作用是培养学生的思维能力、研究能力和语言表达能力，有效地培养学生的组织管理能力。

讨论法适用的对象是第三学段的小学生。

运用讨论法的基本要求如下。

（1）要注意讨论法适用的对象和范围。

（2）要注意使用讨论法的时间和频率。

（3）要组织好讨论的过程。

以上阐述了小学数学教学中常用的几种基本方法。随着教育科学的发展，还会产生更多的教学方法。

四、小学数学教学方法的选择依据

小学数学的教学方法是多种多样的，每种教学方法都各有其适用范围，也有自身的局限性。因此，教师要针对教学实际，根据教学目标和任务、课题内容、学生的年龄特点和水平，以及学校的教学设备等因素综合考虑，灵活地选用教学方法。

一般来说，选择小学数学教学方法要考虑以下四个方面。

（一）教学任务

教学方法是多种多样的，各有其适用范围。例如，感知新教材时，以演示法、操作实验法为主；理解新教材时，以谈话法、讲解法为主；形成技能技巧时，以练习法为主。如教学"乘法的初步认识"时，宜用演示法和谈话法；要让学生熟练地掌

笔记栏

握乘法口诀，教师宜选用练习法；教学"分数乘法"时，可选用讲解法或谈话法。

（二）教学内容

在符合具体教学目标、教学内容特点的前提下，教师要以有利于学生形成良好的知识结构为目的来选择教学方法。不同的教学内容有不同的特点和教学目标，有时可以将几种教学方法有机地结合起来。

小学阶段的几何属于直观几何，演示法、操作实验法是教学几何初步知识的基本方法。在教学中，教师要充分利用实物、教具和学具引导学生进行拼、折叠、绘画、测量等实际操作，使学生掌握图形的特征，形成初步的空间观念。应用题教学的重点在于引导学生在全面分析数量关系的基础上掌握解题思路，一般情况下，教师应选用谈话法或辅之以讲解法。此外，对不同的新教材，教学时也应采用不同的教学方法。当新旧教材联系十分紧密时，往往应采用谈话法、引导发现法，在关键处点拨即能奏效；当教学某个崭新的起始概念（如第一次认识分数）时，就要采用操作实验法等。

（三）学生的年龄

年龄不同，学生的心理和生理的发展水平也不同。没有一种教学方法适合所有的学生和所有的教学内容，不同年级、不同班级的学生实际水平也不同，因此，选择教学方法一定要结合所教班级的具体情况。

对于第一学段的学生，可以多用演示法、操作实验法，并辅之以引导发现法；对于第二学段的学生宜用谈话法；对于第三学段的学生可适当采用讲解法和自学辅导法。此外，教学方法的选择还要视不同班级的情况而定。有的班级的学生思维相当活跃，则可考虑采用引导发现法；有的班级的学生自我管理能力较强，则可以增加独立作业；有的班级的学生抽象概括能力较为突出，则可以减少直观手段；有的班级的学生自学能力较强，则可适当采用自学辅导法。

（四）教师的特长

教师的教学水平、教学经验、教学能力、习惯和特长不尽不同，教师要根据自身的特点来选择相应的教学方法，以充分发挥自己的特长。运用演示法或操作实验法等方法教学时要具备相应的条件；若条件不具备，教师应结合教学效果考虑改用其他更为有效的教学方法。例如，有的教师擅长板书，则可以结合教学内容边讲边板书，这能达到很好的教学效果；有的教师善于表达，则采用讲解法能达到预期的效果。要提倡教学法的多样化，不同的教师可以有自己独特的教学风格。

教无定法，贵在得法。教学方法的选择要综合考虑各个因素，忽略任何一方都会影响教学效果。教学方法要讲求实效，只依赖一两种方法进行教学，无疑是有缺陷的。教师要注意多种方法的有机结合，逐步做到教学时间用得最少，教学效果最好，达到教学方法的整体优化。例如，教长度单位时，要用演示法；教三角形的内角和时，可以用实验法等。

五、小学数学教学方法的指导思想

启发式教学是确定小学数学教学方法的指导思想。启发式教学作为一种教学思想由来已久。孔子曰："不愤不启，不悱不发。"当学生想知而不知、想说而说不出时，教师应加以点拨指引，这就叫作启发。怎样启发呢？《礼记·学记》中有精辟的论述："道而弗牵，强而弗抑，开而弗达。"这就是说，要引导学生而不要牵着学生走，要鼓励学生而不要压抑他们，要指导学生学习而不要和盘托出。

启发式教学不是一种具体的教学方法，而是确定教学方法的指导思想。可以看到，由于指导思想不同，同样的一种具体的教学方法，可能是启发式的，也可能是注入式的。例如，讲解法虽然是一种注入式的教学方法，学生相对比较被动，但是，如果教师讲解条理清晰，深入浅出，同样能起到启发思维的作用。因此，衡量教学方法时不能只看形式，还要看其实质，要看其能否遵循学生的认知规律，最大限度地调动他们学习的主动性、积极性，能否自始至终引导学生直接参与学习过程，培养他们独立获取知识的能力。

六、小学数学教学方法的改革趋势

根据《标准》的课程理念，我国小学数学教学方法的改革呈现出以下发展趋势。

（一）注重以核心素养为导向的课程目标的整体实现

数学教学不仅要使学生获得数学基础知识，而且要把基础知识、基本技能、基本思想和基本活动经验有机结合，整体实现课程目标。因此，无论是设计、实施课堂教学方案，还是组织教学活动，教师都应注重激发学生的学习兴趣，引导学生积极思考，鼓励学生质疑问难，引导学生在真实情境中发现问题和提出问题，利用观察、猜测、实验、计算、推理、验证、数据分析、直观想象等方法分析问题、解决问题；促进学生理解和掌握数学的基础知识和基本技能，体会和运用数学的思想与方法，获得数学的基本活动经验；培养学生良好的学习习惯，形成积极的情感、态度和价值观，逐步形成数学核心素养。

（二）注重学生的主体地位

学生是数学学习的主体，在积极参与学习活动的过程中不断得到发展。学生获得数学基础知识，必须建立在自己思考、自己实践的基础上。学生既可以采用接受学习的方式，也可以采用自主探索的方式；学生要应用知识并逐步形成基本技能，离不开自己的实践；学生只有亲自参与教师精心设计的教学活动，才能在基本思想和基本活动经验方面得到发展。

教师是学生学习活动的组织者、引导者和合作者，为学生的发展提供良好的环境和条件。

教师的组织作用主要体现在两个方面：第一，教师应当准确把握教学内容的数学实质和学生的实际情况，确定合理的教学目标，设计好的教学方案；第二，在教学活动中，教师要选择适当的教学方式因势利导，适时调控，营造师生互动、生生互动、生动活泼的课堂氛围，形成有效的学习活动。

教师的引导作用主要体现在通过恰当的问题或富有启发性的讲授，引导学生积极思考；通过恰当的归纳和示范，使学生理解知识，掌握技能，积累经验，感悟思想；关注学生的差异，用不同层次的问题或教学手段引导每个学生积极参与学习活动，提高教学活动的针对性和有效性。

教师与学生的合作主要体现在教师鼓励学生积极参与教学活动，引导学生共同探索，与学生一起感受成功和挫折，分享成果。

教师要处理好学生主体地位和教师主导作用的关系。学生在学习活动中的主体地位的落实，依赖于教师在教学活动中主导作用的有效发挥。教师进行富有启发性的讲授，创设情境，设计问题，引导学生自主探索、合作交流，组织学生操作实验、提出猜想、推理论证等，有效地启发学生思考，使学生逐步学会学习。

（三）注重学生对基础知识、基本技能的理解和掌握

知识技能既是学生发展的基础性目标，又是达到数学思考、问题解决和情感态度目标的载体。

数学知识的教学应注重学生对所学知识的理解。学生掌握数学知识不能依赖死记硬背，而应以理解为主，并在具体应用中不断巩固和深化所学知识。教师应注重数学知识与学生生活经验的联系，引导学生进行观察、分析和抽象概括；教师应揭示知识的数学实质及其体现的数学思想，帮助学生厘清相关知识之间的区别和联系；教师要注重知识的生长点，把每堂课教学的知识置于整体知识的体系中，处理好局部与整体的关系。在基本技能的教学中，教师不仅要使学生掌握技能操作的程序和步骤，而且要使学生理解程序和步骤的原理。例如，对于整数乘法，学生不仅要掌握如何进行计算，而且要知道相应的算理。

（四）注重学生数学基本思想的感悟和数学基本活动经验的积累

数学思想是对数学知识和方法在更高层次上的抽象和概括，学生在积极参与教学活动的过程中逐步感悟数学思想。例如，分类是一种重要的数学思想，学生在学习数学的过程中经常会遇到分类问题，因此，教师在教学活动中要使学生逐步体会为什么要分类，如何分类，如何确定分类的标准、被分的母项和分得的子项等，使学生逐步感悟分类是一种重要的数学思想。在这一过程中，学生既能学会分类，也能提升分析和解决数学问题的能力。

学生数学基本活动经验的积累是提高数学素养的重要标志。帮助学生积累数学

活动经验是数学教学的重要目标，数学基本活动经验是在数学学习活动过程中逐步积累的。

（五）注重信息技术与数学课程合理融合

《标准》指出："合理利用现代信息技术，提供丰富的学习资源，设计生动的教学活动，促进数学教学方式方法的变革。在实际问题解决中，创设合理的信息化学习环境，提升学生的探究热情，开阔学生的视野，激发学生的想象力，提高学生的信息素养。"

（六）注重处理好四个关系

1. 面向全体与关注个体差异的关系

教学活动应努力使全体学生达到课程目标的基本要求，同时，要关注学生的个体差异，使每个学生在原有基础上得到发展。对于学习有困难的学生，教师要及时给予帮助，鼓励他们主动参与数学学习活动，及时地肯定他们的点滴进步，从而增强他们学习数学的兴趣和信心；对于学有余力并对数学有兴趣的学生，教师要为他们提供足够的材料和思维空间，指导他们自主学习，发展他们的数学才能。教师要鼓励与提倡解决问题策略的多样化，引导学生通过与他人的交流选择合适的策略，丰富数学活动的经验，提高数学思维水平。

2. 预设与生成的关系

教学方案是教师对教学过程的预设，教学方案的形成依赖于教师对教材的理解。教师实施教学方案是把预设转化为实际的教学活动。师生的互动往往会生成一些新的教学资源，这就需要教师及时把握，因势利导，适时调整预设，使教学活动达到更好的效果。

3. 合情推理与演绎推理的关系

推理贯穿于数学教学的始终，推理能力的形成和提高是一个长期的、循序渐进的过程。推理包括合情推理与演绎推理。教师应该设计适当的学习活动，引导学生通过观察、尝试、估算、归纳、类比、画图等活动发现一些规律、猜想结论，发展合情推理能力；通过实例使学生逐步意识到，结论正确与否需要演绎推理的验证。

4. 现代信息技术与原有教学手段的关系

积极开发和有效利用各种课程资源，合理地应用现代信息技术，注重信息技术与课程内容的整合，有效地改变教学方式，提高课堂教学的效益。现代信息技术不能完全替代原有的教学手段，其真正的价值在于实现原有的教学手段难以达到甚至达不到的效果。在应用现代信息技术的同时，教师还应注重课堂教学的板书设计，必要的板书有利于促使学生的思维与教学过程同步，有助于学生更好地把握教学内容的脉络。

第四节　小学数学教学组织

教学是一个复杂的动态系统，这个系统中有各种构成要素，如教师、学生、教材、教学方法、教学手段等。如何将它们组成最佳的结构，充分发挥各自的作用和整体功能，从而提高教学效能，是教学组织研究的主要任务。

教学工作的基本环节包括备课、上课、作业的布置与批改、学业成绩的检查与评定等。学业成绩的检查与评定是教学工作中不可缺少的重要环节，是诊断学生的学习状况、教师教学效果和调控教学进程的重要手段。

综合来说，教学工作包含多个不同的环节，每个环节都有不可替代的作用。各个环节是相互联系、相互促进的，只有充分发挥每个环节的作用，才能整体优化教学工作，全面提高教学质量。

一、小学数学教学组织形式

（一）教学组织形式的含义

简单地说，教学组织形式就是教师在教学中把学生有效地组织起来开展教学活动的方式。从专业的角度来说，教学组织形式是指为完成特定的教学任务，教师和学生按一定要求组合起来进行活动的结构；或是师生的共同活动在人员、程序、时空关系上的组合形式。

教学组织形式是教学过程的重要组成部分。教学组织形式体现了教师对学生的学习活动所进行的严密的组织，与教师的教学活动是紧密联系的。教学组织形式可以是全班教学、小组教学，也可以是个别教学。

（二）教学组织形式的特点

教学组织形式具有以下三个特点。

（1）从表现在外部的职能特点来看，教师和学生都要服从一定的教学程序，如小组或个人完成教师布置的作业等。

（2）教学的组织形式应该服从作息时间和规章制度。例如，每节课的时间是45分钟或30分钟；班级学生人数可以固定，也可以经常变动。

（3）教师和学生的相互配合是通过直接或间接的接触实现的。

（三）小学数学教学组织形式的内容

1. 创设良好的课堂氛围

课堂氛围是学生在课堂教学过程中情绪、情感和心理活动状态的表现。教学过程不仅是知识的传递过程，还是师生间情感交流的过程。因此，创设一个愉快、民主、平等、和谐、合作的良好课堂氛围是课堂教学组织的关键。只有创设了良好的课堂氛围，才能形成一个具有感染力的、催人向上的教学情境，才能使学生受到熏陶，从而全身心地投入学习，取得最佳的学习效果。

当然，良好课堂氛围的形成受诸多因素的制约，如教师修养、教学思想方法、师生关系、教学环境等。

2. 及时反馈教学信息

反馈的目的是调控并组织教学过程，因此，教师必须弄清学生学习中出现问题原因。教师要对从学生身上得到的反馈信息进行及时评价，而且这种评价要成为激励学生求知上进、积极听课的动力，切忌使其成为惩戒学生的手段，只有这样才能真正提高课堂教学的质量。

3. 合理控制教学时间

课堂教学必须合理科学地分配和控制每个教学环节所需要的时间，让分散的局部时间成为一个科学高效的整体，使教师能够在有限的教学时间内突出重点，突破难点，完整而有效地达到教学目标。为此，教师要注意以下三点。

（1）做好课前准备。课前，教师要认真备课，精心设计教学过程，教学过程要环环相扣，不浪费时间；要大致分配好各个教学环节的教学时间，既不能前紧后松，也不能前松后紧。

（2）把握新知识的最佳教学时间。因为小学生的注意力不能持久，所以，教师要把重点内容安排在最佳教学时间内。

（3）掌握课堂教学节奏。节奏是指课堂教学进程的快慢、缓急、张弛等。例如，教学过程中师生的双边活动有时是师生、生生之间轻松的对答，有时是学生对教师提出的一连串问题进行快速思考后作答，有时是学生无拘无束地自由发问等，这些都是课堂教学节奏的表现。好的课堂教学节奏对形成良好的课堂教学组织是十分必要的，教师要根据学生的学习规律、课堂的教学结构和学生在教学中的反应来掌握和调整教学节奏。

4. 灵活处理课堂生成

教学方案是教师对教学过程的预设，它的形成依赖于教师对学生的了解、对教材的理解和再创造。不论预设如何周密，在教学方案的实施过程中，即在课堂教学中，由于师生的互动往往会生成一些新的教学资源或出现课堂偶发事件，这就要求教师及时把握，因势利导，灵活处理，使教学过程得以顺利进行。

（1）处理课堂生成事件或偶发事件的方法。在小学数学课堂教学中，教师处理课堂生成事件或偶发事件的常用方法如下。

① 化解法。针对学生情绪异常、教师操作或讲解失误以及外来因素干扰等偶发事件，教师可采取比喻、夸张、双关、模拟等手段，用风趣幽默的语言化解，使课堂氛围恢复如常。

② 讨论法。针对学生出乎意料的问答、教师编错题或解错题等偶发事件，教师可以采取共同探究、相互切磋的办法。这不但可以使学生积极思考，师生相互启发，还能为教师赢得思考的时间。

③ 转移法。针对教师的教学失误、小动物跑进教室等偶发事件，教师可围绕教学目标和教学内容，把偶发事件所蕴含的情境或材料很自然地引入教学。这可以使学生将注意力从偶发事件中自然地转移到学习上来。

④ 置换法。当教师在教学上出现了失误，学生发现了而教师自己却一时找不到失误点时，教师可采取角色互换的办法来解决。这可以使教师很自然地从失误中走出来。

⑤ 延缓法。针对学生突然提出的与教学无关的问题，或所提的问题当堂解决必定影响预定教学任务的完成时，教师可采取课堂回避、课后探究的办法。这样可以使课堂教学顺利进行。

以上所述只是处理课堂生成事件或偶发事件的几种常见的方法和技巧，面对教学过程中的课堂生成事件或偶发事件，还是要靠教师临场的创造性发挥。但不论教师怎样处理，其根本目的都是"趋利避害"，确保课堂教学正常进行。

（2）处理课堂生成事件或偶发事件的原则。处理课堂偶发事件除了应遵循教学过程的一般原则外，还必须遵循以下五个原则。

① 目的性原则。课堂教学的目的性是指课堂教学要有一定的教学任务和明确的教学目标。在处理课堂生成事件或偶发事件时必须围绕教学目标来应对。教师要针对教学内容的实际情况、学生的年龄特点和认知水平来开展工作，任何抛开教学目标的应变都是毫无意义的。这是最根本的原则。

② 教育性原则。教学活动必须具有教育性，课堂上教师的一言一行、举手投足都会传递出教育信息，对学生产生影响。因此，教师对课堂生成事件或偶发事件的处理也必须有利于贯彻教育方针，有利于达到教书育人的目标，有利于思想品德的教育和智能的启发。首先，教师的语言要文雅，不说粗话、脏话；教育学生时，教师应尊重学生，不讽刺、挖苦学生。其次，教学语言要富有哲理性，通过哲理性的语言启发学生思考，从而更好地引导、教育学生。

③ 情感性原则。情感性原则是指教师的教学语言要饱含对学生的深厚情感。教学语言所含的情感必须是教师的真实情感。教师在处理各种课堂生成事件或偶发事件时，要注意创设一个和谐、宽松的气氛，既要使学生得到教育，受到启发，又要有助于师生情感的沟通。

④ 及时性原则。教学进程是一个信息流量较大、信息复杂且传输媒体多样的有序动态过程，任何一个教学环节出现了问题，都会直接或间接地影响其他教学环节。因此，教师必须对教学进程中出现的课堂生成事件或偶发事件及时地作出反应，不能贻误课堂教学。

⑤ 协调性原则。教师处理课堂生成事件或偶发事件已成为教学过程中的一个临时环节，教师要使这一环节与前后的教学过程有机衔接，协调一致。

总之，处理课堂生成事件或偶发事件绝不能随心所欲，教师必须妥善地处理课堂生成事件或偶发事件，否则，将无法保证课堂教学的顺利进行。

二、小学数学课堂教学结构

课堂教学结构是指在一定的教育思想的指导下，为完成一定的教学目标，对构成教学的诸多因素在时间、空间方面所设计的比较稳定的、简化的组合方式和活动程序。

20 世纪 40 年代苏联教育家凯洛夫总结了苏联 20 世纪二三十年代的教育经验，批判地吸取了进步教育家的思想，把课堂教学结构分为新授课、练习课、复习课等若干类型。以新授课为例，分为复习检查导入、导入新课、讲解新课、巩固练习、布置作业等步骤。这些不同的结构和模式在不同的历史阶段影响着教学发展的进程，具有一定的促进作用，同时也暴露了某些弊端。例如，赫尔巴特树立教师的绝对权威，完全以教师为中心，反映了时代的局限性；杜威强调以儿童为中心，这虽然重视了教学活动和学生的学习兴趣，但是降低了教师的作用，并使教学的知识缺乏系统性；凯洛夫的教育思想虽然以辩证唯物主义为指导，强调了教师的主导作用，但存在片面重视智育的倾向。

近年来，随着现代教育思想的深入，小学数学课堂教学结构正逐步进行改革。一方面，对原有的传统结构从性质上加以改变；另一方面，出现了一些新的课堂教学结构，如探究研讨、自学辅导的教学结构等。

课堂教学是学校教学工作的基本组成单位。一般来说，只完成一两个教学任务的课叫作单一课，完成两个及以上教学任务的课叫作综合课。不同的课型都有其不同的教学结构。

小学数学教学中的单一课可分为准备课、新授课、练习课、复习课、检查测验课、作业讲评课等，其中，主要的是新授课、练习课和复习课。

（一）新授课

新授课是以传授新的数学知识为主的课型。根据所采用的教学方法的不同，小学数学的新授课可以分为讲练课、探究研讨课和自学辅导课三种。

1.讲练课

讲练课是新授课最常见的一种课型。讲练课的基本结构如下。

（1）基本训练。针对一些学生必须熟练掌握的基本技能、技巧，教师可在课堂教学开始前的 5 分钟内组织学生进行基本训练，如整数、小数、分数的口算和简算，基本应用题的解答，公式、定律的应用等。其作用是使学生形成熟练的技能，为新课的教学做必要的铺垫，吸引学生的注意力。

（2）引入新课。引入新课时，教师可以由旧知识引入，也可以结合生活、生产实例引入；可以开门见山，也可以由远及近、步步深入。其目的是使要教的新知识转化成学生的内在需要，激发学生的学习兴趣。

（3）讲解新课。讲解新课是新授课的中心环节。教师要根据知识的内在联系和学生的认知规律采用各种有效的教学方法，使学生通过分析综合、抽象概括等方法逐步把握重点、突破难点、形成概念。在这一阶段，教师尤其要注意学生的主体地位，让学生通过自己的活动（主要是思考）来获取新的知识。

（4）尝试练习。这是教学过程中的第一次集中反馈。通过尝试练习，教师可以了解学生掌握新知识的程度，发现他们的困惑，并及时加以解决。

（5）阅读课本。数学课本往往以例题与练习题为主要呈现形式。教师要引导学生阅读例题及其旁注或说明，必要时加以解释；对于定义、法则、公式或结语，教师要引导学生理解其含义并逐步掌握，必要时可要求他们复述。

（6）独立练习。这是教学过程中的第二次集中反馈。通过独立练习，学生可以进一步理解和巩固新知识。

（7）布置作业。教师根据学生的学习情况布置相应的作业，让学生加深对所学内容的理解。

以上七个环节并非固定不变的，教师可以根据实际情况进行调整，如"阅读课本"可单独作为一个环节，也可以在讲解新课时穿插进行。这七个环节虽然与传统的"五步"教学法形式相似，但在性质上有很大的不同，其优势在于以必要的基本训练代替冗长的复习检查；强调多次反馈，保证教学信息传递畅通；尽量在最佳教学时间内讲解新课，以提高教学效率。

2. 探究研讨课

探究研讨课是指教师引导学生利用他们已有的知识和所提供的材料，通过动手操作、思考、探究研讨等途径掌握数学概念、数学公式、数学定理等。探究研讨课能发挥学生的主体作用，并有利于培养学生的创造思维能力。探究研讨课的基本结构如下。

（1）准备。首先，教师要根据教学任务，围绕教学重点，精心准备一些能使学生发现数学事实中的逻辑关系的可操作材料；其次，让学生分组，并向学生说明学习的内容和研究课题；最后，以小组为单位向学生分发学具，说明操作时应注意的事项。

（2）探究。探究是探究研讨课的中心环节，探究越充分，其后的研讨越深入。例如，在教 20 以内的加减法时，可组织学生用小木棒、彩色木条等拼摆进行探究；在教几何初步知识时，可组织学生通过画、量、剪、拼等活动进行探究。在学生探究的过程中，教师要有目的地巡视，必要时可略作引导，不断鼓励学生探究，增强他们探究的信心。

（3）研讨。在研讨环节，教师组织学生研讨。小组的每个成员都要把自己的观察、发现用简洁的语言表达出来并相互交流。在研讨中，教师既是活动中的一员，又要发挥主导作用，及时引导学生对产生困难或尚未觉察到的重点进行研讨；要细致地观察和分析学生的反应，以判断其认知水平。

（4）总结。在总结环节，首先，让学生以小组的形式进行小结；其次，教师在学生小结的基础上，去粗取精，去伪存真，引导学生逐步得出正确的结论。

（5）阅读课本。

（6）巩固练习。

3. 自学辅导课

自学辅导课是指以学生自学课本为主、以教师指导为辅的新授课。这种课型一般适用于高年级的小学生，适用于新旧知识联系很紧密且掌握不是十分困难的内容，如学生学过"万以内数的认识"后，教师可让其自学"亿以内数的认识"。这种课型对培养学生的自学能力大有裨益。自学辅导课的基本结构如下。

（1）提出课题。教师提出课题后，要向学生说明自学要求，出示自学提纲，引导学生围绕课题的中心和重点进行阅读和思考。

（2）自学。学生独立阅读课本是本课型的中心环节。学生在阅读时，要随时把疑问记录下来，以便讨论。可以将全部内容阅读完后再讨论，也可以边阅读边讨论。

（3）讨论并解答疑难问题。教师根据学生在自学中所提出的疑难问题组织全班学生进行讨论，必要时，可让学生反复阅读课本，以加深其对重点、难点的理解。教师视实际情况可作必要的解答。

（4）整理小结。教师引导学生对所学内容进行整理小结，以形成知识网络。

（5）巩固练习。教师及时安排学生进行巩固练习。

（二）练习课

练习课是在学生理解新知识的基础上，以学生独立练习为主要内容的课型。一般情况下，每次新授课后都会安排练习课，目的是使学生掌握技能、技巧。在教学过程中，教师要注意的是，不能把练习课上成新授课，也不能上成自习课。练习课的基本结构如下。

（1）基本训练。

（2）检查复习。

（3）明确目标和要求。

（4）课堂练习。

（5）讲评并小结。

（6）布置课外作业。

课堂练习是练习课的中心环节。练习时，教师要结合新授课的内容有层次地安排练习题，由基本练习到深化练习，最后到综合练习，循序渐进。练习的形式要多样化，并尽量让全班学生都参与教学活动。针对练习情况，教师要及时讲评并总结。对表现优异的学生予以表扬，分析学生易出错的地方，找出原因，比较归纳各种解法。

（三）复习课

复习课是以巩固、梳理已学的知识和技能为主要任务，并促使学生将知识系统化，提高学生解决问题的能力的一种课型。复习课主要指的是总结性复习，如单元复习、期末复习、毕业考试前复习等。复习课的基本结构如下。

（1）明确复习的目的和要求。不论是单元复习还是期末复习，都必须有明确的复习目的和要求；否则，复习课就无法达到预期的教学效果。

（2）根据复习提纲进行复习。复习是复习课的中心环节。复习时，教师要针对知识的重点、学习的难点和学生的弱点，引导学生按照一定的标准把已学的知识进行梳理、分类、综合，弄清它们的来龙去脉，了解知识间的联系，从整体上把握知识结构。

（3）归类整理。复习时要利用课本，低年级学生可采用提问、讨论等方式，在教师指导下围绕教学重点进行系统整理；中、高年级学生可以编拟复习提纲把知识进行归类整理，并以表格或图示的形式进行总结，提高概括能力。教师还可以根据需要进行讲解，帮助学生梳理知识，解答疑惑，引导学生寻找规律等。

（4）课堂练习。在复习课上，教师要组织一定的练习，练习内容要有一定的综合性和灵活性，如旧题新做，使学生能从不同的角度加深对知识的理解。

（5）布置课外作业。教师可以根据复习过程中学生出现的问题有针对性地布置一些课外作业，以巩固课堂练习的成果。

每种课型虽有其相对简化、稳定的活动程序，但在教学中，教师要根据实际情况加以调整。教师必须遵循设计课堂教学结构的若干原则，以辩证唯物主义为指导思想，全面考虑教学过程的各种因素，使教学程序科学、有序，使每个教学环节都成为整体的有机组成部分，达到优化教学过程的目的。

三、小学数学课堂教学前的备课

备课是教学工作的起始环节，更是上好课的先决条件。

（一）教学计划的制订

教师备课时应做好三项工作，即制订好三种计划：学期（学年）教学计划、单元（课题）教学计划和课时教学计划（教案）。

数学教材具有独特的逻辑性和系统性，许多优秀的数学教师之所以取得成功，除了有着丰富的教学经验和精湛的教学艺术之外，更重要的是因为他们掌握了教材的来龙去脉，驾驭了教材的体系和结构，所以在教学中能融会贯通。

一般来说，备课的工作程序是按从大到小、从整体到部分的过程进行的。即备课要从全套书到一册书，再从一册书到一个单元，最后到一节课，明确本节课在整个知识体系中的地位和作用，这样才能将教学内容有机地结合起来。下面，根据小学数学教学的实际需要对学期教学计划和单元教学计划进行讲述。

1. 学期教学计划

在每个学期开始之前，教师都要制订学期教学计划。教师制订学期教学计划的目的是纵观全局，科学地安排整个学期的教学工作，以保证教学工作有计划、有目的、有序地进行。学期教学计划一般包括两个部分：教学进度表和说明。表 3-1 为一种典型的学期教学进度表（见表 3-1）。

表 3-1　××××年　××学期　××课程教学进度表

×年级　×班　执教老师：×××

周次	教学内容和活动	课时数	执行情况	备注

2. 单元教学计划

在学期教学计划的基础上，将各个单元的教学安排进一步具体化是单元教学计划的主要任务。单元教学计划的主要内容一般包括单元教学目标、教学课时划分、每节课的教学内容、教学要求、课的类型，例题、习题的配备和单元考查等。有时，教师可以根据实际需要将单元教学计划和课时教学设计合为一体。

（二）备课的基本要求

备课是教师进行课堂教学前的各项准备工作的总称，备好课是提高课堂教学质量的根本保证。备课可以从以下三个方面入手。

1. 备课程标准和教材

领会课程标准的基本精神，明确教学的指导思想，把握每个年级数学教学的具体要求，掌握教学方法，是钻研课程标准的主要目的。备教材重点要备以下六个方面。

（1）备教材的内在结构。广义的教材是指教学活动所使用的材料，是具有特定结构，供教师和学生阅读、视听或借以操作的材料，是帮助教师和学生认识世界、获得发展的材料；狭义的教材仅指教科书。此处"备教材"的"教材"指的是狭义的教材。各种版本的教材都有各自的特点，但都是按照《标准》的要求来编纂的。教材结构包括两部分：知识结构，即教材中知识的结构和层次；教学结构，即教材中教学的结构和层次。教师在教学活动中对教材的使用应该是有选择的，同时要根据学生的情况进行一定的补充。

（2）备教材的重点和难点。所谓重点，是指贯穿全局、带动全部、承上启下，在教材体系中处于重要地位的内容。通常，数学教材中的定义、定理、公式、法则、数学思想方法等都是教学重点。教师要反复研究教材中的每道例题及其说明，挖掘教材中的智力因素，确定教材的广度、深度、重点和难点，讲解时突出重点，练习时围绕重点。

所谓难点，是指学生学习起来比较困难的知识或技能。要突破教材的难点，教师可以采取做准备、利用直观图像等策略。

（3）备练习题。首先，教师要把教材中的全部题目从头至尾做一遍，分析各类题目的编制意图，分清哪些是与新课相仿的基本题，哪些是加深理解的变式题，哪些是概括提高的综合题，哪些是智力训练的思考题；其次，教师要根据题目的难易程度，将它们适当地分配在几节课内，必要时可根据情况自编一些题目予以补充。

（4）备教材怎样体现课程目标。教师分析教材怎样体现课程目标主要是分析学生要通过哪些数学活动、获得怎样的经验，重点发展的是学生的数感、符号意识、空间观念、统计观念、应用意识，还有推理能力。总之，教师一定要弄明白教学内容与课程目标之间的关系。

（5）备教材中的数学思想方法。教师分析教材的主要任务之一是明确其中渗透了哪些数学思想方法，并对其深化。

（6）备教材中的德育、美育等教育因素。数学教育也是教育，其根本目的是使学生得到全面发展，而道德和审美是人的发展的重要方面。因此，立足于社会实践的数学课堂一定也是一个道德课堂。教师在备课时要注意利用教学内容对学生进行爱祖国、爱社会主义的思想教育，进行辩证唯物主义的启蒙教育等，有意识地培养学生的思想道德品质和认识美、爱好美、创造美的能力。

2. 备学生

备学生可以从以下两个方面入手。

（1）分析学生的知识基础。首先，教师要弄清旧知识中哪些是学习新知识的支撑点，在作为支撑点的基础知识中，哪些知识学生已基本掌握，哪些知识学生还没有掌握，各部分所占的比例各是多少，要分析学生不能掌握的原因；其次，教师要考虑新概念的引入是否会导致学生原有认知结构的失衡，教学中应采取什么方法保持其平衡。

（2）了解学生的非智力因素。教师在备课时要充分考虑学生学习该部分内容的兴趣、动机、态度以及平时的学习习惯。如果学生对数学缺乏兴趣，教师要采用更为生动活泼的教学方法，设疑激疑，培养学生的学习兴趣；如果学生写作业马虎、潦草，教师就要在每个教学环节中提出恰当而又严格的要求，并及时检查和反馈，纠正学生马虎、潦草的习惯。

3. 备教学方法

备教学方法就是在钻研课程标准、教材和全面了解学生情况的基础上，研究选用什么教学方法能使教材中的知识内容转化成学生内在的认知，即要选择能达到教学目的的最恰当有效的教学方法。

备教学方法是一件复杂而又细致的工作。例如，教师要考虑学生在学习新知识前应有什么样的知识储备，需要创设什么情境来促进其知识的迁移；怎样发挥学生的主体作用；怎样联系实际引入新课；怎样运用教具或学具；如何突出重点、分散难点；如何设问引导学生自己发现规律；怎样组织练习，要进行几次反馈等。

综上所述，备课时要做好三项工作：钻研课程标准和教材、了解学生、设计教法。教师只有综合考虑以上三个方面，才能写出指导自己教学、切实可行的教案，达到备课的真正目的。

四、小学数学课堂常用的教学组织形式

（一）班级授课制

班级授课制通常称为课堂教学，是指将学生按年龄编成有固定人数的教学班，由教师根据课程规定、教学进度、教学时间表，对学生进行集体教学的一种教学组织形式。班级授课制是现代教学的基本组织形式，是我国目前学校教学的基本组织形式。

班级授课制的基本特征如下。

（1）以班为单位集体授课，学生人数固定。

（2）课程设置和教学内容统一。

（3）教学进度和学习年限统一。

（4）分科教学。

班级授课制的弊端包括：难以顾及学生的个体差异，不利于因材施教；难以集中化、同步化、标准化；不利于学生的创新精神和实践能力的培养；知识世界与生活世界相分离。

（二）个别辅导与现场教学

个别辅导与现场教学是现代教学的辅助形式。个别辅导是指教师针对不同学生的情况给予引导、启示、咨询和指点，以帮助他们完成学习任务的教学组织形式。现场教学是指教师根据一定的教学任务，组织学生到生产现场或社会生活现场进行教学的一种组织形式。

（三）复式教学

复式教学是指把两个或两个以上年级的学生编在一个班里，由一位教师分别用不同的教材，在同一节课里对不同年级的学生采用直接教学和自动作业交替的办法进行教学的组织形式。复式教学是现代教学的特殊组织形式。

复式教学的特征是"三多""两少"。"三多"指年级多、教学内容多、自动作业时间多。"两少"指直接教学的时间少、同一年级的人数少。

笔记栏

复式教学的基本要求包括：教师要正确处理直接教学与自动作业的关系，要正确处理教学内容与教学时间的关系，要正确处理教师与班干的关系。

五、小学数学课外作业与课外辅导

（一）小学数学课外作业

课外作业是课堂教学的延续，是教学活动的有机组成部分。布置和批改作业应有助于学生巩固、消化课堂上所学的知识，有助于培养学生学习的技能、技巧，有助于培养学生独立学习的能力和习惯。

如何改进作业布置和批改是当前教学改革研究的重要问题。一般来说，对第一学段的学生不布置课外作业，对第二学段的学生可以适当布置课外作业。

（二）小学数学课外辅导

小学数学课外辅导是适应学生个体差异、贯彻因材施教原则的重要措施，是课堂教学的必要补充，是教学工作的必要环节之一。教师要做好课外辅导工作，必须深入学生，耐心细致地调查研究，根据学生的不同情况确定不同的辅导内容和措施。辅导时，教师应注意以学生独立钻研、自主学习为主，不要包办代替。

六、小学数学课外活动的组织

小学课程包括学科课程和活动课程两个部分。数学学科课程与数学活动课程是构建小学数学课程的两个不可或缺的部分，两者相辅相成，发挥了培养学生数学素养的作用。

（一）小学数学课外活动的功能

（1）激发学生学习数学的兴趣，培养其良好的心理品质。

（2）拓宽学生的数学视野，增长其才干。

（3）渗透数学思想方法，培养学生良好的思维品质。

（4）培养学生从数与形的角度观察事物的态度和意识。

（二）小学数学课外活动的特点

1. 活动性

数学课外活动与数学课堂教学最大的区别在于：活动既是教学的形式，又是教学的手段。可以说，如果不能使学生真正地动起来，不能使学生在活动中学数学，就不能称为数学课外活动。总之，数学课外活动能为学生创设更多、更大的活动空间。

2. 自主性

课外活动比课堂教学更加开放、宽松，在活动中，每个学生都有较大的自主权，可以最大限度地发挥自己的主观能动性，都是数学活动中的小主人。例如，学生可以当"数学报"的编辑、记者，当"数学医院"里的大夫，当"数学信箱"里的智慧老人；学生还可以用自己喜爱的形式表现自己的数学才能，如自编自演数学相声，猜数学谜语，组织数学游戏，制作几何模型，进行调查访问，举办数学讲座等。

3. 思考性

课外活动不能脱离教学实际，不能与教学内容完全脱节，而应根据教学内容设计课外活动，增加拓展延伸的内容，给学生更多思考的空间。例如，在教室黑板的一个地方建立"数学角"，每天下课之前，教师在数学角写一道与当天所学内容有关的知识扩展题，先让学生独立思考完成，之后教师讲解，这样既能让学生巩固所学知识，又能进一步发展学生的思维，促使学生养成善于思考的习惯。

（三）小学数学课外活动的内容

数学课外活动的内容与数学课堂教学有密切的联系，因为数学课堂教学在知识、技能方面为数学课外活动奠定必要的基础，所以，数学课外活动的内容在一定程度上受到数学课堂教学的制约。但是，数学课外活动并不是数学课堂教学的重复，数学课外活动的内容不受大纲的限制，可根据学生的情况较自由地选择。

教师在选择数学课外活动的内容时要注意以下几个方面。

（1）实践性。教师要把数学课外活动的内容与学生的生活实践、社会实践联系起来，体现"学用结合"的精神，使学生体会到生活处处有数学、处处用数学，以弥补课堂教学中的不足。

（2）趣味性。数学课外活动的内容要为学生所喜爱，使他们通过活动学好数学。

（3）综合性。数学课外活动可与科技活动、文体活动或其他活动配合进行。例如，教师可以组织某种主题活动，让学生综合运用各科知识，结合实际施展自己的活动才能。

第五节 小学数学教学手段

一、小学数学教学手段的发展阶段

教学手段是师生在教学过程中相互传递信息的工具或设备，是保证教学活动顺利进行的物质条件，也是推动教育教学改革的主要因素之一。教师要理解各种教学手段，能恰当地运用相应的教学手段完成教学任务，提高教学质量。

教学手段的发展过程大致可以分为以下几个阶段。

笔记栏

（一）口耳相传阶段

在语言产生之前，人类主要借助面部表情、肢体动作等进行教学，辅以简单的图形符号。语言产生以后，极大地促进了知识、经验的教与学。语言作为教学手段完善了口耳相传的教学形式，大大提高了传情达意和教学的能力，也丰富了教学内容，使人类积累的生产、生活经验得以广泛地传播和延续。

（二）文字书籍阶段

文字的出现是学校教育走向专门化的一个基本条件，有了文字，人类才能积累文化知识和经验，使得教学活动能够摆脱个人直接经验的局限。采用文字作为教育教学的手段是人类教育发展与文明进步的一个标志。文字体系的形成、造纸术和印刷术的发展使学校出现了专为教学而编印的教学用书，即教科书。教科书的出现对丰富教学内容、扩大教学对象、提高知识的传播效率起了重大的作用，是教学手段发展史上一次大的跃进。

（三）直观教具阶段

直观教具是随着学校教学的发展，为弥补语言、文字实感性差的缺陷而出现的，以提供感性经验为特点的教学手段。从此以后，教学手段除了语言文字外，还有粉笔、黑板、模型、标本、挂图、实物等直观教具。裴斯泰洛齐的"算术箱"和福禄培尔的"恩物"都是直观教具。这些具有形象性和实践性的教学手段把视与听、抽象与具体结合起来，大大提高了教学质量。直观教具已形成了比较完整的体系。

（四）实验技术阶段

实验技术手段的出现与应用弥补了经验教学的不足，增加了教学的实践与动手操作环节。尤其是对于以实验为基础和主要学习手段的学科，如物理与化学，教师演示实验或学生亲自操作实验能把书本知识由抽象变为具体，由无形变为有形，使学生获取多方面的知识，巩固学习成果，培养动手操作和解决问题的能力。目前实验教学已经成为一种主要的教学手段。

（五）视听媒体阶段

视听媒体是应用先进的科学技术成果发展起来的教学手段。因其利用声、光、电等现代化的科学技术辅助教学，故又称为电化教学，包括视觉、听觉及视听结合的形式。视听媒体将信息诉诸师生的视听觉，是师生获取信息的主要来源。例如，幻灯片、电影、唱片、收音机、录音机、录像机、电视机、语言实验室、教学机器等，均属于视听媒体。视听媒体的出现大大突破了直观对象本身以及人感觉本身的局限性，人的感官被延长了，从而能够更广、更深地认识宏观、微观、动、静、快、慢的各种事物和现象。例如，通过录音、录像、电视和电影可以看到在自然状态下看不到的图像，听到在自然状态下听不到的声音；通过电子显微镜可以看到微小的动植物细胞；通过卫星图片可以看到太阳系中的行星等。电化教学的出现和运用不仅提高了教学活动的效率，而且使得教学活动本身发生了重要的变化，突破了教学活动在时间和空间上的界限，达到了过去从未有过的广度和深度，将教学活动推向了一个新的阶段。

✎笔记栏

（六）高新技术阶段

在高新技术阶段，作为人脑的延伸的电子计算机被应用于教学领域，这是教学手段发展的一次质的飞跃。计算机进入教学领域所产生的意义是其他教学手段所无法比拟的。有学者指出，以往的教学手段充其量只是人的感官的延长，而计算机则是人脑的扩展，因为计算机可以代替人脑做部分工作。计算机的这种独特性为教学活动带来的不仅是效率的提高，而且是一些革命性的变化。综合了高新技术的通信技术、信息高速公路等为教学手段的变革带来新的突破，使得教学领域具有广阔的发展前景。

二、小学数学教学手段选择与应用的原则

小学数学教学手段的选择与应用要遵循以下几个原则。

（一）教育性原则

教学手段的选择与运用必须具有目标指向性，尽量满足教学目标所提出的要求。教学手段的设计是为了有效地辅助教学，而不是为了运用而运用。教学手段的设计与选择要能够摆脱传统的"高分低能"的窠臼，做到"五入"，即入情、入理、入耳、入脑、入心，使学生在轻松愉悦的教学氛围中学会求知、学会做人；同时，要能激发学生的创造激情，促进学生内在的改善与发展，这是真正的教育效能的体现。随着现代教学手段的引入与普及，如何正确地引导学生健康、安全地使用现代教学手段是摆在广大教育工作者面前迫切需要解决的问题。

（二）发展性原则

发展性原则是指教师选用教学手段时应考虑它能在多大程度上发挥教育作用，促进学生各方面的发展。无论是传统教学手段的设计，还是现代教学手段的设计，都要尽量避免"人灌""机灌"的填鸭式灌输。教学手段的设计要突出发展性，引导学生进入"探究—发现—提问—解疑"的主动学习的过程中，让学生以探索者与发现者的身份进行活动。例如，教师利用计算机先给学生展示一个修路工人修路的画面，紧接着画面中出现文字"两个修路队共同修这条路，3 天修完，第一队修了 120米，第二队修了 102 米"。与此同时，计算机发出悦耳的声音："同学们，根据这些条件，你能提出一个问题吗？"有的学生提出："第一队比第二队多修了多少米？"有的学生提出："第一队（第二队）平均每天修多少米？"有的学生提出："第一队比第二队平均每天多修多少米？"这些问题难易程度不同，涉及的知识有学过的，

也有没有学过的。通过提问，学生不仅展示了自己的思维水平，学到了切实可行的提问方法，而且由于问题是自己提出来的，学习兴趣更浓了，他们会更积极、主动地投入之后的探索学习。

（三）最优化原则

最优化原则是教学手段设计的根本原则和根本要求。教学过程本身是一个复杂的系统，各个环节、要素彼此紧密联系，针对一个特定的共同目标发挥各自的作用，组成一个有机的统一体。最优化原则是指要把教学手段的设计放在整体的教学设计中，充分考虑教学的各种因素，协调教学手段与教学其他方面的关系，使教学手段的功效服从于整体教学设计，即教学手段的设计既要考虑教学过程的要求，又要考虑学生已掌握的知识技能，还要客观分析现实的教学环境和条件，力求所选择的教学手段以最小的代价取得最大的成效。这一原则的关键是对教学的各个方面进行系统分析。

（四）灵活性原则

没有任何一种固定的教学手段是教学成功的灵丹妙药，每个学生都是独特的个体，用一成不变的教学手段去教育千差万别的个体是不科学的。教学手段的选择和应用要随问题情境的变化而变化，这就要求教师在设计教学手段时思维要灵活，以设计出多种风格的教学手段。教师应根据不同手段的特点、功能，结合学生的年龄、性格特点及教学的目标、内容，在教学过程中灵活组合、调整教学手段。

（五）学生主体性原则

教学手段的设计、选择、运用过程中，都需要着重考虑学生的主体性，要让学生以学习主体的身份参与进来。推进教学手段改革的核心是充分调动学生参与的积极性与主动性，培养其创造激情。在教学手段的应用过程中，教师要设计出多方面、多层次、多形式的目标，让每个学生都有质疑和探索的机会，使问题贯穿整个教学活动的始终，避免教师满堂灌现象，避免教师牵着学生的鼻子走，避免整齐划一。这就要求教师在教学过程中设置适当的问题情境，营造出平等愉悦的氛围，让学生在悟中学，在学中悟，在不知不觉中产生学习兴趣，提高思考与创新能力。

◎思考与练习：

1.简述小学数学教学过程的构成要素。

2.小学数学教学应遵循哪些原则？

3.小学数学常用的教学方法有哪些？

4.小学数学教学方法改革的发展趋势有哪些？

5.小学数学教学常见的教学组织形式有哪些？

6.简述小学数学教学备课的基本要求。

PART 2

中　篇

教学实践

小学
数学课程
与教学论

第四章

小学数学教学设计

▶ 学习目标：

    1. 了解小学数学教学设计的含义。

    2. 掌握小学数学教学设计的过程。

    3. 在熟悉四大知识领域的基础上进行小学数学教学设计。

▶ 教前准备：

    1. 优秀小学数学教学视频或教学片段（规范语言类）。

    2. "数与代数""图形与几何""统计与概率""综合与实践"教学设计各一份。

▶ 学前准备：

    学习教育学、心理学、小学数学基础理论等相关知识。

    随着课程改革的不断深入，教师的教学行为发生了显著的变化。随之出现了以下一些情况：在课堂教学过程中，一会儿编儿歌，一会儿表演小品，一会儿讲故事，一会儿猜谜语，一会儿做游戏……在这看似很活跃的课堂上，大部分学生却像棋盘里的棋子一样，受教师"操控"，按照教师的设计安排被动地学习。在这样的课堂教学中，教师教了学生什么、学生能够收获什么是值得我们思考的。要实现小学数学课程的有效教学，教师应该为学生的学习搭建一个切合学生实际的、可以操作的平台。为学生的发展创造有利的学习条件，使学生能积极主动地学习，这就要求教师必须解决数学课堂教学设计的相关问题。

第一节　小学数学教学设计概述

    "教学"（instruction）一词包含两个方面，即"学"与"教"。先有"学"，然后才有"教"。没有"学"，"教"也就不存在了。从行为上看，"学"是学习者通过与环境的相互作用，改变自身的能力和倾向以适应环境的行为，如读书、做数学练习题等；"教"是教师帮助学习者学习的行为，如教师为学习者指定阅读的图书、指导学习者进行读写练习等。将"学"与"教"组合成"教学"一词，其含义是教师

笔记栏

帮助学习者学习的一切活动。

　　教学设计的过程实际上是教师为即将进行的教学活动绘制蓝图的过程。教学设计是教学活动得以顺利实施的基本保证。

一、教学设计的含义

　　教学设计是运用系统的方法分析教学问题和确定教学目标，建立解决教学问题的策略方案，试行解决方案，评价试行结果，对方案进行修改的过程。教学设计以优化教学效果为目的，以学习理论、教学理论和教育传播学理论为基础。

　　教学设计是由对目标设计、达成目标的诸多要素的分析、教学效果的评价所构成的有机整体。其目的是优化教学过程，提高教学效果。

二、教学设计的理念

（一）数学化设计理念

　　数学大众化的教育思想，要求教师在进行教学设计时力求做到将生活问题数学化，数学化的过程是将现实问题变成数学问题的简单化的过程。数学生活化是《标准》理念的具体化展现，也是当前数学教育教学改革的基本趋势。《标准》要求数学的教学内容要贴近生活，从学生熟悉的生活中发现数学、掌握数学和运用数学。学校是学生学习和活动的主要场所，教师要引导学生发现校园中的数学问题。例如，校园中的位置问题，如排列的座位、体育课上的队列、教室的相对位置等；教室内外的几何体，如长廊里的柱子、图书室里的柜子、体育室里的球等；丰富多彩的校园活动，如学校的运动会，球类、棋类活动等，这些都包含着数学问题。教师尽可能地把这些校园生活中的数学问题搬进课堂，学生就会感到数学是有趣的，数学就在自己的身边。又如，儿童公园的购票问题、外出旅游的行程规划问题、买书的打折问题、走路或开车时的行程问题等，教师都可以从中发现并提出一些数学问题，并将它们搬进课堂，让学生自行解决。在解决这些问题的过程中，让学生体会到生活中处处有数学，从而增加学生对数学的亲切感，使他们更加热爱数学。

（二）问题化设计理念

　　问题是数学的心脏，波利亚说过：学习任何知识的最佳途径都是由自己发现。通过自己的发现所掌握的知识会更牢固，更容易理解知识间的内在联系和规律。为此，在课堂教学中，教师应围绕本节课的重点，设计一些符合教学实际，且具有一定探索空间的问题，让学生通过独立思考和小组合作，在积极和谐的氛围中探索规律，获取和巩固知识。这样既能激发学生自主学习、自行探索的兴趣，也能提高学生的探究能力。课堂提问设计的恰当与否将直接影响学生对知识、技能的掌握、能力的提高及创新意识的培养。一个经过精心设计、恰当而富有吸引力的问题，往往能拨动全班学生的思维之弦，奏出一首耐人寻味，甚至波澜起伏的动人之曲，这就是数学的魅力所在。

在教学设计的时候，如果始终将数学的学与教置于各种奇妙的、富于思考的问题情境之中，就是很好地贯穿了问题化设计理念。教学设计要处处体现问题化理念，其根本目的就是让学生积极地思考数学或与之有关的问题。

（三）活动化设计理念

《标准》明确指出："有效的教学活动是学生学和教师教的统一，学生是学习的主体，教师是学习的组织者、引导者与合作者。"在进行小学数学教学设计时，可以将静态的教学内容设计成动态的过程；将传统的"老师讲，学生听"设计成老师与学生互动；将传统意义上的纸笔方式设计成学生动手操作的方式……

教学过程中还可以设置让学生亲眼看一看、亲耳听一听、亲手摸一摸、亲自试一试、亲身演一演等活动。

三、小学数学教学设计的过程

教师在进行教学设计时应该从学生需要学习什么知识、为什么要学习这些知识、怎样学习这些知识等问题出发，来考虑教师教什么、为什么教和怎样教的问题。教师在进行具体的课堂教学设计时要渗透《标准》的基本理念，并且要体现出素质教育的理念和精神。

教学设计的基本过程包括教学内容分析、学生情况分析、教学目标确定、教学情境设计、学习方式设计、教学活动设计、教学评价设计等。其中，教学目标确定是教学设计的核心，而教学内容分析、学生情况分析则是教学目标确定的基本依据。

（一）教学内容分析

教学内容分析可以从三个方面进行：一是建构教学内容的知识体系；二是确定知识点；三是确定教学内容的重点和难点。其中，建构教学内容的知识体系包括理解教材的编写意图和分析教学内容所承载的教学价值。

理解教材的编写意图是指教师深入分析教材是如何编写的，对一节课的教材编写意图的分析应该基于对单元整体教学的理解上。分析单元的主要内容是指教师从单元的角度考虑每节课的设计，使每节课的设计都与其在单元中的地位和作用相吻合。

对教学内容所承载的教学价值进行分析是指教师不仅要考虑所教的内容，而且要考虑教学内容所蕴含的数学思想以及教学内容对学生的发展所具有的教育价值，包括所学知识和方法的应用价值，知识探索、形成或应用过程中的思维价值，人的情感态度价值观形成的价值。

数学特级教师吴正宪的"分数的初步认识"教学案例如下：

从探讨 4 个苹果平均分给 2 个小朋友，每个小朋友得到 2 个苹果入手，教师连续询问学生将 2 个苹果平均分给 2 个小朋友及将 1 个苹果平均分给 2 个小朋友的情况。对于将 1 个苹果平均分给 2 个小朋友的问题，学生借助生活经验得出每个小朋友应该得到"一半"。在这一活动中，不少学生运用了图形，还有一个学生用自己名字中某个字的一半来表示。教师并没有急于对这些表示方法进行评价，而是在介绍了数学的表示方法" $\frac{1}{2}$ "以及其他分数后，询问学生是否愿意接受" $\frac{1}{2}$ "这一表示方法。此时，一些学生仍然觉得自己的方法比较好而拒绝使用新的表示方法。于是，教师就鼓励学生运用自己的方法表示" $\frac{1}{100}$ "，这时，所有的学生都认识到" $\frac{1}{2}$ "的简洁性和普遍性，心悦诚服地接受了这个"新朋友"。

上面的教学片段给我们的启示很深刻。这位老师的教学设计不仅很好地激发了学生探究的欲望，而且紧紧把握学习"数"的一个非常重要的方面——引入一个数的必要性和新的表示方法的优越性，更重要的是渗入了符号化的数学思想。这个案例中，教师既为学生提供了充分展现自己表示方法的机会，又使学生认识到数学表示方法的特点，由此实现了从自己的表示方法向数学表示方法的飞跃。

基于数学核心思想的教学内容分析的目的是促使教师不断地追问所教内容的核心概念及其蕴含的数学思想，使教师能在比较宽阔的视野中看待小学数学教学，认真思考每节课在什么地方体现什么核心思想，从而能够清晰地表达单元的核心内容和本节课的教学重点，促使小学生更好地理解知识。

确定教材的重点要以教材本身为依据。在教材中，关系全局、直接影响其他知识的学习的那些知识叫作教材的重点。例如，"数与代数"是整个小学数学教材的重点；整数的认识和四则运算是"数与代数"的重点，其中，20 以内的加减法、表内乘法和相应的除法为重点；在 20 以内的加减法中，进位加法和退位减法为重点。

小学数学教材中，有的内容比较抽象，不易被学生理解；有的内容纵横交错，比较复杂；有的内容本质属性比较隐蔽；有的内容体现了新的观点和新的方法，在新旧知识的衔接上呈现了较大的梯度；有的内容相互干扰，易混、易错。这类教师难教，学生难学、难懂、难掌握，以及学生在学习中容易混淆和产生错误的内容，通常叫作教材的难点。

（二）学生情况分析

课堂应该是充满生活气息的、真实的课堂，课堂交往活动不仅仅包括学生已有的知识，还涉及学生的经验、学生的困惑、学生的情感等。因此，教学设计必须基于对学生情况的分析，包括学生已有的知识、方法和经验，学生的学习困难点以及学生的学习兴趣、学习方式等。

需要强调的是，要想真正地了解学生，不能仅仅靠经验，还需要一定的调研。调研方式包括小测试、访谈、课堂观察、作业分析等。教师需要根据不同的目的合理选择的调研方式；对已有知识基础的调研可以通过设计几个指向明确的小问题开展，教师要对调研获得的数据进行统计和分析，这种统计和分析是教师设计和修正教学目标的重要依据；作业分析和课堂观察也是很重要的。对学生的经验、学习困难点以及学习兴趣等方面的调研可以通过访谈来进行。

（三）教学目标确定

基于对教学内容和学生情况的分析，教师可以确定教学目标，以表明期望学生获得什么样的学习结果，或期望学生经历什么样的过程。换句话说，广义的教学目标是预期的学生学习结果或必须经历的学习过程。

教学目标是为学生的"学"所设计的，教师的"教"是为学生学习目标的达成而服务的。《标准》建议从知识与技能、数学思考、问题解决、情感态度等四个方面明确学生应该达到的目标，并明确指出"教学目标要体现核心素养的主要表现"。

教学目标设定之后就要确定教学的重点和难点。教学重点必须在教学目标之内，且是最主要、最核心的教学目标。最难完成的教学目标就是教学难点，教学难点通常（而非总是）在教学目标之内。

（四）教学情境设计

为了达成教学目标，教师需要精心设计教学活动。《标准》明确提出，"教学活动应注重启发式，激发学生学习兴趣，引发学生积极思考，鼓励学生质疑问难，引导学生在真实情境中发现问题和提出问题"。因此，在教学设计时，教师应创设与学习主题相关的、尽可能真实的、有利于学生理解所学主题的、有利于学生思考和积极反应的教学情境。

小学数学特级教师牛献礼在"用字母表示数"教学中创设了以下情境：

多媒体动画显示了一个魔盒，学生输入一个数，这个数经过魔盒加工后，出来的是另一个数。如输入9，出来的是19；输入34，出来的是44……学生都跃跃欲试，经过几次尝试后，发现了奥秘，魔盒是按某一规则来加工数的：输入20，出来20+10；输入87，出来87+10；输入a，出来a+10；输入x，出来x+10……

这位老师借助魔盒所创设的这一情境很快吸引了学生的注意力，使学生积极主动地参与数学学习。魔盒只是一个道具，而这一道具帮助学生解决了认知的难点，即"a+10""x+10"既是一个结果，也是一个关系式。这样的情境创设既有趣又合理，很有借鉴意义。

（五）学习方式设计

在教学设计时，教师不能事先编好一个一个的问题，然后一个一个地讲解这些准备好的问题。这种传统的模式忽视了学生的主体地位，是一种被动的教学方式。在教学过程中，教师要引导学生善于发现问题和提出问题，并指导学生独立思考、小组交流、反馈。教师也可作为参与者，与学生合作，共同探索解决问题的方法。

例如，讲解三角形时，教师可以这样来设计学生的学习方式：第一步，学生观察若干个三角形图形，每个学生在小纸片上写出三角形的共同特征；第二步，同桌（或4人小组）交流、讨论，概括出三角形的概念和特征；第三步，全班交流反馈。

在设计学生的学习方式时，最重要的是要考虑如何让学生自主学习，因此，教师在设计教学的每个环节时都要思考：这个地方请学生自主提问行不行？这个环节请学生自主解答行不行？这个地方请学生进行小组讨论或来做小老师进行讲解行不行？这个地方请学生来主持行不行？即所有的环节都要让学生发挥他们的主观能动性，这样的学习方式设计才有价值和意义。

（六）教学活动设计

《标准》指出："有效的教学活动是学生学和教师教的统一，学生是学习的主体，教师是学习的组织者、引导者与合作者。"一般来说，教师在设计小学数学课堂教学活动时要关注以下几个方面。

1. 围绕教学目标设计真实有效的教学活动

为了达成教学目标，教师需要把课本中的静态教学内容转变为动态教学活动，故教师需要从以下几个方面着手精心设计教学活动。

（1）教学目标向活动步骤转化。教学活动的内容是为达成教学目标服务的，因此教学活动要紧紧围绕教学目标和教学的重点、难点的核心内容来设计，活动的设计要具有一定的逻辑性、层次性和开放性。教师在设计教学活动时要预设学生的想法，并设计相应的应对措施。

数学课堂教学活动最忌讳的是盲目性。数学活动的设计要围绕教学目标展开，将教学目标具体化，将其转化为可操作的活动步骤。例如，"三角形的内角和"的教学目标是：能说出三角形的内角和是180°，并能进行相关的计算；能用不同的方法进行实验，培养多角度、多方法思考的习惯和能力。教师可以把这两个目标转化为教学活动：引导学生分组讨论用哪种方法（测量法、拼凑法、折叠法）可以求证三角形的内角和；交流小组讨论的结果，并谈谈从多角度思考数学问题的切身感受。

（2）给予充足的数学活动时间。在课堂上开展数学活动时，不仅要开展外显操作活动，而且要开展内隐思维活动。教师要特别强调数学思维活动，它是数学课堂活动的主要内容。为了使学生积极、有效地参与活动，教师需要为学生创造适合学生参与的条件以及足够的时间和空间，便于学生参与活动，积极进行学习探究。例如，在教学互质数时，教师在引导学生观察几组数（如6和10、4和7、10和9、3和15、25和18）的公约数的基础上，让学生进行分类，在分类的基础上抽象出"公约数只有1的两个数叫作互质数"的概念。接着，教师要引导学生进行讨论，弄清楚互质数的概念：它是两个数之间的一种关系，它是从公约数的个数这个角度提出来的，它的关键词是"只有"。教学中只有抓住这些属性，逐项剖析，才能将互质数的特征鲜明地展现出来。

（3）及时给予引导。心理学研究表明，小学数学课堂教学中，学生的思维训练是一个复杂的过程，在知识产生、形成的过程中，学生的思维有时会偏离学习的轨道。因此，小学数学课堂教学活动中，教师要充分发挥主导作用，对学生的探究、交流等活动作出适时的、富有针对性的引导，帮助学生积累丰富的数学活动经验；当学生在活动过程中出现问题、碰到困难时要及时给予帮助；对于数学活动中的一些不良现象要及时给予正确的引导。

2. 重视学生数学思维活动的设计

数学是思维的"体操"，小学数学教学活动要重视内隐思维活动的设计，激发学生进行数学思考，发展数学思维，这是数学课堂教学的主旨。在设计数学活动时，教师应在知识的疑难处、重点处、转折处、衔接处、拓展延伸处让学生"思""议""评""操作"等。但要注意突出重点、解决疑难、拓展思维，培养学生的创新意识和实践能力，只有这样才能收到事半功倍的效果。

例如，在"三角形的三边关系"一课中，北京的孙贵合老师给学生提供了一些16厘米长的纸条，让学生剪拼纸条，围成三角形。学生在剪拼的同时，进行思考。活动结束之后，教师提出一个问题：三条纸条的总和都是16厘米，为什么有的能围成三角形，有的就不能呢？基于此次活动经验，学生认识到了三角形的三边关系。

活动的组织实施指教学活动开展的具体形式，包括：教师活动的开展，如提问或提出任务，组织开展活动（合作学习、交流、讲授、反馈等）；学生的学习方式，如独立思考、动手实践、合作交流、做练习等；活动材料的准备，如学具、教具、课件等。

（七）教学评价设计

评价的形式多种多样。对知识技能的评价，教师可以当堂或课后设计几个小问题，即教师可以设计一些测验，测验的目的并不是简单考查学生会不会做、检测教学目标是否达成，更重要的是为日后的教学反思和教学改进提供依据。当然，测验并不是对知识技能目标达成评价的唯一方式，还有访谈、课堂观察、作业分析等形式。除了知识技能目标外，教学设计时还需要对其他目标设计评价方案。

四、教学设计方案的形成

教学设计方案是教学准备结果的表现形式，课堂教学效果如何，很大程度上取决于教学设计方案的质量，教学设计方案应体现教师的教学风格，突出教师的个性化特点。

教学设计案例

"负数的初步认识"教学设计

（南京市北京东路小学张齐华）

教学内容：苏教版《数学》五年级上册第一单元第一课时"负数的初步认识"。

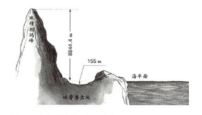

教材分析：本单元教学内容是在学生已经认识了自然数，并对分数和小数有初步认识的基础上，结合学生所熟悉的生活情境，让学生初步认识负数。通过本单元的教学，使学生对数有一个更广泛的认识，也可以为下一阶段学习有理数的意义打下基础。

学情分析：学生在此之前已经系统学习了整数，初步认识了小数，虽然在生活中经常见到负数，但对负数具体表示的含义还有些模糊。认识负数的主要目的是拓宽学生对数的认识，激发学生进一步学习数学的愿望。因此，本节课重点是让学生联系对整数的已有经验，着重在整数范围内初步认识负数，把注意力集中于体会量的相反意义，以降低学习难度，并使学生建立较为合理的有关数的认知结构。此外，希望学生随着对小数和分数的进一步认识，逐步丰富对负数的感知，从而为后续理解有理数的意义以及进行有理数的运算打好基础。

教学目标：

（1）结合已有经验，探索负数的含义，认识负数。

（2）通过自主合作、探究学习，体会负数、正数、0三者间的关系，感受正负数所表示的相反意义。

（3）发展会学习、善于合作、主动探索新知的意识与能力。

教学重点：探索负数的含义。

教学难点：体会负数、正数、0三者间的关系。

教具、学具的准备：数学卡片、PPT等。

110

教学过程：

一、对话（知道学生对知识的掌握程度）

引导、提问：在哪儿听过负数？你能举一个负数的例子，并在小组里说说它表示什么意思吗？

学生思考、交流、汇报：生活中在哪儿见过负数，举例说明负数的含义。

二、尝试（了解学生对知识的掌握能达到什么程度）

1. 数学游戏

请11位学生上台，依次拿好写有−8、+4、−5、12、−4、+49、−2、0、+5、100、−13的数字卡片，站成一排。

游戏的目的在于让学生辨别数字卡片中，哪些是负数，哪些是正数，并解释原因。

（1）让手持"负数"的学生出列，指导学生认识并正确读出负数。

（2）学生小组交流讨论。

（3）引发学生认知冲突，让学生思考并讨论：12和100前面虽然没有正号，但是不是正数呢？

学生讨论后发现：正号可以省略，但负号不能省略。

2. 提出疑问，引发思考

0是什么数？为什么？

3. 排序

正数、负数与0之间具有怎样的大小关系？

在这些数中，哪个数最大，哪个数最小？你能按从大到小的顺序给它们排排队吗？

学生发现问题并尝试独立解决问题：如何比较负数的大小？

小结：正数比大小和负数比大小，规则略有不同，这点要格外注意。

强调：0既不是正数也不是负数，0是正数和负数的分界点。

板书：在"负数"和"正数"之间写下大大的"0"，并用小于号连接。

4. 猜数游戏（师问生答）

答案就在这些数字卡片上。游戏的目的在于让学生感受负数的多样性，建构新数轴。

−8这个数比0小8。它是一个负数，而且，如果把它的负号去掉，它就比0大8。

−5这个数，它和0相差5。

教师手拿空白卡片站到−8和−13中间，让学生猜数。启发学生负数不光只有整数，还有小数。而且可以无限接近，渗透"极限"的数学思想。

5. 初步建构数轴的概念

没有起点，没有终点，有个重要的分界点0。

笔记栏

111

三、探究（引导学生继续学习新知识）

1.知识拓展与应用

小组研究、讨论，结合自己的认识、经验，说一说图中五个"−2"分别表示什么含义。

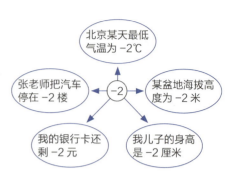

学生逐一汇报，教师适时提问并引导。

学生解释：张老师把汽车停在−2楼的意思是停在地下2层。

教师追问：从车库回家，我通常会按"5"这个数。猜猜，我家住几楼？

学生解释：北京温度只有零下2℃。

教师追问：哪一个温度计上的温度才是−2℃呢？（教师出示图片，让学生组内讨论）。

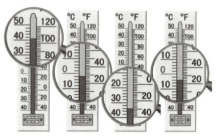

学生解释：银行卡上还剩−2元的意思是透支2元。

教师出示银行卡余额图片，引导学生理解并填空。

我的银行卡上原有98元，买电影去100元，还剩（　　）元。

买冰红茶又刷去10元，还剩（　　）元。

回到银行，赶紧给银行卡充值100元，现在卡里还剩（　　）元。

学生解释：海拔高度为−2米，应该是指比海平面低2米。

教师出示图片，并讲解：通常，我们把海平面的高度看作0米。比海平面还低2米，那么它的海拔高度就是−2米。

教师追问：现在，你能具体说说"珠穆朗玛峰海拔高度约为+8844米""吐鲁番盆地海拔高度约为−155米"分别表示什么意思吗？

学生对"身高是−2厘米"存在疑问，大胆猜测其含义。

教师出示图片并介绍：中国10岁男孩的平均身高大约是140厘米。如果以这个身高为标准——

学生回答：张老师儿子的身高是138厘米。

我国 10 岁男孩的平均身高约为 140cm。如果用 140cm 作为标准——

姓名	身高（cm）
刘强	+3
李刚	0
陈功	+1
	−2
王平	−3

6. 小结

教师提问：五个"−2"，有什么不同？又有什么相同之处？

学生积极发言，各抒己见。

教师总结：相同点是−2表示比0小2，这是负数的本质。不同点是情景不同，−2表达的含义就不同。

第二节　小学数学新授课、练习课、复习课三种基本课型教学设计案例

认识时间

（新授课）

4-1 课件

教学内容：人教版《数学》二年级上册第七单元第一课时"认识时间"。

教学目标：

（1）通过动画演示与直观操作认识时间单位"分"，理解"1 时 =60 分"，知道钟面上每小格的含义，会读、写几时几分。

（2）经历看一看、认一认、猜一猜、拨一拨等数学活动，形成观察与比较、归纳与概括的能力，初步感受模型思想。

（3）初步感受时间蕴藏在运动变化之中，体验1分钟的长短，形成珍惜时间的意识，养成合理安排时间的好习惯。

教学重点：准确地认读钟面上的时间——几时几分。

教学难点：正确认读接近整时的时间。

教学准备：课件、钟表模型、学习单等。

教学过程：

一、唤醒经验，初步感受

1. 概念具象，体验感悟

播放视频《人的一生》。

教师：这是一个特别有意思的视频。谁来说一说，通过视频你看到了什么？

教师：时间看得见、摸得着吗？

教师：生活中，还能从哪些现象中感受到时间呢？

2.拓展视野，引入课题

教师：古人也想过很多办法来记录时间。看，这是他们的计时工具，你认识吗？

教师出示课件。

日晷，古代的一种计时工具

滴漏、沙漏也是一种计时工具

教师：后来人们统一了计时标准，通过精密的设计与计算制成国际上通用的记录时间的工具——钟表。（揭示本课内容：认识时间）

［设计意图：让学生观看视频《人的一生》，把抽象的"时间"概念具象化，感受时间就藏在日出日落、万物生长、运动变化以及日常生活的点点滴滴中，激发学生学习的内在驱动力，对古代计时工具的讲解加深了学生对中国历史文明发展的了解，增强学生民族自豪感。］

二、互动交流，探索新知

1.探索交流，突出重点

（1）制造冲突，建立表象。

教师：老师的早晨是怎样度过的呢？闹钟响了，老师要起床了。谁认识这个时间？你是怎么认的？

课件出示钟面时间：7：00。

教师：起床以后，老师就忙着刷牙、洗脸，这时候时针悄悄地来到了这里，谁来认读这时是什么时间？（把分针藏起来）

课件出示：

教师：到底是 7 时多少分，我们能确定吗？怎样才能确定呢？

课件出示钟面时间：7：05

教师：现在你能自己认读这些时间了吗？（让学生认读吃早餐、出门和到校的时间）

课件依次出示钟面时间：7：30、7：45、8：00

教师小结：确定一个时间要同时考虑时针和分针的位置。先看时针走过了多少格，再看分针走了多少个小格，就是几时几分。

（2）独立探究，合作交流。

教师：当分针指向其他数字时又是几分呢？（学生先自主完成学习单，再讨论交流）

课件出示：

教师进行课件动态演示，让学生理解分针走 1 小格是 1 分钟，走 1 大格是 5 分钟，走完 1 圈是 60 分钟。

教师小结：原来从起床到进入学校，要整整花费 1 个小时，1 时 =60 分。

（3）感受时长，渗透量感。

教师：我们感受到了 1 小时是多久，并且知道 1 小时就是 60 分钟，那 1 分钟到底有多长呢？

（课件播放世界冠军跳绳 1 分钟的视频）

教师：你们知道他 1 分钟跳了多少个吗？

教师小结：1 分钟说长不长，说短也不短，1 分钟也可以做很多事情。在学习和生活中，我们都要珍惜时间。

［设计意图：通过贴近生活的情境设计，唤醒学生的生活经验，激发学生的学习兴趣。教学中，先由整时导入、复习旧知，再隐藏分针制造冲突，引入新知。引导学生通过认识不同时间的 7 时多，学会先确定时的范围，再重点认识分，借助已有的经验探究时与分之间的关系。最后通过让学生感受 1 分钟的时长，初步渗透"量感"，凸显时间的教育意义。］

2.对比辨析，突破难点

教师：我们玩一个小魔术。老师要在屏幕上慢慢变出一个钟表，看谁最先认出钟面上的时间，如果你觉得可以认读钟表的时间，记得及时喊"停"。

课件依次动态演示：，先出现时针，后慢慢出现分针。

教师根据学生的回答逐个辨析。

重点突破：到底是 7∶55 还是 8∶55？为什么？

教师小结：这时"火眼金睛"才能认出来。再想想到 8 时还差几分？

［设计意图：接近整时的时间辨认是本课教学的难点。教师根据学生已有的经验和容易出现的问题，以魔术游戏的方式展开。先出示时针，不仅突出了先读时针的方法，而且让学生感受时间的精准性，可以大概感受时间的范围；接着出示分针，

巩固了学生前面对"分"的学习；最后出示时针，采用学生辨析的方式加深学生对接近整时的时间的认知。采用由易到难地呈现的方式，牢牢抓住学生的眼球，通过师生交流、生生交流让学生逐渐理解认读方法，实现思维质量的有效提升。]

三、操作体验，强化运用

1.写一写

教师：时间还在不停地往前走，很快就到了放学时间，来看看小美是怎样安排课余生活的。

课件出示：

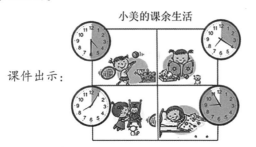

小美的课余生活

学生独立完成，重点交流图中第四个时间。

2.拨一拨

教师：现在我们已经会认、会读、会写时间了，想不想自己动手拨一拨？

课件依次出示：天安门升旗时间、神舟飞船发射时间、水幕电影播放时间。

学生独立操作，教师适时关注。

教师：现在拨一个你喜欢的时间，说一说这个时间你在干什么。

学生自由操作、表达。

四、回顾过程，总结提升

教师：时间过得真快，我们在认一认、说一说、写一写、拨一拨的活动中认识了时间，学到了知识，看来这40分钟过得非常有意义。希望大家都能做时间的主人，珍惜时间，让每一分钟、每一小时都学有所获，更有意义。

[设计意图：练习设计中的"写一写"相对简单，旨在通过学习和交流巩固所学知识。"拨一拨"难度有所增加，可以在师生交流、生生交流中，让不同层次的学生在原有基础上获得新的感受。最后，精心挑选了生活中一些重要的有意义的时刻，进行适当的德育渗透，体现数学的教育意义。]

异分母分数加减法
（练习课）

4-2课件

教学内容：人教版《数学》五年级下册第六单元"异分母分数加减法"。

教学目标：

（1）进一步理解分数加减法的算理，会分数加减法，能根据数据特点，灵活选择算法。

（2）在解决实际问题的过程中，进一步提高提出问题和解决问题的能力。

● 笔记栏

（3）在练习过程中，培养观察推理能力，在数学活动中进一步感受数学学习过程的探索性，从而获得成功的体验。

教学重点：巩固分数加减法的算理和法则。

教学难点：运用分数知识解决实际问题。

教具准备：多媒体课件。

教学过程：

一、练习引入，知识回顾

1.出示题目，直接抢答（学生可不按顺序抢答）

$\frac{5}{8}+\frac{3}{8}=$ $\frac{1}{4}-\frac{1}{9}=$ $\frac{12}{13}-\frac{3}{13}=$ $\frac{19}{36}+\frac{5}{36}=$ $\frac{3}{4}+\frac{2}{5}=$ $\frac{2}{7}+\frac{4}{7}=$

教师：回顾刚刚的计算过程，你们有什么想说的吗？为什么大家都抢着答这些题？

教师依据学生的回答相继板书。

2.整理分类，突出本质

教师：看来大家都达成了共识：计数单位相同才可以直接进行加减运算。计算时我们需要运用通分、约分等前面学过的知识。你能把这些口算题和它们所用到的知识进行分类整理吗？

教师指定学生上台整理。

教师：看着这些同学的整理过程，你有什么评价？你觉得好在哪里？

3.知识分享，凸显联系

教师：课前请同学们回家记录了一个关于"分数加减法"的小经验，可以是几句话，也可以是一个例子，还可以是自己曾经做错的一道题等。谁来和大家分享？

[设计意图：设计了6道"有趣"的口算题，突出同分母分数加减法的便捷，通过回顾计算过程将分数加减法进行分类。在沟通联系后，再次组织学生评价并分享自己的小经验，通过自主整理、评价分享让学生形成整体思维架构，体现以"评"促"联"，同时也使学生相互欣赏和激励，在对话碰撞中促进产生新的意义。]

二、综合巩固，内化知识

1.基本练习

根据要求，在算式的方格内填入卡片中的数字并计算。（每个算式中每张卡片只能用一次）

$\boxed{1}$ $\boxed{4}$ $\boxed{8}$

计算结果不需要化简：$\frac{\square}{9}+\frac{\square}{9}=$（ ） $\frac{\square}{9}-\frac{\square}{9}=$（ ）

计算结果需要化简：$\frac{\square}{9}+\frac{\square}{9}=$（ ） $\frac{\square}{9}-\frac{\square}{9}=$（ ）

教师：你能填出几种不同的算式？计算时需要注意什么？

[设计意图：同分母分数加减法是分数加减法中比较简单的，但计算结果是否最简容易被忽视。让学生选填三张卡片上的数字并尝试计算，使学生巩固同分母分数计算法则，关注结果是否需要化简，培养学生思维的严谨性。]

2.综合练习

（1）在○里填上"＞""＜"或"＝"。

$\dfrac{1}{2}+\dfrac{5}{6}$ ○ $\dfrac{1}{4}+\dfrac{1}{3}$ $\dfrac{1}{2}-\dfrac{1}{6}$ ○ $\dfrac{1}{3}-\dfrac{1}{5}$

$\dfrac{5}{18}-\dfrac{1}{6}$ ○ $\dfrac{5}{18}-\dfrac{1}{9}$ $\dfrac{2}{7}+\dfrac{3}{5}$ ○ $\dfrac{3}{5}+\dfrac{2}{7}$

教师：想一想，除了直接计算，还能怎样比较两个算式的结果？

[设计意图：比较两个异分母分数加减算式的结果，使学生巩固异分母分数计算法则，也是对前面通分知识的回顾，后面两题考查学生灵活使用运算定律和运算性质解决问题的能力。]

（2）把一个蛋糕平均分成9块，爸爸吃了2块，小明吃了5块。爸爸和小明共吃了多少块蛋糕？还剩多少块蛋糕？

教师：2块蛋糕相当于整个蛋糕的几分之几？5块呢？还可以怎么思考？

学生独立完成。

[设计意图：题目中已知条件没有直接呈现分数，需要学生利用分数的含义进行转化，考查学生对分数意义的理解程度。]

（3）拓展练习。

一个分数可以用两个互不相同的分数单位和表示，比如：$\dfrac{5}{6}=\dfrac{3}{6}+\dfrac{2}{6}=\dfrac{1}{2}+\dfrac{1}{3}$。

请你试着写写：$\dfrac{7}{30}=\dfrac{1}{30}+\dfrac{(\ \ )}{30}=\dfrac{1}{30}+\dfrac{1}{(\ \ )}$；

还可以表示为：$\dfrac{7}{30}=\dfrac{(\ \ )}{30}+\dfrac{(\ \ )}{30}=\dfrac{1}{(\ \ )}+\dfrac{1}{(\ \ )}$。

教师：一个分数可以用两个互不相同的分数单位差表示吗？自己试一试。

[设计意图：考查学生综合运用同分母分数加减法和异分母分数加减法解决问题的能力，同时拓展了学生的思维。解决问题的方法多种多样，极大地提高了学生的学习兴趣。对于拓展练习，可以因材施教分层教学，即使学生只写出一种方法，也应加以鼓励。]

三、全课总结，质疑问难

通过对异分母分数加减法的练习，大家有什么收获？

因数和倍数

（复习课）

教学内容：人教版《数学》五年级下册第二单元"因数和倍数"。

教学目标：

（1）牢固掌握因数和倍数的相关概念，明确概念之间的区别与联系，构建因数和倍数的知识网络。

（2）初步学会分类整理的方法，知道事物是相互联系的。

（3）提高分析判断和推理概括等能力，养成合作学习和勇于探索的良好品质。

教学重点：明确概念之间的区别与联系。

教学难点：在整理复习中构建因数和倍数的知识网络。

教学过程：

一、谈话引入，引出概念

教师：今天我们来复习"因数和倍数"相关知识，说说这个单元是研究什么的？

教师：除了研究数，我们还要研究数与数之间的关系。

教师出示2、3、12，让学生找出与众不同的一个数，并说明理由。

小组讨论，依次板书相关概念。

教师小结：通过找不同数，我们发现，研究数不仅可以研究独立的个体，还可以研究它们之间的联系。虽然它们各有特点，但有着千丝万缕的联系，数字如此，知识亦如此，世间万物皆如此。

［设计意图：直接指明本课学习的方向，在找不同数的过程中学生逐渐明白概念的本质，丰富了对合数、质数、偶数、奇数等概念的综合认识。通过研究这些数字，并引申到生活实际，激发学生的学习兴趣，使其养成用联系的眼光看问题的思维习惯。］

二、梳理概念，形成网络

1.整理概念，突出核心

教师：这么多零散的概念怎么研究呢？哪个才是最关键的核心概念？为什么？（因数和倍数）

教师：你想研究和谁有关的概念？这些概念中哪些是和因数有关的，哪些是和倍数有关的？请你把相关的概念组成一组，并用数学符号（如横线、箭头、大括号）表示它们之间的联系。

小组讨论，依次展示不同的表示方法。

2.沟通联系，厘清结构

教师："互质数"这个概念不是这个单元研究的内容，可见我们的研究跨出了本单元，这个单元还有哪些概念？

相继引出"公因数、最大公因数""公倍数、最小公倍数""分解质因数""质因数"等概念。

教师：怎样才能把这些概念和前面的概念联系起来呢？

小组再次讨论摆、画。

教师：什么样的数叫偶数？（引出2、3、5的倍数）

什么数才能分解呢？（与奇数、偶数相连）

教师：除了这些，在应用公因数时还出现了"约分"，在应用公倍数时还出现了"通分"。（整理连线）

小结：通过分类整理，辨析异同，我们把这些零散的概念组合成了一个知识网络。知道了它们之间既有联系又有区别，就像一棵知识大树，有主干有分支，这样整理知识就会更有条理、更有系统性。

教师：你能借助这个知识结构图，带领大家遨游概念的海洋吗？

学生独立回顾知识结构图中的内容。

［设计意图：本环节中教师从核心概念——因数和倍数入手，逐步拓展到与它们相关联的其他概念，并鼓励学生把相关的概念组成一组，用符号表示概念间的联系，不仅可以加深学生对概念的理解，也培养了学生用联系的方法构建知识网络的能力。］

三、巩固概念，拓展延伸

1. 破译密码

教师：大家看过《流浪地球》吗？影片中很多救援的场景让观众津津乐道。今天，我们就进入电影中的情景，跟随主人公尝试破译一个从地下城进入地面联合政府的 10 位数密码吧。

教师：请你迅速破译 10 位数的密码，并记录下来。

既不是质数也不是合数（1）　　　　比最小的质数多 1（3）

9 的最大因数（9）　　　　　　　　6 和 9 的最大公因数（3）

2 和 8 的最小公倍数（8）　　　　　最小的合数（4）

比最小的奇数多 5（6）　　　　　　7 的最小倍数（7）

最小的偶数（0）　　　　　　　　　最小两位数的一半（5）

教师：哪里最容易出错？你有什么要提醒大家注意的？

2. 知识整合

在自然数 1～20 中，有（　）个奇数，有（　）个偶数，有（　）个质数，有（　）个合数，奇数中的（　）是合数，偶数中的（　）是质数，既不是质数也不是合数的是（　）。

两个质数的和既是 11 的倍数，也是小于 50 的偶数，这两个数可能是多少？（5+17、3+19、3+41、7+37、13+31）

3. 出示视频（数学故事——哥德巴赫猜想）

教师：刚才我们所做的这件事情（22 和 44 能分解成两个质数）正是在间接地证明世界难题"哥德巴赫猜想"，让我们通过小视频了解一下。希望在座的各位同学未来能摘下数学皇冠上的这颗明珠。

［设计意图：用学生熟知的电影场景作为情境设计练习，可以很好地把知识融入情境中。考查学生掌握知识和解决问题的能力，使其不断反思容易出错的地方，可以更好地突破难点。三个层次的习题层层递进，让不同层次的学生有不同的收获。最后，以介绍数学故事的形式鼓励学生多猜想、多学习，培养其创新精神。］

四、全课总结，质疑问难

教师：今后我们学数学，也要自觉地把有联系、有区别的知识系统化，形成知识结构图，这样才能融会贯通，将知识熟记于心。希望大家能运用今天学习的方法继续进行后面知识的整理和复习。

笔记栏

 第三节 **小学数学"数与代数"教材分析与教学设计案例**

"速度、时间和路程"教学设计

教学内容：人教版《数学》四年级上册第53页例5。

4-3课件

教材分析：本课是数与代数领域"数量关系"主题中的内容。速度、时间和路程的关系构成了小学数学中重要的两个乘法关系模型之一——路程模型。该内容在生活中有着广泛的应用，是学生解决路程相关问题的前提条件，同时也是后续中学学习加速度等许多复杂概念和运算的重要基础。此外，速度概念具有特殊性，它是一个跨学科概念（数学和科学概念），是代表物体运动快慢的物理量，其本质是单位时间内物体运动的距离。因此速度与时间、路程等基本量不同，是一个导出量，表现为路程和时间两个量的比值，所以速度概念具有抽象性。

人教版教材"速度、时间和路程"内容安排在四年级上册"三位数乘两位数"单元。该单元要求学生在学习乘除法运算的基础上对两类常见的数量关系"总价＝单价×数量""路程＝速度×时间"进行抽象归纳，是学生对乘法关系模型从经验到规律、从具体到一般的认识过程，对发展学生的模型意识、应用意识和问题解决能力有着重要的意义。教材中的例题以两个典型的路程问题为情境，安排了三个递进层次的学习任务：首先让学生在解决具体问题中进行知识回顾，为概念的理解和模型的建构唤醒已有经验；进而让学生通过讨论问题的共同点认识和理解路程、时间、速度概念；最后发现和归纳路程模型。

学情分析：在本课之前，学生已经有许多解决问题的经验，对于有关速度、时间和路程的具体问题并不陌生，这成为学生建构路程模型的良好基础。但由于速度导出量的特殊性，学生对速度本质的理解是有困难的。也正因如此，学生常常对速度产生一些错误的理解，例如在把速度等同于路程，认为路程越长速度越快，或者认为时间越短速度越快，不理解速度单位"米/秒"和"千米/时"的含义等。同时，研究表明，儿童速度概念的发展一般经历4个阶段：阶段1，依据单一量（距离或时间）进行判断；阶段2，开始综合考虑距离和时间两个量；阶段3，保持一个量（距离或时间）恒定的情况下，比较另一个量；阶段4，任意条件下都能通过距离和时间比的关系进行判断。教学设计应以学情分析为依据。

设计思路：《义务教育数学课程标准（2022年版）》将数量关系作为数学核心内容之一，并对数量关系的教学提出了明确要求："应设计合适的问题情境，引导学生分析和表达情境中的数量关系，启发学生会用数学的语言表达现实世界，形成初步的模型意识，提升问题解决能力。"基于这样的理念，本课的教学以"解决具体问题—认识关键数量—抽象数学模型—解释说明模型—用模型解决问题"为教学程序，力求把新知与生活实际紧密联系在一起，让学生在解决问题的过程中经历"速度"产生和数量关系模型形成的过程，体验"速度"产生的必要性和"路程模型"的应用价值。具体的数学教学活动分为三大版块：识数量、理关系、用关系。

教学目标：

（1）结合具体情境和图示，认识并理解路程、时间和速度的含义，体验"速度"产生的必要性，会用复合单位来表示速度。

（2）在解决问题的过程中发现并抽象出速度、时间和路程之间的关系，发展抽象概括能力、推理意识和初步的模型意识，能应用路程模型解决简单的实际问题。

（3）经历提出问题、解决问题的过程，感受速度、时间、路程数量关系的应用价值，发展应用意识。

教学重点：理解速度，探究和掌握速度、时间和路程之间的关系。

教学难点：理解速度的含义，正确运用速度单位。

教学过程：

一、关联旧知，导入新课

教师：我们解决过很多数学问题，发现在数学问题中有许多数量，还发现数量之间是有关系的。这里有一个线段图，你发现了哪些数量？能说出它们的关系吗？

课件出示：

3千克共18元

学生交流，课件出示三个数量关系式。

教师：今天我们继续进入数学问题，认识更多的数量以及它们之间的关系。

板书：数量关系。

二、探究新知，建构模型

1. 识数量

（1）创设情境，提出问题。

课件出示：

班级	报名情况	
三（1）	东东：2分钟跑720米	明明：2分钟跑700米
三（2）	小军：跑400米用65秒	小华：跑400米用63秒

教师：一年一度的校运会即将开始，这是三（1）班、三（2）班优秀选手的报名情况，在表中你们找到了哪些数量？

根据学生回答板书：时间、路程。

交流时间、路程的含义。

提问：每个班要选出一名选手代表班级参加跑步比赛。你建议选谁？为什么？

组织交流，回应学生：大家认为时间相同，比路程，路程长的跑得快；路程相同，比时间，时间少的跑得快。

（2）制造冲突，初识速度。

课件出示：

班级	报名情况	
三（3）	亮亮：3分钟跑900米	小刚：2分钟跑800米

提出问题：三（3）班的报名情况也出来了，这一次又该选谁呢？

针对学生的争议，追问：亮亮和小刚所用的时间不同，路程也不同，那该比什么？怎么比？

学生交流，教师适时评价：好方法！时间、路程都不相同，大家想到了计算他们每分钟所跑的路程，再进行比较。在数学中，我们通常把每分钟或每小时所行的路程，叫什么？

板书：速度。

教师：经过计算，他们俩的速度分别是多少？

（3）数形结合，深化理解。

提问：速度、时间、路程，这三个数量是不是也可以在线段图中表示出来呢？

笔记栏

这里有一条线段，请你在上面表示出亮亮跑步过程中的各数量。

学生尝试，教师展示学生作品，结合图示与学生交流各数量。

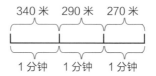

课件出示：

追问：那是不是亮亮在跑步过程中，每 1 分钟都跑 300 米呢？

预设：不一定，可能前面跑得比较快，后面跑得慢一些。

教师：有道理，真实情况还真的差不多，请看。

出示线段图：说说亮亮在第 1、第 2、第 3 分钟分别跑了多少米？

提问：既然是这样，为什么我们又说亮亮的速度是每分钟 300 米？

组织交流、归纳：这个速度是用总的路程除以总的时间得到的平均速度。

2. 理关系

（1）解决问题，梳理关系。

教师：在选拔运动员的过程中，同学们不仅认识了路程、时间、速度三种数量，还认识到他们之间是有关系的。到底是怎样的关系呢？接下来我们就通过解决问题理一理这三种数量之间的关系。

板书：识数量，理关系。

出示问题和要求：

解决旅游中的数学问题：①想想每个问题已知什么求什么，再列式计算；②在问题解决中你发现了什么数量关系，请写一写。

①陈老师坐动车去广州，动车每小时行驶 250 千米，4 小时一共行驶多少千米？

②陈老师自驾去桂林，她 6 小时一共行了 540 千米，平均每小时行多少千米？

③陈老师骑自行车去大明山，她每小时行 15 千米，行 90 千米要用几小时？

学生完成任务后，教师组织交流。

根据学生回答，教师板书：速度×时间=路程，路程÷时间=速度，路程÷速度=时间。

（2）深化关联，形成结构。

提问：亮亮只想记其中的一个数量关系，然后根据这个数量关系推导出其他两个，你推荐他记哪一个？怎么推出其他两个？

学生交流，教师评价：好建议！记乘法关系"速度×时间=路程"，再推导出两个除法关系"路程÷时间=速度、路程÷速度=时间"。这样就轻松多了。

3. 用关系

教师：接下来让我们运用这些数量关系来解决生活中的实际问题吧。

板书：用关系。

课件出示：

飞机 3 小时　　　　　神舟十四号飞船　　　　南宁地铁 1 号线
飞行 2100 千米　　　　2 分钟飞行 900 千米　　4 秒钟行驶 40 米

教师：请分别计算出它们的速度。

展示交流学生的计算过程。

组织讨论：①谁的速度最快？②明明飞机的速度是 700 千米，飞船的速度是 450 千米，为什么却认为飞船的速度更快？

预设：因为飞机是每小时飞 700 千米，飞船是每分钟飞 450 千米，它们所用的时间不一样。

归纳学生看法：看来，速度不仅和路程有关系，还和时间有关系。只用长度米、千米作单位还不能准确地表示出物体的速度，还需要加上时间单位。

课件出示：用"千米/时"覆盖原来的飞机速度"千米"。

提问：观察一下，这个单位和原来的单位有什么不同？你们知道怎么读吗？

归纳：没错。速度单位中的这个小斜杠读作"每"，整个单位就读作：千米每时。那么"700 千米/时"是什么意思呢？

学生解释后，教师提问：飞船、地铁的速度单位又该怎样表示？写一写。

教师展示后小结：你们真棒！速度不仅和路程有关，还和时间有关，所以速度单位就由路程和时间单位组合而成。使用这样的单位，速度的含义就更清晰了。

板书：千米/时、千米/分、米/秒。

三、检测反馈，巩固拓展

1.基础练习

（1）教材第 53 页"做一做"第 2 题。

（2）写出下列各项的速度。

①跑得最快的动物是非洲猎豹，它的最高速度可达到每小时 113 千米，表示为（　　）。

②声音的传播速度大约是每秒钟 340 米，表示为（　　）。

③光的传播速度大约是每秒钟 30 万千米，表示为（　　）。

学生独立完成，汇报交流。

知识拓展：下雨天，打雷和闪电是同时发生的，可我们总是先看到闪电，过一会儿才能听到雷声。你能借助今天学习到的知识解释其中的道理吗?

2. 综合练习

(出示图片)根据指示牌上的信息,解决公路上的数学问题。

(1)一辆长途客车的速度是50千米/时,3小时后可以到达梧州吗?

(2)一辆面包车看到路牌后,2小时就到达了桂林,它的速度是多少?

(3)假如这条公路对大货车的限速为70千米/时,一辆大货车3小时后到达柳州,它超速了吗?请列式说明。

学生独立完成。

提问:在驾驶过程中是不是越快越好呢?

课件播放"安全驾驶"警示视频,进行安全教育。

四、全课总结,布置作业

1. 回顾总结

今天同学们研究了什么?是怎么研究的?有什么收获?

2. 比较关联

对比前面学习的单价、数量、总价的数量关系,两者有什么相同点和不同点?

归纳:都是有关乘法的关系,都可以从一个乘法关系推出另外两条除法关系。

3. 课后实践作业

了解并收集一些交通工具或动物等的速度,根据收集到的速度提出2~3个数学问题并解答。

五、板书设计

速度、时间和路程——数量关系

第四节 **小学数学"图形与几何"教材分析与教学设计案例**

"认识公顷"教学设计

教学内容:人教版《数学》四年级上册第34页例1。

边长是100米的正方形的面积是1公顷。

1公顷 = 10000平方米

教材分析："认识公顷"这一内容属于图形与几何领域中"图形的认识与测量"主题，是有关面积单位的教学内容。学习公顷有助于学生进一步丰富有关面积测量的知识、经验，感悟测量本质，发展量感、推理意识和应用意识等核心素养。基于学生认知发展的规律和水平，人教版小学数学教材中有关面积单位的教学分两个阶段编排，第一阶段是在三年级下册第五单元"面积"中认识三个基本的面积单位"平方厘米、平方分米、平方米"，第二阶段是在四年级上册第二单元认识较大的土地面积单位"公顷和平方千米"，分段式的编排有利于学生循序渐进地学习和内化。在具体内容的编排上，教材选取了"鸟巢的占地面积"和"400米跑道围起来的部分面积"作为"认识公顷"一课的学习素材，并按"给出定义—推理进率—建立表象"的层次安排教学活动。教学要注意结合具体场景帮助学生体会面积单位的实际大小，实现对概念本质的理解。

学情分析：关于面积单位的学习，学生在三年级时已积累了一定的知识和测量经验，已经认识了面积和常用面积单位平方米、平方分米、平方厘米，知道相邻的两个面积单位之间的进率是100，并能进行简单的换算，这些知识经验将成为学生学习公顷的良好基础。但由于公顷是较大的面积单位，生活中大部分学生没有"目睹"过，也未曾"耳闻"过，缺少对公顷的直观体验和感受，因此建立公顷表象对学生来说有一定的困难。

设计思路：测量单位的教学不能只满足于学生记住概念，还要求学生理解其实质，建立单位表象，发展量感等核心素养。同时，《义务教育数学课程标准（2022年版）》强调凸显教学内容的一致性，促进学生感悟知识关联，形成结构化的认知。因此，本课教学通过选取校园和社区等真实场景创设情境，设计有挑战性的学习任务，促进学生在多样化的数学活动中深度学习，创造新单位，实现知识迁移；并依托学生熟知的校园、广场、小区、公园等具体场景和材料实现抽象概念的具体化、形象化，使原本看不到、摸不着的"公顷"变得可视可感，促使学生对"量"产生真实而深刻的感受，形成量的大小与实物的对应关系，切实培育和发展学生的数学核心素养。

教学目标：

（1）结合具体场景和面积单位的创造、体验活动并理解公顷的含义，建立1公顷的表象，知道1公顷=10000平方米，能进行简单的单位换算。

（2）在"描一描""走一走""算一算""比一比""量一量"等活动中经历想象、创造、概括、推理、比较等数学思维过程，感悟知识关联，发展量感、推理意识和应用意识。

（3）积极参与面积单位的创造和体验活动，体会面积单位学习的价值，培养大胆想象、独立思考、交流质疑的学习态度。

教学重点：认识公顷，知道1公顷=10000平方米。

教学难点：建立1公顷的表象。

教学过程：

一、回顾旧知，固牢经验

回顾：还记得刚开始学习面积的时候，我们是怎么测量面积的吗？

提炼数学观念：没错，我们会用一些小图形，比如正方形，用它们的面积作为单位去测量更大的面积。也就是用"小面"去量"大面"。

回忆：同学们学过哪些面积单位？分别有多大？

二、创造单位，实现迁移

1.创设情境，制造冲突

课件出示南宁南湖公园图片。

提问：如果还用原来学过的单位表示南湖的面积，你觉得会怎样？

回应并提出任务：是的，用这些小单位去量这么大的南湖太不方便了。测量比较大的面积时需要更大的单位。那更大的面积单位有哪些呢？你们能不能自己创造一个？

2.创造单位，建构概念

教师出示任务单，学生尝试完成任务。

选取作品，展示交流。

预设：学生创造边长为2米、5米、10米、100米、1000米……的面积单位。

评价并追问：太有创造力了！能给自己创造的面积单位取个名字吗？

预设：平方二米、平方十米、平方百米、

任务一：创造新的面积单位

请用画图和文字的形式表示出你创造的新单位。

画一画：

写一写：_____

平方千米……

评价：根据学过的面积单位，同学们不但创造了新单位，还给他们取了名字，很棒。同学们创造的面积单位中，有一些就是人们常用的面积单位。

课件出示常用面积单位表：

常用面积单位		
名称	符号	定义
平方厘米	cm²	边长是 1 厘米的正方形
平方分米	dm²	边长是 1 分米的正方形
平方米	m²	边长是 1 米的正方形
平方十米		边长是 10 米的正方形
平方百米（公顷）		边长是 100 米的正方形
平方千米	km²	边长是 1000 米的正方形

提问：有没有发现，有一个单位又叫公顷，是哪一个？

教师：没错。平方百米又叫公顷，说一说公顷是一个怎样的面积单位。

揭示、板书概念：边长 100 米的正方形，其面积就是 1 公顷。

三、多维体验，建立表象

1.公顷大搜索——校园里的"公顷"

（1）出示校园卫星航拍图和平面图。

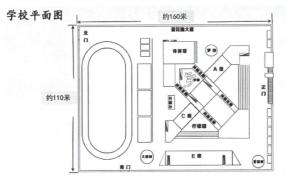

猜一猜：校园的面积比 1 公顷大还是比 1 公顷小？

教师：学生猜测后，平面图显示校园"长约 160 米""宽约 110 米"。

结合数据说说谁猜得比较准，为什么？

（2）描一描：在校园平面图上圈出 1 公顷的范围。

选取典型作品，互动交流：哪些同学圈的更接近 1 公顷？怎么判断的？

（3）走一走：播放视频，跟随镜头在校园里体会 1 公顷有多大。

（4）围一围：课件出示课前 28 位同学手拉手围成的边长为 10 米的正方形的照片，想一想多少个这样的正方形合起来是 1 公顷？

（5）算一算。

情境一：同学们做早操，如果 1 平方米站 1 个人，1 公顷里面一共能站多少人？这说明公顷和平方米有什么关系？

学生讨论、计算，交流讨论。

小结、板书：1 公顷 =10000 平方米。

情境二：学校足球场约为 5000 平方米，多少个学校足球场的面积和约为 1 公顷？

情境三：我们所在的多媒体教室约为 250 平方米，多少个多媒体教室的面积和约为 1 公顷？

2. 公顷大搜索——社区中的"公顷"

（1）呈现学校所在街道的航拍图

猜一猜：学校周围的滨湖家园、富丽华庭、公路局等，谁的面积约是 1 公顷？

追问：那么公路局大约有几公顷？怎么判断？

预设：学生用 1 公顷的面积去比、量，大约是 2 公顷。

归纳：同学们采用了"小面"量"大面"的方法。把 1 公顷作为单位去量，有几个 1 公顷就是几公顷，好方法！

（2）呈现金湖广场及其周边的航拍图，推测金湖广场、民歌湖景区的面积大约是几公顷。

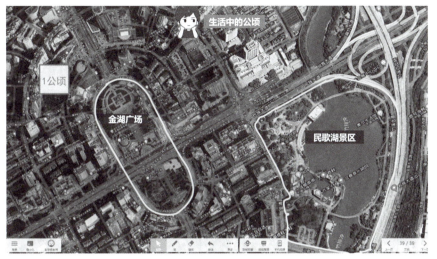

组织交流，适时评价：同学们发现用 1 公顷去估计民歌湖景区的面积还是不方便，就想到了用金湖广场作为"小面"去量，灵活选择单位，太棒啦！

四、巩固应用，拓展延伸

教师：跟着地图，继续了解我们的家乡。

（1）出示场景图：算一算。

广西民族博物馆占地面积约为 90000 平方米，约（   ）公顷。

广西体育中心建筑面积约为 51 公顷，约（   ）平方米。

南湖湖面面积约为 930000 平方米，约（   ）公顷。

（2）出示地图和数据：青秀区面积大约是 86500 公顷，南宁市面积约为 2211200 公顷，广西面积约为 23760000 公顷。

提问：看到这些数据，你有什么感受？有什么建议？

归纳提炼：看来生活中还有更大的土地面积，测量这些面积需要用到比公顷还大的面积单位"平方千米"。下节课我们研究平方千米。

五、全课总结，提炼学法

组织交流：这节课中同学们是用哪些方法学习公顷的？有哪些收获？

六、板书设计

认识公顷

边长是 100 米的正方形，面积就是 1 公顷

1 公顷＝10000 平方米

100 米×100 米

100 米　1 公顷

第五节　小学数学"统计与概率"教材分析与教学设计案例

"折线统计图"教学设计

4-4课件

教学内容：人教版《数学》五年级下册第七单元第一课时"折线统计图"。

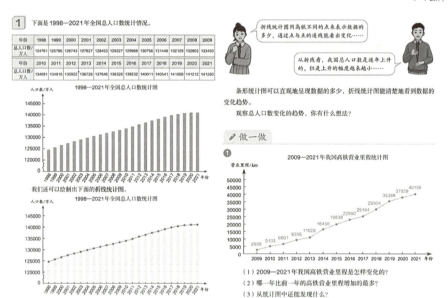

教材分析：折线统计图是人教版《数学》五年级下册第七单元的内容，在本单元之前教材已安排了简单的数据收集和整理、单式复式统计表以及条形统计图等统计与概率领域的课程内容。在此基础上，教材安排折线统计图知识，帮助学生了解折线统计图的特点，使学生能根据折线的整体变化情况对数据进行简单的分析、判断和预测。和条形统计图相比，折线统计图不仅能刻画数量的多少，而且能直观地表达某一事物在一段时间里的发展变化情况，呈现事物的发展趋势。折线统计图的教学有利于学生进一步了解统计在现实生活中的意义和作用，有效培养其数据分析意识。

学情分析：在前面的学习中学生已经历过一些统计活动，初步掌握了数据收集整理的方法，认识了统计表和条形统计图，会用统计表和条形统计图表示统计结果，并能根据统计表和条形统计图解决简单的实际问题，具有一定的分析和概括能力。五年级学生的数据意识仍然较为薄弱，抽象思维能力有限，他们对于统计内容的学习需要依托丰富的现实素材，并借助新旧知识的对比联系，亲身参与统计活动，在简单的数据收集、整理、描述和分析过程中体会和感悟，发展数据意识。

设计思路：《义务教育数学课程标准（2022年版）》中提出"数据收集、整理与表达"要"在学习过程中，让学生初步感受现实生活中存在大量数据，其中蕴含着有价值的信息，利用统计图表和统计量可以呈现和刻画这些信息，形成初步的数据意识"。因此，如何在折线统计图的教学中发展学生的数据意识成为教学设计的核心追求。基于这样的思考，本课的教学设计力求选取丰富而典型的现实素材，创设真实的生活情境，引导学生在解决问题的过程中经历折线统计图的生成过程，在对比分析中认识折线统计图的特征和优势，在对数据的描述表达和预测决策中感悟折线统计图的应用价值，进一步体会统计的现实意义，发展数据意识。

教学目标：

（1）经历折线统计图的生成过程，在与条形统计图对比中认识折线统计图及其特征，能在方格图上绘制折线统计图。

（2）能读懂单式折线统计图中的信息和变化规律，能对图中的信息进行简单的分析、判断和预测，进一步发展数据意识。

（3）在现实情境和统计活动中体会折线统计图的广泛应用，进一步认识到统计的价值，发展应用意识。

教学重点： 认识折线统计图的特点及其优势，能读懂单式折线统计图，会在方格图中绘制折线统计图。

教学难点： 依据折线的变化趋势进行合理的判断、预测，能根据问题情境选择合适的统计图进行数据表达。

教学过程：

一、创设情境，揭题导新

1. 谈话引入

教师：（出示视频）这是春节期间广西各地的特色旅游活动。老师从中收集了一些有关旅游人数的数据，可以用什么方法对这些数据进行整理？

2. 组织交流

预设1：用统计表。

预设2：用条形统计图。

出示统计表和条形统计图：

数据整理

南宁市青秀山风景区（5A）春节期间游客人数统计表

年份	2012	2013	2014	2015	2016	2017
人数／万人	15.1	14.9	23.3	23.9	28.2	30.4

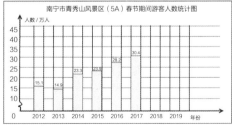

南宁市青秀山风景区（5A）春节期间游客人数统计图

● 笔记栏

二、观察变化，探索新知

1. 观察整体，探索特性

教师：青秀山风景区每年春节期间的游客人数都在不断变化。观察统计表和条形统计图，从 2012 年到 2017 年，它的变化情况是怎样的？ 2012 年到 2013 年的人数又是怎样变化的？能试着用手比画出人数的变化吗？

教师摆放小棒，提问：我们用小棒的一端表示 2012 年的人数，另一端表示 2013 年的人数，这样合适吗？

组织交流，然后请学生摆放小棒，表示 2013 年到 2017 年各年间的变化情况。

提问：现在青秀山风景区每年春节期间游客人数的变化情况，是不是更清晰了？从整体上来看呈什么样的变化趋势？

归纳、追问：同学们根据条形统计图摆出来一幅直观生动的小棒折线图，一段段的小棒展示出青秀山风景区每年春节期间游客人数的变化情况。如果我们要把这种变化画在统计图上，你觉得需要先做什么，再做什么？

归纳学生想法，同时课件演示：描点、连线。

提问：像这样用一段段折线的上升或下降表示数量的增减变化的统计图，你们见过吗？是什么统计图？

2. 观察趋势，作出判断

教师：根据折线统计图预测 2018 年和 2019 年春节期间青秀山风景区的游客人数大约是多少呢？说一说你的理由。

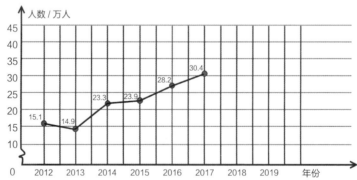

南宁市青秀山风景区（5A）春节期间游客人数统计图

同桌交流后全班汇报。

评价反馈：预测的数据和真实的数据，虽然有所差距，但是大家能够根据青秀山风景区 2012 年到 2017 年人数的变化趋势，推断出 2018 年和 2019 年的人数还是呈上升趋势，并给出数据，做到了有理有据地分析问题。

3. 比较异同，凸显优势

出示几个城市的春节期间游客人数统计表。提问：猜一猜老师会选择哪种统计图来表示这些数据呢？

教师：为什么我没有用折线统计图而选择条形统计图呢？

组织交流，适时追问：折线统计图和条形统计图各有什么特点？"2023 年春节期间广西各地市接待游客数量"适不适合用折线统计图表示？

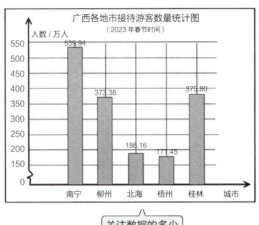

归纳小结：如果要表示数量的多和少，可选用条形统计图；如果重在表示同一组数量的增减变化情况，可选用折线统计图。在统计时我们应该根据实际需要选择合适的统计形式。

三、拓展延伸，强化认知

1. 分析体温记录折线统计图

出示不完整的体温记录折线统计图（不出示统计图名称和横纵轴，只出示折线）。

提问：老师带来了一幅不完整的折线统计图，它记录的内容是与你们的身体状况息息相关的。猜一猜它会是什么内容的折线统计图呢？你能得到什么信息？

学生猜测后，教师将统计图补充完整。

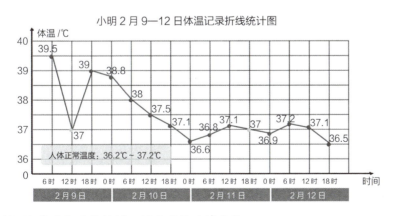

教师：试着用自己的话说一说小明的病情变化。

适时追问：在统计图里出现了两个 37℃，表示在这两个时间点小明的病情一样吗？

2. 知识拓展

出示"50 年放飞 300'星'"（我国 50 年间发射 300 颗卫星）的折线统计图。

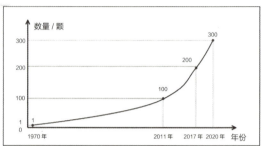

 你能预估一下，第 4 个 100 星需要几年完成吗？

教师：看到这个标题你想到了什么？

教师：预估一下第 4 个 100 星在何时完成呢？请说一说你的理由或想法吧。

四、全课总结

组织交流通过这节课的学习，你有什么收获？

五、板书设计

折线统计图

点：表示数量　　线：表示数量的增减变化

优势：能够直观看出数量的增减变化

第六节　小学数学"综合与实践"教材分析与教学设计案例

"货币小讲堂"教学设计

教学内容：人教版《数学》一年级下册第五单元第四课时"货币小讲堂"。

教材分析：《义务教育数学课程标准（2022 年版）》对课程内容结构进行了部分调整，进一步强调了综合与实践领域的课程内容，明确指出"综合与实践包括主题活动和项目学习等。第一、第二、第三学段主要采用主题式学习，第三学段可适当采用项目式学习"。本单元"认识人民币"是综合与实践领域的内容之一，并以"欢乐购物"为主题，旨在让学生在真实或模拟的情境中参与买卖活动。开展本主题活动有助于学生认识人民币，感受货币与货币、商品与货币之间的关系，培养学生合理消费的意识，初步培养其金融素养。

学情分析：在学习本单元之前，学生在生活中或多或少接触过人民币，部分学生还有用人民币购物的经验，但由于学生年龄的局限以及电子货币的广泛使用，学生对人民币的认识较有限。本节课是本单元的最后一个课时，学生在前面三节课中已经认识了元、角、分及它们之间的关系，并在模拟购物过程中尝试解决有关人民币的简单问题，积累了一些使用人民币的经验。本节课的重点是让学生回顾、反思和交流"买""卖"的过程，从中发现问题，修正问题，在巩固人民币知识的同时，总结和积累经验，并进一步拓展金融知识。

设计思路：《义务教育数学课程标准（2022 年版）》要求"在主题活动中，学生将面对现实的背景，从数学的角度发现并提出问题，综合运用数学和其他学科的知识与方法，分析并解决问题"。根据《标准》的相关理念和对课程内容的调整，本单元将采用综合与实践课的形式进行教学，主要课时安排如下：

课时安排	学习内容	学习目标
第一课时	认识人民币	1. 认识人民币，能进行简单的单位换算。 2. 经历观察、分类、整理、兑换、购物等活动，初步形成对货币多少的量感，感受兑换的等价原则。 3. 在活动中感受人民币的意义，树立正确的消费观、价值观
第二课时	筹备购物街	1. 在筹备购物街的过程中，初步了解团队的组建与分工。 2. 在模拟购物中，进一步掌握人民币各单位之间的换算，初步进行货币的简单计算，感受付钱策略的多样性。 3. 感受货币与商品之间的关系，培养学生勤俭节约的意识
第三课时	欢乐购物	1. 亲历购物活动，与同伴合作，应用人民币的知识，解决定价、付钱、找钱等简单的实际问题。 2. 积极投入购物活动，体会买家和卖家两种不同的角色，进一步感受货币与商品之间的关系，积累使用货币的经验，发展应用意识和解决问题的能力。 3. 在购物活动中能清晰表达和交流信息，提升语言表达能力
第四课时	货币小讲堂	1. 回顾、反思并述说购物的过程，初步尝试自评与互评，融入销售职业体验，初步发展金融素养和应用意识。 2. 结合"探秘货币"活动，拓展金融知识，初步发展财商和信息素养

从本单元的课时安排来看，本课的主要教学内容包括两个方面：一是组织学生对"欢乐购物"活动进行交流和反思，进一步巩固学生对元、角、分的认识，以及人民币的换算和简单计算，渗透职业教育；二是引导学生查阅资料，拓展金融知识。例如，了解中国古代货币知识、人民币真伪的辨别、人民币图案的故事……适时渗透金融素养。

学习目标：

（1）在对"欢乐购物"活动的展示与回顾、交流与反思中，进一步巩固人民币相关知识，初步尝试自评与互评，融入销售职业体验，初步发展金融素养和应用意识。

（2）结合"探秘货币"活动，拓展金融知识，初步发展财商和信息素养。

教学重点：能够对购物活动进行有序回顾、展示、交流与反思，了解基础的金融知识。

教学难点：能对购物活动进行恰当的反思，及时发现问题、修正问题。

教具、学具的准备：学习任务单、课件等。

教学过程：

一、分享购物的过程

提问：上节课，我们进行了快乐购物，谁愿意拿着你的购物清单和大家一起分享购物过程呢？

1.展示交流——"购物小达人"学习任务单

购物小达人

班级：　　　　　　　　姓名：

一、记一记，完成你的购物清单

购买的商品	价格	我付钱的方式	找回的钱
例1：1张动漫卡	8角	一张5角，3张1角	不用找钱
例2：一个苹果	3元5角	一张5元	列式：5元－3元5角＝1元5角

二、说一说

1.购物的过程中，你遇到了什么问题？你是怎么解决的？

2.关于购买商品，你有什么心得？

组织学生互动。

教师：听了这位同学的汇报，你有什么要说的或者要问的吗？

2. 辨析修正——选取、呈现含有人民币知识应用错误的案例让学生讨论交流

提问：仔细观察这位同学的购物清单，你发现了什么？有什么建议？

学生交流，揭示问题，并改正错误。

小组互相检查购物清单：比一比，谁是正确应用人民币知识解决问题的小达人。

适时追问：在交流和检查中，你们发现了什么问题？怎么解决？

3.购物分享——购物过程中用到了哪些数学知识和购物小技巧

预设：比较价格，注意质量，按需购买……

教师小结，适时渗透理性消费的意识和理财观念。

二、分享销售的过程

教师：刚才大家分享了很多购物的小技巧，现在我们要评选出"最佳销售小组"。哪一个小组觉得自己卖出的物品最多，请上台展示一下你们的销售清单。

1.展示交流——"销售小达人"学习任务单

笔记栏

销售小达人

班级：　　　　　　　姓名：

一、组建团队，合理分工

组员	
分工	1.（　　　　　　　）：负责收集商品，确定价格。 2.（　　　　　　　）：负责制作广告，推销商品。 3.（　　　　　　　）：负责买卖商品，收钱找钱。 4.（　　　　　　　）：负责记录数据，核算收入。

二、记一记，完成小组的销售清单

我们的商品	定价	收款方式	找回的钱（列式计算）
总收入（列式计算）			

三、说一说

1.销售的过程中，你们遇到了什么问题？你们是怎么解决的？

2.你们有什么吸引顾客的好办法吗？

追问：听了这个小组的汇报，你有什么发现？

2. 销售分享

比一比：哪一个小组销售额最高？

说一说：你们小组有什么销售小妙招？

引导学生从合理定价、商品展示介绍、了解客人需要等方面进行交流。

选取并出示典型的任务单，适时追问：老师发现同一类商品，不同小组的定价有比较大的差别，你们觉得哪个小组的定价比较合理？

教师适时进行销售职业体验和金融素养的渗透。

三、拓展延伸

教师：生活中，我们的衣食住行都离不开人民币，关于人民币你们还知道哪些知识呢？谁愿意和大家分享你的研究呢？

学生分享"探秘货币"学习任务单。

探秘货币

生活中，我们的衣食住行都离不开人民币。

1.关于人民币你还知道哪些有趣的知识或者故事呢？写一写，剪一剪，贴一贴。

2.关于人民币你还想了解什么呢？试着收集同学们有关人民币的问题。

我还知道	
我收集的问题	

追问：通过他的分享，你知道了哪些有趣的人民币知识呢？

预设：中国古代货币的知识、人民币真伪的辨别、人民币图案的故事……

四、自我认同

教师：在活动中，同学们不仅认识了人民币，还学会了应用人民币的计算解决买卖中的问题。那么在本单元的学习中你的表现如何？请在评价表上给自己和小组同学的表现评分吧。

评价项目	我的表现	小组评价
1. 认识人民币，能进行简单的换算	☆ ☆ ☆ ☆ ☆	☆ ☆ ☆ ☆ ☆
2. 能主动参与购物活动，乐于合作，认真完成自己的任务	☆ ☆ ☆ ☆ ☆	☆ ☆ ☆ ☆ ☆
3. 遇到问题，能积极思考或寻求帮助，以解决问题	☆ ☆ ☆ ☆ ☆	☆ ☆ ☆ ☆ ☆
4. 能成功购买一件以上商品	☆ ☆ ☆ ☆ ☆	☆ ☆ ☆ ☆ ☆
5. 能成功卖出一件以上商品	☆ ☆ ☆ ☆ ☆	☆ ☆ ☆ ☆ ☆
6. 善于总结购物和销售的小技巧，并乐于分享	☆ ☆ ☆ ☆ ☆	☆ ☆ ☆ ☆ ☆
7. 活动中能主动帮助同学解决问题	☆ ☆ ☆ ☆ ☆	☆ ☆ ☆ ☆ ☆

◎思考与练习：

1. 什么是小学数学教学设计？

2. 不同课型、不同知识领域的教学设计有何不同？

第五章

小学数学教学实施

▶ 学习目标：

1.了解并掌握数学语言，能自觉开展数学语言的学习。

2.了解数学预设与生成的关系，学会正确处理预设外生成。

3.掌握数学说课的意义、方式及主要内容。

▶ 教前准备：

1.优秀小学数学教学视频片段（规范语言类）。

2."数与代数""图形与几何""统计与概率""综合与实践"说课稿各一份。

▶ 学前准备：

学习教育学、心理学、小学数学基础理论等相关知识。

　　小学数学教学实施的成功与否直接关系到教学质量的好坏。那么，教师在课堂上如何顺利、有效地开展教育教学活动呢？关键在于把握好小学数学课堂教学语言、教学预设和生成，以及教师说课，而这些是小学数学课堂教学实施的重要组成部分。

第一节　小学数学课堂语言

一、小学数学课堂语言的内涵

　　《标准》对数学课程要培养的学生核心素养作了明确规定，主要包括"会用数学的眼光观察现实世界、会用数学的思维思考现实世界、会用数学的语言表达现实世界"。可见数学语言的培养必须从儿童开始。

　　著名教育家苏霍姆林斯基指出："教师的语言是一种什么也代替不了的影响学生心灵的工具，教学的艺术首先是说话的艺术。"著名教育家马卡连柯也曾说过："同样的教学方法，因为语言不同，就可能相差二十倍。"由此可见，教师课堂语言的表达方式和质量直接影响着学生对知识的接受程度。实际上学生对教师的认同感，最初是从教师语言的吸引力开始的。

　　数学课堂教学语言具有数学学科专业语言和自然语言的双重性。小学数学教师的语言只有做到数学学科专业语言与自然语言的有机结合、书面表达与口头语言的有机结合，才能获得最佳的教学效果。小学数学课堂教学语言具有以下特点。

（一）规范性

数学课堂教学语言的规范性体现在数学教学语言的准确、严密、精练方面。数学教学内容是严谨的，这就要求教师在用词表达上准确贴切、不含糊、不模棱两可，经得起逻辑的推敲。在保证科学准确的基础上力求精练，体现出数学学科简约性的特点。数学中的基本概念、性质、法则、结论等都需要用准确、严谨、简练的数学语言表达，使其符合本学科的科学性。

例如，小数的基本性质"小数的末尾添上或去掉零，小数的大小不变"，若将"添上"和"去掉"改成"加上"和"减去"就缺乏规范性。

小学数学中有些内容，由于考虑到小学生所掌握知识的局限性，不能完全按照科学定义来表述。教学中教师必须考虑学生知识发展的阶段性特点，注意语言表达准确。

例如，在"轴对称图形"教学中说"长方形是轴对称图形，平行四边形不是轴对称图形"就不准确。因为有些平行四边形是轴对称图形，有些平行四边形不是轴对称图形。

（二）逻辑性

数学学科具有高度的抽象性，因此，数学教师在课堂教学中必须做到用词准确，所表述的概念明晰，表述合乎逻辑，论证简洁有力。也就是说，在运用概念、作判断、进行推理时必须遵守同一律、矛盾律、排中律和充足理由律。

例如，有些教师在指导学生画图时说"这两条平行线画得不够平行""这个直角没画成 90 度"等，这些语言表述的逻辑都不够严谨，前后矛盾。

又如，有些教师说："所有的无理数都是无限不循环小数，所有的无限不循环小数都是小数，所有的小数都是十进分数，所有的十进分数都是分数，所有的分数都是有理数，因此，所有的无理数都是有理数。"这样的说法存在偷换概念的错误。因为在"所有的无限不循环小数都是小数"与"所有的小数都是十进分数"里，"小数"一词实质上表示两个不同的概念，前者指"无限小数"，后者指"有限小数"。

教师的课堂教学语言还要把握好分寸，要确保所表达对象之间的关系是符合逻辑的，所表达对象是准确的。

（三）启发性

教师的课堂教学语言是为学生学习服务的。在抽象的数学知识和系统的推理过程中，教师的教学语言要富有启发性，通过富有启发性的教学语言，有效地激发学生的好奇心和求知欲，鼓励学生主动思考、积极探索数学问题，以培养其数学思维。

在教学过程中，要变学生被动地接收信息为主动地获取知识，这就要求教师启发学生通过看、想、做、讲等认识活动来掌握数学基本知识。因此，教师只有善于用启发性语言，才有利于学生积极主动地探索数学知识。

例如，教师教"圆的周长"一节时，拿出一枚 1 元硬币，问学生"你能计算出它的周长吗？"学生回答："能量出它的周长。"（因学生还未学计算圆的周长的方法）"用什么方法量？怎样量？"学生合作探索，老师进行启发。"用皮尺绕一周。""还能用什么量？""先用绳子绕一周，然后用皮尺量绳子长度。""还可以用什么方法量呢？""在桌上沿直线滚圈，然后量桌上滚动一圈的长度。"教师在充分肯定学生的做法、想法的同时，接着问，"如果给你们一个非常大的圆，还能这样量出周长吗？有没有更简单的方法来计算圆的周长呢？"老师做实验得出：圆的周长和它的直径关系密切，圆的周长总是它直径的 3 倍多一些，在 3.1415926 至 3.1415927 之间，这个数是个固定的数，叫圆周率。教师可以再让学生思考：只要知道什么，就能求出圆的周长？在这个例子中，教师采用了一系列启发性提问，不断点燃学生思维的火花，调动学生学习的积极性，使学生自主学习知识。

（四）生动性

针对数学严谨性的特点，教师的课堂教学语言必须考虑直观性与抽象性、通俗性与严谨性的关系，同时还要根据学生的年龄和心理特点，运用生动、形象的语言深入浅出地表达，使抽象的知识形象化，枯燥的内容趣味化，深刻的道理通俗化，复杂的问题简洁化，以激发学生的学习兴趣，唤起学生的好奇心和想象力。

教师的课堂教学语言可以把口头语言与图像语言相结合，使学生综合运用听觉与视觉，更有效地接收信息，更高效地形成知识体系。例如，在"认识公倍数"教学中，教师用数学语言介绍公因数、公倍数概念时，可以借助集合图，这样学生就比较容易理解。

教师可以运用具体生动的事例来帮助学生理解抽象的知识。例如，在"认识方位"教学中，除借助日出、日落等自然现象使学生认识东、南、西、北等方位外，还可根据"几小时方向"让学生辨别方位。

此外，教师还可以借助表情与手势增强语言的生动性。例如，如"行程问题"教学中，教师可以通过手势把行程问题中的路程、速度、时间的数量关系表述清楚，从而达到解决问题的目的。

二、小学数学课堂语言的类型

（一）口头教学语言

口头教学语言又叫教学自然语言，是指教师在课堂教学中为了完成教学任务而使用的口头语言。一般要求小学数学教师能清晰准确、简洁明了、具体生动地表达，其口语的语调、频率、节奏等都要与特定情境及所教学生相适应。

教师运用口头教学语言时要注意控制好语音、语速、音量及语调。语言是以声音的形式传递和被感知的，因此对小学数学教师的语音的基本要求是规范、清晰、标准。

语速是指讲话的平均速度。语速过快或过慢都会影响学生的听课效果。教师在小学数学课堂上的语速以每分钟 180 至 200 字为宜，在小学低年级数学课堂上的语速可以适当慢一些。讲解重难点内容和容易混淆的内容时也应放慢语速。

音量是指语言的音强，它是由发声时的能量大小决定的。教学中，教师的音量要适宜，使学生听得真切、清楚。教师的音量过大，学生反而听不清楚，还容易造成听觉疲劳。一般来说，以最后一排学生能听清楚，第一排学生又不会感到震耳为标准。音量的大小与教师平时的讲话习惯有关，也与系统的训练有关。小学数学教师要及时了解自己的音量，做好调整，争取达到理想的声音效果。

教师的语调在教学过程中发挥着重要作用。研究表明，用低沉、稳健的语调讲授，比用高亢、煽动性的语调讲授效果更好。

教师运用教学语言时还要注意控制好自己的"口头禅"。口头禅过多，往往会分散学生的注意力，破坏数学语言的连贯性和流畅性，浪费课堂的有限时间，影响学生的学习进程。

（二）体态教学语言

体态教学语言是指教师通过身体部位的活动，利用课堂教学时的体态变化来传递信息的无声的语言。一般包括面部表情语言、身体姿态语言、手势语言等。教师的体态语言在教学中起着传递信息、表达思想、交流情感的作用，是一种直观的教学手段。

美国心理学家艾伯特·梅拉比安在《怎样识别形体语言》一文中引用了公式"信息总效果=7%的文字+38%的音调+55%的面部表情和动作"。由此可见，教师体态语言会直接影响教学效果，良好的体态语言是教师教学的必备素质。

教师体态语言能生动、形象、鲜明地揭示概念的本质属性，描述抽象的数量关系特征，能更好地吸引学生的注意力，提高学生的学习兴趣。教师将抽象的数学概念与直观的体态语言结合起来，能加深学生对新知识的印象，便于学生理解与记忆。

运用体态语言，一般要注意下列三个原则。

（1）师生共意原则：让学生充分、精确地理解。

（2）程度控制原则：采用适当的幅度、力度和频率。

（3）和谐统一原则：各种体态与动作和谐统一，体态语言与有声语言、课堂环境协调一致。

用好体态语言，可以辅助有声语言表达，弥补有声语言的不足；也可以代替有声语言表达，增强表达效果。在教学中，教师要做到体态动作大方、优美、得体，并与教学内容、口头教学语言、师生情感相互协调。

例如，低年级学生学习"求和问题"时，教师采用较夸张的手势，两只手分别比画出两部分，再做合起来的动作，即把两只手从两端向中间合拢，意为求和，并边比画边说："把这一部分和这一部分合起来，就是它们的总数了。合起来就是加起来，所以求和问题用加法解答。"学生从这个过程中就理解了求和用加法的含义。

再如，"面积概念"教学中，定义"物体的表面或围成的图形表面的大小，叫作它们的面积"较抽象，学生难以理解。这时教师可以举起手掌与课桌桌面相叠进行演示，并追问是手掌表面大，还是桌子表面大，从而揭示面积的根本属性"面积是一个量，可进行大小的比较"，进一步渗透"全量大于部分"的面积公理。

第二节　小学数学教学预设与生成

一、精心设计预设

教学预设就是教师在课前对教学目标、过程、方法的清晰理性的思考和预设。教师在上课之前必须充分考虑学生的各种因素，对可能出现的情况进行估计和通盘考虑。如学生原有的学习基础怎么样？他们的认知起点在哪？课堂学习的目标是什么？要达到目标应采取哪些教学方法？选择哪些学习内容或活动形式？学生在学习过程中可能出现什么表现或反应？可能遇到哪些困难？有多少学生能跟上老师的教学节奏？等等。

布卢姆说过："人们无法预料教学所产生的成果的全部范围，没有预料不到的成果，教学也就不成为一种艺术了。"学生在知识的建构过程中，会有一些认识上的偏差，教师在课堂上应千方百计地通过学生的数学语言表达思维过程，特别是应对这一过程中发生的错误加以分析和引导，不能简单地纠正了事。

有了课前充分的预设，才能较好地保障学生有效地完成学习任务，达成教学目标。往往教学预设越充分，教学开展越顺利，教学目标的达成度越高。

二、正确对待预设与生成

教学活动的目的性决定了教学预设的必要性，教学活动的动态性决定了教学生成的必然性。教学预设体现教学的计划性和封闭性，教学生成体现教学的动态性和开放性。教学预设重视的是显性的、结果性的、共性的目标；教学生成关注隐性的、过程性的、个性化的目标。预设是生成的前提，生成是对预设的补充和超越。

教学生成一般分为两类：一类是教师在教学设计时已经预料到的情况，叫作预设内生成；另一类是教师在教学设计时未能预料到的情况，叫作预设外生成。教学生成具有过程性、超越性和互动性三大基本特性。

笔记栏

在小学数学教学过程中，由于小学生个体具有多样性，常常会发生与教师原来预设不一样的情况，这是难得的课堂生成资源，这是学生主动投入学习的积极表现，教师必须加以重视、合理利用。预设与生成是教学中的矛盾统一体，预设体现了教师的教学行为，生成体现了学生的学习状况。生成的质量在某种程度上依赖于预设的质量，巧妙且有创意的预设能与生成相辅相成，使得课堂亮点突出。教师要预设学生想到的，甚至是学生没有想到或者根本不会想到的，没有预设的生成往往是盲目的，而没有生成的预设往往是低效的。也就是说，教学过程存在变化，一个有生命力的课堂总会在动态中有所生成。而这种生成，常常是我们意想不到的，常常是对原有认知的超越，也常常是师生积极互动、交流与相互作用的结果，主要由学生的认知发展特点和教学活动所决定。

教学方案是教师对教学过程的预设，它的形成依赖于教师对学生的了解、对教材的理解和再创造。对于预设内生成，教师是有所准备的，但不论预设如何周密，在教学方案的实施过程中，往往会生成一些新的教学资源或出现课堂偶发事件，这就要求教师及时把握、因势利导，灵活处理课堂上各种预设外生成事件或偶发事件，使教学过程得以顺利进行，这是教师教学能力的一种表现。

在处理预设外生成时要根据具体情况采取不同的应对策略。

1. 辨明真伪，适时引导

学生在课堂上的生成往往是即刻的、情境中的、偶然性的、稍纵即逝的，往往不是教师事先能够想到的，甚至让教师来不及细细思索。这些教育时机，教师如果不能很好地把握，而一味机械地执行教案，将学生的思维活动限制、束缚在一个个周密详尽的教学环节中，使学生被动配合老师完成指令，没有让学生自己提出问题或发现问题。这样的课堂教学看起来顺利和圆满，其实是低效的。

教师只要真正做到以学生为本，时刻关注学生的学习状态，关注那些看似另类的个别学生，保持冷静，积蓄教育智慧，辨别那些看似另类的回答的真伪或背后隐藏的问题，就很可能将这些问题变成新的教学资源，把原先可能成为病点的问题转化为教学的亮点，得到意外的收获。

2. 借题发挥，及时收获

针对学生出乎意料的问答、教师编错题或解错题等偶发事件，教师可采取共同探究、相互切磋的办法。这不但可以使学生积极思考，师生相互启发，还能为教师赢得思考的时间。

"正比例关系的认识"教学片段

教师：同学们，你们有没有做过绕口令的游戏？有这样一个绕口令，第一句是"一只青蛙，一张嘴，两只眼睛，四条腿"，谁能来接下面一句。

学生1：两只青蛙，两张嘴，四只眼睛，八条腿。

学生2：三只青蛙，三张嘴，三只眼睛，十二条腿。

学生笑：错了，错了。

教师：为什么错了？

学生：应该是六只眼睛。

教师：对，如果让同学们再说下去，能说得完吗？

教师：现在老师告诉你青蛙有三十六条腿，你能猜出青蛙有几只吗？

学生（略加思考）：九只青蛙。

教师：你是怎样得出九只的呢？

学生：36÷4=9。

教师：为什么要除以4？

学生：因为每一只青蛙都有四条腿，这个数是不变的，所以要除以4。

教师：说得好，现在请同学们把这个表填好。

青蛙只数	1	2		5			8	……
青蛙腿数	4		12		24	36		……

（学生填完后）

教师：你们发现了什么？

学生1：青蛙的腿数总是青蛙只数的4倍。

学生2：青蛙的只数变了，青蛙的腿数也变了。

学生3：我补充一点，青蛙的只数变多，青蛙的腿数也变多；青蛙的只数变少，腿数也随之变少。

教师：同学们观察得很仔细，善于发现规律，真了不起！现在哪位同学把刚才说的总结一下？

学生：青蛙的只数变多，青蛙的腿数也变多，青蛙的腿数总是青蛙只数的4倍。

教师：说得好！你把我们今天要学的知识说出来了，这就是我们今天要研究的正比例关系。（板书：正比例关系）现在我们就来进一步研究正比例关系。

3.顺应学情，机智应变

针对学生情绪异常、教师操作或讲解失误以及外来因素的干扰等偶发事件，教师可采取比喻、夸张、双关、模拟等手段，用风趣幽默的语言化解，使课堂氛围恢复如常。

"角的初步认识"教学片段

为了使学生对角的概念有更好的认识，教师安排了学生在黑板上进行画角练习，学生利用三角板画角，但由于三角板略有磨损，学生随便沿两边画出角的交点，致使学生画的角的顶点不明显（不尖），边不直，画出的角很不规范；另一个学生利用三角板画角也出现了类似的情况，把角的顶点部分画成弧线。

教师及时利用生成的教学资源，指出要根据角的特征画角，顶点要画尖，角的两边要画直。这样学生对角的认识得到了进一步的深化。

针对教学失误、小动物跑进教室等偶发事件，教师可围绕教学目标和教学内容，把其中的情境材料很自然地引到教学中，使学生的注意力从偶发事件中自然地转到学习上来。

"0的认识"教学片段

王老师刚到教室门，看见几个学生在追赶飞进教室的两只蝴蝶。看到这一乱糟糟的场面，王老师觉得不宜马上讲课。她让学生打开窗户，与学生一起慢慢把蝴蝶赶出教室，然后走上讲台。

王老师："刚才我们赶走了几只蝴蝶？"

学生齐答："两只。"

王老师：如果用一个数表示，该用哪个数？

学生：用"2"来表示。

王老师：对。现在教室里还有几只蝴蝶？

学生：没有了。

王老师：那又该用哪些数来表示呢？这里我们就用"0"来表示。（板书：0的认识。并开始教新课）

本堂课王老师顺水推舟，不仅使教学顺利进行，而且激发了学生学习的兴趣。

针对学生突然提出的与教学无关的问题，或所提的问题当堂解决必定影响预定教学任务的完成时，教师可采取延缓的方法，在课堂上酌情予以简要解答，课后再深入研究，能有效避免节外生枝。

"多边形内角和"教学片段

教师：已知三角形的内角和是180°，谁能想出四边形的内角和是多少度吗？

学生：连接四边形的一条对角线，把四边形分成两个三角形，从而求出四边形的内角和是$180° \times 2 = 360°$。

教师：那么五边形的内角和是多少度呢？

学生1：连接五边形的两条对角线，把五边形分成三个三角形，从而求出五边形的内角和是$180° \times 3 = 540°$。

但学生2"节外生枝"：在五边形内找一个点，分别连接五边形的五个顶点，把五边形分成了五个三角形，分析五边形的内角和应是$180° \times 5 = 900°$，但这900°里面包含了一个圆周角360°，所以应该减去它，可得到五边形的内角和是$180° \times 5 - 360° = 540°$。

这是教师没有想到的，此时教师应充分利用课堂生成的资源训练学生的思维，使本节课得到升华。

如果出现教学上的失误，学生发现了而教师自己一时找不着失误点时，教师可以采取角色换位的办法，帮助自己走出困境。

第三节 小学数学教学说课

一、说课概述

说课是在备课的基础上，面对同行或专家领导，在规定的时间内，针对具体课题，采用讲述为主的方式，系统地分析教材和学生，并阐述自己的教学设想和理论依据，然后由同行评析，达到共同提高的目的。通俗地说，说课就是要说清某一课题教什么，怎么教，以及为什么这样教。它是教师的一项基本功。

随着越来越多的用人单位将说课作为教师招聘面试的一种形式，说课已逐渐成为师范生求职时的一项必备技能。说课其实也是一种集体备课的形式，是为了提高课堂教学效率，教师之间进行的思想的碰撞、智慧的交流。说课活动融教育学、心理学、教学论等教育理论于"一体"，集普通话、粉笔字、简笔画、教具学具、信息技术等多项教学基本功于"一身"，兼备课、试教、上课、评价等多种教学步骤于"一环"，提高教师教研积极性、促进教师成长的一种有效方式。

通过说课，教师能高效地把握教材，预设学习中的各种教学事件，反馈教学中的得失，选择适宜的教学方法，提高课堂教学效率，促进教学研究、互相交流、共同提高。说课主要有以下作用。

1. 可以促进教学质量的提高

由于说课既要说教什么，又要说为什么这样教，因此，教师必须全面深入地分析教学活动的目标、内容、材料、方式方法、效果等因素的内在联系，并根据一定的教学理论进一步考虑教学活动诸因素的关系，明确教学重点、难点，厘清教学思路，从而克服教学中重点不突出、难点无法突破、训练不到位等问题，提高课堂教学效率。

2. 可以提高教师的理论水平

说课与"评说"是紧密结合在一起的，说课不仅要说明怎么教，还要说明为什么要这样做，这就要求教师认真学习教育教学理论，认真思考如何解决理论与实践相脱节的问题，这样就可以帮助教师从理论上认识教学规律。评者要给予点拨、指导评价。说评结合，共同总结教学经验，使教学经验由实践上升到理论，促进教师理论水平的提高。

3. 可以促进教师的专业成长

说课可以使教师不只是简单地思考怎样教，而是思考这样教的理论依据是什么，能促使教师不断地学习教育教学理论，提高自己的理论水平，从而从根本上提高教师的备课质量。同时，说课要求教师将自己的教学思路和设计意图表达出来，在无形中提高了教师的组织能力和语言表达能力，提升教师的整体素质。

4. 可以促进教研活动的开展

说课是教学改革中涌现的新生事物，是进行教学研究、交流与探讨的一种方式，是集体备课的进一步发展。说课中，让说课教师谈谈自己教学的意图，讲述自己处理教材的目的和方法，让听课教师更加明白应该怎样去做，为什么要这样做，从而使教研主题更明确，重点更突出，提高教研活动的实效性。

二、说课的类型

说课的类型很多，根据不同的标准，有不同的分法。

1. 按时间和功能分

按时间和功能分，说课通常分为课前说课和课后说课。课前说课主要说教学设计预案，是一种预设性说课活动；课后说课主要讲效果、说成败、谈得失与感受，是一种反思性说课活动。

2. 按性质分

（1）研究性说课。

研究性说课，一般以教研组、年级组或团队为单位，常常以集体备课的形式进行，首先由一位教师事先准备并写好说课稿，待其说课后大家评议修改，变个人智慧为集体智慧，形成一套最佳的教学方案。

（2）示范性说课。

示范性说课的目的是帮助教师认识说课规律，掌握说课的方法和步骤。一般选择教学素质好的优秀教师，其先向听课教师示范性说课，然后该教师按其说课内容上课，最后组织教师或教研人员对该教师的说课和课堂教学作出客观的评析。听课教师可以通过"说课—上课—评课"一系列活动增长知识，开拓视野，提高运用理论指导教学实践的能力。

（3）评比性说课。

这种说课，是把说课作为教师业务评比的内容或项目，要求参赛教师按指定的教材，在规定时间内自己写出说课稿，然后上台演讲，有时说课后还要上课，最后由评委评出比赛名次。

三、说课的内容

1. 说教材

说课首先要说自己对教材的理解。说教材的目的有两个：一是确定学习内容的范围与深度，明确教什么；二是揭示学习内容中各项知识与技能的相互关系，为教学顺序的安排奠定基础，知道如何教。

说教材包括以下几个方面。

（1）说课标要求和教材特点。要说明课标对所教内容的要求，脱离课标的说课就是无本之木、无源之水，会给人一种虚无缥缈的感觉。此外，还要说明所教内容在节、单元，乃至整本教材中的地位、作用和意义，说明教材编写的思路与结构特点。

（2）说教学目标的确定。首先说目标的完整性，教学目标应该包括知识与技能、过程与方法、情感与态度三个方面的目标；其次说目标的可行性，即教学目标要符合课标的要求，切合不同层次学生的实际；最后说目标的可操作性，即目标要求具体、明确，能直接用来指导、评价和检查该课的教学工作。

（3）说教材的重点、难点。教学重点除知识重点外，还包括能力和情感的重点。教学难点，是那些比较抽象、离生活较远或过程比较复杂，使学生难以理解和掌握的知识。还要具体分析教学难点和教学重点之间的关系。

2. 说学生

说学生就是分析教学对象。因为学生是学习的主体，因此教师说课必须说清楚学生情况。这部分内容可以单列，也可以穿插在说教材部分中。

说学生包括以下几个方面。

（1）说学生的知识和经验。说明学生学习新知识前他们所具有的基础知识和生活经验，这种知识、经验对学习新知识会产生什么样的影响。

（2）说学生的技能和态度。就是分析学生掌握学习内容所必须具备的学习技巧，以及是否具备学习新知识所必须掌握的技能和持有的态度。

（3）说学生的特点和风格。说明学生的年龄特点，以及由身体和智力上的个别差异所形成的学习方式与风格。

3. 说教法与手段

说教法与手段就是说明选用什么样的教学方法和采取什么样的教学手段，以及采用这些教学方法和手段的理论依据是什么。

（1）说教法组合及其依据。

教法的组合，一是要考虑能否取得最佳效果，二是要考虑师生的劳动付出是否体现了最优化原则。一般一节课以一两种教学方法为主，穿插渗透其他教法。

说教法组合的依据，要从教学目标、教材编排形式、学生知识基础与年龄特征、教师的自身特点、学校设备条件等方面进行说明。因为教学过程是教与学统一

笔记栏

的过程，这个过程必须是教法和学法同步的过程，因此教师在说课时还要说明怎样教会学生学习的方法。

（2）说教学手段及其依据。

教学手段是指教学工具（含传统教具、课件、多媒体、计算机网络等）的选择及其使用方法，要尽可能使用现代化的教学手段。

教具的选择一是忌多，使用过频会使课堂教学变成教具或课件的展览；二是忌教学手段过于简单，不能反映学科特点；三是忌教学手段流于形式。还需要说明是怎样依据教学目标、教材内容、学生的年龄特征、学校设备条件、教具的功能等来选择教学手段的。

4. 说教学程序

说教学程序就是介绍教学过程设计，这是说课的重点部分。因为只有通过这一过程的分析才能看到说课者独具匠心的教学安排，它反映了教师的教学思想、教学个性与风格。也只有通过对教学过程设计的阐述，才能看到教学安排是否合理、科学和富有艺术性。通常要说清楚下面几个问题。

（1）教学思路的设计及其依据。教学思路主要包括各教学环节的顺序安排及师生双边活动的安排。教学思路要层次分明，富有启发性，能体现教师的主导作用和学生的主体作用。还要说明教学思路设计的理论依据。

（2）教学重点、难点的处理。教师高超的教学技艺体现在突出重点、突破难点上，这是教师在教学活动中投入精力最大、付出劳动最多的方面，也是教师教学深度和教学水平的标志。因此教师在说课时，必须重点说明突出教学重点，突破教学难点的基本策略。也就是要从知识结构和教学要素的优化、习题的选择、思维训练、教学方法和教学媒体的选用、反馈信息的处理和强化等方面说明突出重点、突破难点的步骤、方法和形式。

（3）各教学环节的时间分配。要联系实际教材内容、学生情况、教学方法等说出各个教学环节时间安排的依据。特别要说明一节课里的最佳时间（20～25分钟）和黄金时间（15分钟）是怎样充分利用的。

5. 说板书设计

说板书设计，主要介绍这节课的板书类型是纲目式、表解式还是图解式等，什么时候板书，板书的具体内容是什么，板书的展现形式是什么，为什么要这样设计或者这么设计的优点与作用等。

板书设计要注意知识的科学性、系统性与简洁性，文字要准确、简洁，重点突出，便于学生理解与记忆。

说板书设计可联系教学内容、教学方法、教师本身特点等。

6. 说教学反思

说教学反思是课后说课的必要环节。教师以研究者的心态或视角，审视自己教学实践的过程。一方面可以说明在教学设计和课堂实践中哪些地方做得比较好，有什么亮点与特色；另一方面可以说明教学设计中存在的问题或困惑、课堂上难以把握或没有达到预期效果之处以及产生问题的原因和对应的改进措施等。

四、走出误区，从本质上理解"说课"

1. 误区一：说课就是复述教案

说课稿与教案有一定的联系，但又有明显的区别，不应混为一谈。说课稿是在个人钻研教材的基础上写成的，说课稿不宜过长，说课时间应控制在 10 分钟之内；教案只说怎样教，而说课稿重点在于说清为什么要这样教。

教案是教师备课这个复杂思维过程的总结，多是教学具体过程的罗列，是教师备课结果的记录，是教师进行课堂教学的操作性方案。它重在设定教师在教学中的具体内容和行为，即体现了教什么、怎么教。

说课稿侧重于有针对性地对理论指导进行阐述，它虽然也包括教案中的精华部分（说课稿的编写多以教案为蓝本，将教案作为参考的第一手材料），但更重要的是要体现出执教者的教学思想、教学意图和理论依据，即思维内核。

简单地说，教案只说"怎样教"，而说课稿不仅要精确地说出"教"与"学"的内容，更重要的是从理论和实践结合的角度具体阐述"我为什么要这样教"。教案是平面的、单向的，而说课稿是立体的、多维的。说课稿是教案的深化、扩展与完善。

2. 误区二：说课就是再现上课过程

有些教师在说课过程中一直讲解知识难点、分析教材、演示教具、介绍板书等，完全采用给学生上课的方式进行说课。其实，如果他们准备的内容和课程安排面对的是学生，这可能会是一节成功的示范课。但说课绝不是上课，两者在对象、要求、评价标准以及场合上具有实质性的区别，不能等同对待。

说课是说教师的教学思路，说教学方案是如何设计出来的、设计的优秀之处在哪里、设计的依据是什么、预定要达到怎样的教学目标，这好比一项工程的可行性报告，而不是施工工程本身。由此可见，说课是介于备课和上课之间的一种教学研究活动，是对备课的一种深化和检验，能使备课理性化，是对上课的一种更严密的科学准备。

3. 误区三：说教学方法太过笼统，说学习方法有失规范

"教学设计和学法指导"是说课过程中不可或缺的一个环节，有些教师在这环节中一言以蔽之："我运用了启发式、直观式等教学法，学生运用自主探究法、合作讨论法等。"至于如何启发学生，怎样操作，却不加以说明。甚至有的教师把"学法指导"误解为解答学生疑问、学生习惯养成、简单的技能训练等。

4. 误区四：说课就是单纯的表述

有的教师在说课过程中不使用任何辅助材料和手段；有的教师在说课过程中，既没有说课文字稿，也没有运用任何辅助手段；有的教师明明说自己动手设计了多媒体课件来辅助教学，但在说课过程中始终没有出现课件，让听者不禁怀疑其真实性。

因此，说课教师在说课过程中可以运用一定的辅助手段，如多媒体课件、实物投影仪、说课文字稿等来提升说课质量，在有限的时间里向其他教师和评委把课说清楚、说好。

五、说课稿体例

说课稿主要包括以下几个部分。

（1）课题名称、教师所在学校、教师姓名。

（2）对课标的分析。

（3）对教学内容的分析、处理。

（4）对学生情况的分析（分析学生已有的知识储备和能力、已有知识和新讲知识的差距和解决方法、以往教授这部分内容时出现的问题和解决方法）。

（5）教学重点和难点。

（6）教学方法的选择（陈述理由，体现教学思想、学习特征等）。

（7）教学资源。

（8）教学过程的简单陈述（体现学法，阐述重点、难点如何突破，教学资源如何运用）。

（9）板书设计（体现课堂教学的思路与线索）。

（10）教学反思。

六、说课要求

说课要求包括以下几个方面。

（1）依据说课稿体例撰写完整的说课稿，在说课前交给评委。

（2）配合说课过程，进行PPT演示。

（3）说课前要对教师本人、说课教材版本、课题作简单介绍。

（4）说课中要简述教学过程，重点说明如何突出教学重点和突破教学难点，以及如何突出学科特色。

（5）说课一般将时间控制在 10 ～ 15 分钟完成。

第四节 小学数学"数与代数"说课案例

"小数乘整数"说课稿

一、说教材

（一）说教材的地位

"小数乘整数"是人教版《数学》五年级上册第一单元的第一课时，属于数与代数领域的内容，是在学生学习了整数的四则运算、小数的意义和性质以及小数加减法的基础上进行教学的内容，它与整数乘法有着密切的联系。因此，本课的教学生长点是将小数乘整数转化成整数乘法。教材通过例1和例2的分析，让学生在理解算理的基础上掌握小数乘整数的计算方法并能熟练计算和解决相关问题。同时，本课教学是后面的小数乘小数以及连乘、乘加、乘减等内容的重要基础，是小数乘法教学的重要一环。

（二）说教学目标及重难点

基于《义务教育数学课程标准（2022年版）》的要求及教材、学情分析，本课的教学目标确定为以下三点。

（1）学生理解小数乘整数的算理，掌握小数乘整数的一般方法，能比较熟练地进行笔算。

（2）让学生经历自主探索小数乘整数计算方法的过程，渗透转化的数学思想。

（3）让学生感受小数乘法在实际生活中的应用，培养其应用意识。

教学中，让学生掌握小数乘整数的方法是重点。教学难点是利用积的变化规律来解释小数乘整数的算理。

二、说学情

五年级学生在前面四年的学习中积累了一定的生活经验和学习经验，有强烈的好奇心和求知欲，在思维发展上正从形象思维向抽象思维过渡，思维的广度和灵活性都在不断提高，具有一定的抽象概括能力。在知识和技能方面，他们熟练掌握了整数乘法、小数加减法，理解了小数的基本性质。在学习方法方面，观察、对比、迁移等是他们常用的学习方法。这些知识技能和学习方法，为本课学习打下了良好基础。对于本课的学习，学生感到困难的不是小数乘法的掌握，而是对算理的理解和表述。因此，教学时应给学生创设合适的情境，提供充分的思考和交流的机会，帮助学生对计算的过程作出合理的解释。

三、说教法和学法

《义务教育数学课程标准（2022年版）》指出，"选择能引发学生思考的教学方式""改变单一讲授式教学方式，注重启发式、探究式、参与式、互动式等"。本节课的教学方法，注重体现这一重要理念，以启发式教学方法为主，辅以讲授法，注意引导学生自主学习。

本课学习方法的选择考虑了数学自身的特点和学生学习数学的心理规律，注重从学生已有的生活经验和认知水平出发，运用迁移、对比等学习方法，采取独立思考、自主学习、合作交流、共同探究等多种学习方式，引导学生主动构建新知。

四、说教学思路和设计特点

本节课，以"复习相关旧知——创设情境，产生计算需要——教师启发引导学生自主探索理解算理、掌握算法——练习巩固、解决问题"这样的教学思路进行。力图在教学过程中突出以下三个特点。

（1）创设现实情境，产生计算的需要，并让情境为学生理解算理提供直观素材。

（2）注重运用已有旧知帮助学生理解算理，并在此基础上促使学生掌握算法。

（3）引导学生改变学习方式，充分发挥学生的主体性。

五、说教学过程

环节一：复习旧知，铺垫孕伏。

本课与整数乘法、小数的基本性质和积的变化规律有着密切的联系，因此，安排了这样两道复习题：一是计算整数乘法，让学生独立计算并说说是怎么算的；二是填空题，"0.001 扩大 100 倍是多少""30.5 变成 3.05，缩小到原来的几分之一"，激活学生的相关旧知，为新知的学习搭建支撑点。

环节二：创设情境，引入新知。

元、角、分是学生熟悉的货币单位，不管是在生活还是学习中，学生对这三个计量单位间的十进关系都有着丰富而深刻的认识。因此，在沿用教材主题图的基础上进一步改良情境。首先以谈话引入，展示孩子们买风筝的画面。让学生找找图中的信息和问题，根据学生回答，通过表格的方式把信息和问题列出。接着问：买 3 个燕子风筝用多少钱，你们能解决吗？怎样列式？由于学生在二到四年级的学习过程中，对乘法意义的理解越来越深刻，列出乘法算式 3.5 乘 3 并不难。为了引入对小数乘法意义的理解，教师问：为什么用乘法解决呢？引导学生理解买 3 个每个 3.5 元的风筝要付多少钱，就是指 3 个 3.5 是多少，用乘法计算；反过来，3.5 乘 3 是多少就是表示 3 个 3.5 是多少。同时，直接揭示课题：这节课我们就来探究小数乘整数。

环节三：自主学习，建构新知。

这个环节分三个层次进行，首先是例 1 的教学，老师提出质疑：这是一道小数乘整数的计算，大家会算吗？由此激起学生的探索欲望，并放手让学生独立尝试。在学生独立尝试的基础上进行全班交流，学生可能会使用教材所列的几种方法，也可能使用其他方法，教师要充分肯定其中的合理因素。如有的学生把它变成 3 个 3.5相加，我们要肯定学生能根据乘法的意义，把算式转化成小数加法来计算的做法。重点引导学生理解把小数乘整数转化成整数乘整数这个方法，在这个方法中，我们把 3.5 元换算成了 35 角，那么 35 角乘 3 得到 105 角，105 角换算成以元为单位就是

10.5 元，因此 3.5 元乘 3 就算得 10.5 元。这个过程，其实就是借助直观的情境和学生熟悉的计量单位让学生理解算理，并为例 2 通过积的变化规律来解释算理打下基础。接下来，要引导学生认同这个方法，教师问：这个方法可以吗？你知道怎么算了吗？然后让学生继续解决有关风筝的问题，边说边写，用具体的十进关系来表述算理，初步掌握计算方法。教师要充分肯定和及时评价学生的学习。

第二个层次是例 2 的教学，相对于例 1 而言，是让学生在探究算法的过程中，会用积的变化规律来解释算理，并学会用规范的竖式书写。可以通过以下几个问题来启发学生探究：0.72 不是价钱，怎么计算？还能像刚才计算钱那样转化成整数来计算吗？让学生带着这些问题自学课本的例 2，自学后交流反馈，引导学生理解为什么把 0.72 扩大到它的 100 倍，扩大之后乘积会有什么变化，要使原式的积不变又怎么做，这是本课的难点所在。因此在交流中除了个别学生说以外，还必须通过同桌互相说、小组互相说等多种方式让每个学生都有表述算理的机会。最后，教师应做一次规范的书写示范。在这一过程中让学生通过自学，培养自学能力和对课本文本的阅读理解能力。

第三个层次是对比分析，沟通联系。对比是数学学习中常用的方法，通过对比可以分析两个或多个事物间的联系与区别。本课的一个重点就是引导学生对比小数乘整数与整数乘法的联系和区别。因此，通过让学生做"做一做"的两组对比练习，体验它们在计算上的异同，感悟出"其实小数乘整数并不难，和整数乘法的计算顺序、书写格式是一样的，所不同的是先转化成整数再计算"。那么根据教材的编排特点，本节课中，小数乘法的计算法则还不宜归纳和出现，在后面讲了小数乘小数后，教材专门安排一个例题让学生归纳提炼计算方法。因此，在这里让学生多感受，会计算就可以了。

环节四：练习巩固，应用提高。

本课的练习分两个梯度，一是基础知识的练习，二是培养学生应用意识的练习。第一题计算，第二题辨析，给出两道算错的题目，让学生找出错误并改正，第三题需结合生活经验解决问题。这样设计练习，既促进学生对计算方法的掌握，又关注计算是解决问题需要的理念，注重学生运算能力和应用意识的培养。

环节五：学习总结，畅谈收获。

让每个学生在小组里说说学习收获，可以是新学到的知识技能，可以是探究、计算过程中的体会和感受，再请个别学生代表小组或个人在全班发言交流。这一环节，既梳理了全课的学习重点，又培养了学生自我总结、自我反思的良好学习习惯。

六、说板书设计

本课的板书，有教师的板书，也有学生的板书，主要体现新旧知识的联系、不同方法的区别与联系，简洁明了，有助于学生进行分析比较，掌握学习要点，培养抽象概括思维能力。

笔记栏

第五节 小学数学"图形与几何"说课案例

"四边形的内角和"说课稿

5-1课件

一、说教材

（一）说教材的地位

本课是人教版《数学》四年级下册第五单元"三角形"中的内容，属于图形与几何领域的教学内容。主要教学运用探索三角形内角和的经验来探索四边形的内角和，通过阅读与理解、分析与操作、回顾与反思，解决四边形的内角和是多少度的问题，学生在分析与操作中，经历观察、思考、推理、归纳的过程，培养学生探究推理的能力，让学生感悟转化的数学思想。

（二）说教学目标

基于《义务教育数学课程标准（2022年版）》的要求及教材、学情分析，本课的教学目标确定为以下三点。

（1）学生理解四边形内角和是360°。

（2）利用算、量、剪、拼等活动探究四边形的内角和，提高学生的迁移类推能力，渗透转化思想，培养学生分析问题、解决问题的能力，增强学生动手操作能力，发展学生的空间观念。

（3）学生在探索活动中产生对数学的好奇心，体验探索的乐趣和成功的快乐，增强其学好数学的信心。

（三）说教学重难点

教学重点：学生理解四边形的内角和是360°。

教学难点：学生探索四边形的内角和是360°。

二、说学情

学生已经认识四边形，学习了平行四边形和梯形的有关特征，经历了三角形内角和的探索过程。因此，在学习中学生完全可以调动自身已有的探究经验，大胆猜想四边形的内角和，再通过算、量、拼等操作活动，感知和体验探究过程。教师可利用学生的这一特点创设探究活动。

三、说教法和学法

认真听讲、积极思考、动手实践、自主探索、合作交流等，都是学习数学的重要方式。本课教学以探究式教学方法为主，引导学生在探究活动中获得新知，积累数学活动经验。

四、说教学程序

本课的教学程序共分四个环节。

环节一：复习旧知，铺垫孕伏。

教师教学应该以学生的认知发展水平和已有的经验为基础。通过复习三角形内角和的探究方法，提出本节课要解决的问题：四边形的内角和是多少度呢？既为学生学法的迁移提供支架，又直奔主题明确本节课的学习任务。

环节二：合作交流，探索规律。

本环节的教学分三个层次进行。

层次一：阅读与理解。

请学生阅读本节课要解决的问题，了解四边形都有哪些，利用特殊的四边形，即长方形和正方形的四个角是直角的特征，快速准确地说出它们的内角和是360°。由此提出疑问：其他四边形的内角和是不是也是360°呢？体现出数学学习从特殊到一般的学习方法，接着展开本环节层次二的教学。

层次二：分析与操作。

四个学生分为一个小组进行动手操作活动，教师给每个小组准备三个四边形，包括平行四边形、梯形和任意四边形，学生利用前面探究三角形内角和的经验，快速利用量、算、剪、拼、画等方法探索四边形的内角和。

小组合作结束后，展示小组的探究过程，通过不同图形、不同探究方法的展示，共同验证"四边形的内角和都是360°"。

层次三：回顾与反思。

得出结论后，请学生回忆刚才的探究方法，比较各种方法的不同，引导学生优化求内角和的方法。

环节三：巩固训练，拓展延伸。

出示课后"做一做"的六边形：你能想办法求出右面这个多边形的内角和吗？解决该题的方法是多种多样的，既可以把六边形转化成两个四边形，也可以把六边形转化成四个三角形，教学中要注重引导学生在对比中进行方法的优化，并掌握通过画辅助线解决数学问题的方法，进一步体会转化思想的价值。

环节四：分享收获，总结全课。

这一环节，既梳理了本课的学习重点，又培养了学生自我总结、自我反思的良好习惯。

五、说板书设计

本课板书力求简洁，主要呈现学生的探索过程和结论，中间展示的是学生的各种探究方法，体现学生在学习中的主体地位，同时让学生体验成功的快乐，增强其学好数学的信心。

笔记栏

第六节　小学数学"统计与概率"说课案例

"折线统计图"说课稿

5-2课件

一、说教材

（一）说教材的地位

本课是人教版《数学》五年级下册第七单元"折线统计图"中的内容，属于统计与概率领域中的"数据收集、整理和分析"主题的教学内容。学生已经掌握了收集、整理、描述、分析数据的基本方法，会用统计表和条形统计图来表示统计结果，并能根据统计表、条形统计图解决简单的实际问题。在此基础上，让学生认识一种新的统计图——折线统计图，了解单式折线统计图的特点，根据折线的变化特点对数据进行简单的分析、判断和预测，更好地了解统计在现实生活中的意义和作用，发展学生的数据意识。

（二）说教学目标

（1）学生认识折线统计图，并了解特征，能在方格图上绘制折线统计图，并对图中的信息进行简单的分析、判断和预测。

（2）让学生体验数据的整理、分析与表达的过程，发展其数据意识，培养其应用思维。

（3）让学生进一步体会统计的价值，感受折线统计图在现实生活中应用的重要性和广泛性，体会数学与生活的紧密联系。

（三）说教学重难点

教学重点：学生能准确把握折线统计图的特点及优势，会画折线统计图。

教学难点：学生能依据数据变化的趋势进行合理的判断和预测。

二、说学情

小学五年级学生的数据意识较为薄弱，只有让学生多思考、多动手，才能让他们真正成为课堂的主人，使他们感到数学就在自己身边，而且数学是有用的、必要的。本课让学生从数据变化的角度入手，通过比一比、摆一摆、画一画的方式认识折线统计图及其特点，体会到折线统计图不仅能清楚地反映数据的多少，而且能体现出数据的增减变化情况，可根据变化趋势作出判断和预测，从而制定决策。让学生体验统计的全过程，发展其数据意识。

三、说教法和学法

本课教学以启发式为主，以谈话法、讨论法等教学方法引导学生自主学习与合作探究，注重学生操作、交流等学习方法的灵活运用，促进学生从了解走向理解、从被动走向主动、从接受走向构建。

四、说教学程序

本课的教学程序共分四个环节。

环节一：创设情境，揭题导新。

教师教学应该以学生的认知发展水平和已有经验为基础。通过视频呈现"2023年广西各地市旅游特色项目"，引入学生数据收集，提出问题：你有什么办法将这些数据进行整理呢？从而引出统计表和条形统计图。呈现2018—2023年每年春节南宁市青秀山风景区入园人数情况的条形统计图。让学生观察，哪一年人数最多，哪一年人数最少，并说明理由。引入贴近学生现实生活的情境，培养学生收集、整理、分析数据的意识，复习统计表和条形统计图的知识。

环节二：观察变化，探索新知。

本环节的教学分三个层次进行。

层次一：观察整体，探索特性。

（1）用手比画2018—2023年青秀山风景区的人数变化情况。

（2）用小棒摆一摆

①为什么有的小棒向上，有的小棒向下呢？

②为什么有的小棒摆得比较陡，有的比较平缓呢？

（3）仔细观察，青秀山2018—2023年春节期间的人数整体上呈什么变化趋势。

层次二：点出课题，补全统计图。

（1）将折线图画在统计图中。

（2）点出课题。

（3）动手画一画折线统计图。

层次三：根据预测，制定决策。

（1）仔细观察，从2018年到2023年，青秀山风景区春节期间的入园人数整体上呈现什么变化趋势？

（2）预测一下，2024年春节期间青秀山风景区的入园人数会是多少呢？

（3）如果你是青秀山风景区管委会的工作人员，你会制定什么措施呢？

层次四：比较异同，凸显优势。

（1）让学生猜一猜，老师整理2023年春节期间广西各地市出游的人数，会选择哪种统计图。请学生回忆并对比两种统计图的不同，总结出每种折线统计图的适用范围。

环节三：拓展延伸，强化认知。

第一题：出示体温折线统计图，结合两个"37℃"，让学生养成从整体上看图的习惯。

第二题：出示"50年'300星'"（我国50年间发射300颗卫星）的折线统计图，先让学生谈谈看到标题后想到了什么，再让学生猜一猜第4个100星的出现还需要多少年。最后呈现折线统计图，让学生知道用折线图分析数据的优越性，体会祖国航天科技的飞速发展，增强其民族自豪感。

环节四：分享收获，总结全课。

这一环节，既梳理了全课的学习重点，又培养了学生自我总结、自我反思的良好学习习惯。

五、说板书设计

本课板书，力求简洁，在黑板左边呈现统计的全过程，在黑板中间呈现折线统计图的特点和画法，体现了对学生学习的指导，同时让学生在体验统计的过程中，积累数学活动经验，发展数据意识。

第七节　小学数学"综合与实践"说课案例

"量一量，比一比"说课稿

一、说教材

（一）说教材的地位

本课是人教版《数学》二年级上册的内容，属于综合与实践领域中主题活动课的教学内容。主要教学生选择合适的标准测量单位，测量身边物体的长度或高度，让学生通过测量自己的身高以及身边物体的长度、高度等实践活动，学会选择合适的实物来描述其他实物的长度，在比较、修正测量结果的过程中，体会测量的本质，加深对"量"的实际意义的理解，培养学生的估测能力，使其初步建立长度量感，同时体验数学活动带来的乐趣，体会数学在日常生活中的应用。

（二）说教学目标

基于《义务教育数学课程标准（2022年版）》的要求及教材、学情分析，本课的教学目标确定为以下三点。

（1）加深学生对厘米和米的认识，学生巩固用尺子量物体长度、高度的方法，能选择合适的标准，用多种不同的方式表示物品的长度或高度。

（2）通过量一量、想一想、说一说、比一比等实践活动，让学生体会测量的实质，培养学生的操作能力、估测能力，初步建立其长度量感。

（3）让学生在活动中体会合作、交流和表征方式多样化的乐趣，认识到数学与生活的联系，体验探索的乐趣和成功的快乐，增强其学好数学的信心。

（三）说教学重难点

教学重点：让学生经历测量物体长度的过程，发展其长度量感。

教学难点：使学生掌握测量物体的策略。

二、说学情

学生已经认识长度单位"厘米"和"米"，初步建立1厘米和1米的长度观念，经历了估测和测量的探索过程。因此，在学习中学生完全可以调动自身已有的测量经验，小组合作测量自己和身边物品的长度、高度等，再通过想一想、说一说、比一比等操作活动，感知和亲历测量过程。教师可利用学生的学情特点创设测量活动。

三、说教法和学法

小组合作、动手操作、交流反馈、反思内化等都是实践活动课重要的学习方式。本课的教学体现了这一重要理念，采用引导协助、自主获知、导向评价、及时反馈等教学方法，让学生在活动中主动构建数学知识，积累数学活动经验。

四、说教学程序

本课的教学程序共分五个环节。

环节一：创设情境，激发兴趣。

《义务教育数学课程标准（2022年版）》强调："要通过生活中的或者数学中的现实情境，引导学生感悟基本事实的意义。"学科融合，利用课件呈现诗文、画面并配吟诵："危楼高百尺，手可摘星辰。不敢高声语，恐惊天上人。"提出问题：李白诗中的山寺高不高？你见过这么高的建筑物吗？由此激发学生的探究兴趣。

环节二：强化体验，积累活动经验。

本环节的教学分三个层次进行。

层次一：合作测量，体验测量方法。

请学生介绍每种测量工具、测量方法以及注意事项，再出示主题图，交流图中的学生在测量什么，明确测量的任务。由此提出测量要求：同桌合作，先估一估，再量一量各自的肩宽，并做好测量记录，最后反馈交流。接着展开本环节层次二的教学，体现了数学活动经验的积累是一个循序渐进、层次递进的过程，有了简单的直观经验后，还需要进行提升，才能形成新的活动经验，才能促使学生的经验从一个水平上升到更高的水平，有效实现经验的改造和重组。

层次二：分组实践，做好测量数据的记录。

将学生分成4人小组进行动手操作活动，确定对象后开展测量活动，如身高、两臂展开的长度、学生一步的长度、课桌的长度、教室的长度、课桌的高度等。测量前，教师请学生先估一估，再进行测量。尽量保证每个学生都有测量的机会，并记录测量结果。

小组合作结束后，展示小组的测量结果，重点讨论身高和两臂展开的长度比1米长一些时如何记录。

层次三：变换形式，建立所测物体长度的表象。

教师读板书中物体的长度或高度，学生闭上眼睛想象物体的实际长度，再用手比画测量物体的长度，最后说关系。例如，课桌比两臂展开的长度长一些，身高比课桌高得多等。通过想、比、说等方式，使学生在脑海中形成所测量事物的长短高

笔记栏

矮的表象，建立长度量感。

环节三：回归生活，培养探究能力。

出示终结任务：用合适的方式描述"鳄鱼身长6米"。基于前面的知识经验积累，先让学生"闭眼想"，在脑海中出现对鳄鱼的认知；通过"说关系"，让学生直观感知6米的长短，说说对鳄鱼的身长有什么感觉？与家里养的小金鱼比，有什么发现？再"用手比"，用两臂展开的长度作为标准描述"6米"，感受"6米"的长度，学生发现一个人展开双臂才1米多，远远不够。老师适时引导：大约几个同学手拉手展开双臂的长度就和鳄鱼的身长差不多了呢？学生小组讨论估计的方法。学生交流、讨论、验证，得出结论，5个同学展开双臂连起来大约就是6米。

出示活动素材：学生自主选择课件上的任意一种动物，用自己的方式描述这种动物的身高或身长。

环节四：拓展延伸知识，积累数学经验。

教师引导学生列举一些像寸、尺、丈、里等之类的传统测量单位并说出单位换算关系，并说明百尺大约是30米，学生通过估计自家房子层高为3米左右，明白"危楼高百尺"其实也就30多米高，住在10楼的同学"手可摘星辰"。最后，拓展延伸，引导学生列举带有传统测量单位的诗句，加深学生对长度单位的认识。

环节五：分享收获，总结全课。

这一环节，既梳理了全课的学习重点，又培养了学生自我总结、自我反思的良好学习习惯。

五、说板书设计

板书作为课堂教学语言的另一种表现形式，它具有启发性、指导性、实用性的特点。这节课根据教学的需要，结合学生的回答，对关键的知识点进行板书，并梳理出一个流程图：通过动手操作、发现问题、归纳方法来感知长度单位，建立长度量感，最后内化反思，让学生在应用中综合，在实践中提升。体现整个探究过程是一个从感知到实践，再到内化的过程。

◎ 思考与练习：

1.小学数学课堂语言有哪些？有什么特点？

2.小学数学预设与生成有什么关系？

3.在小学数学课堂中如何处理好预设外生成？

4.说课与上课有什么关系？

5.说课包括哪些基本步骤？

6.试写一篇小学数学说课稿。

第六章

小学数学教学评价

▶ **学习目标：**

1.了解观课、议课的定义和方法，学会观察课堂、诊断课堂和改进课堂。

2.掌握小学生数学学习评价的内容、体系，会用正确的方法评价小学生的数学学习。

3.了解一节好的小学数学课的评价标准，掌握评价小学数学课堂教学的方法。

▶ **教前准备：**

1.学习教育评价的理论知识，掌握教育评价方法。

2.掌握课堂观察技术和课堂诊断技术。

3.阅读《标准》第五大部分"学业质量"、第六大部分"课程实施"中的"评价建议"的相关内容。

▶ **学前准备：**

1.阅读《标准》第五大部分"学业质量"、第六大部分"课程实施"中的"评价建议"的相关内容。

2.学习"教育学"课程中有关教育评价的理论知识，学会教育测量与评价的方法。

《标准》推行以来，教师评价小学数学教学的观念转变体现在两个方面，一方面，教师对好课有了新的认识——"中评不中用"的课不是好课，"教师唱主角"的课不是好课，只"达到认知目标"的课不是好课。好课能让学生主动参与，好课能让学生终身受益。另一方面，在评价学生的过程中，教师的观念也发生了变化，注重以学生为主体，全面、合理、公正地对待学生，发现学生的闪光点并给以鼓励，教师已成为学生学习的组织者、引导者、合作者，教师能以积极的评价影响学生，影响学生的情感、情绪和情操，激励学生积极向上。

第一节　小学数学观课、议课

一、观课、议课概述

观课、议课是有效评课的途径之一。观课、议课是指参与者相互提供教学信息，共同收集和感受课堂信息，在充分拥有信息的基础上，围绕共同关心的问题进行对话和反思，以改进课堂教学、促进教师专业发展的一种教师研修活动。与现有的竞赛课活动比较，观课与议课主要适用于日常的教研和教师培训活动，学校是最适宜的场所，教师是其中的主体和主角。日常性、普遍性、一线教师参与，这既是观课、议课的主要特点，又是它的意义和价值所在。

为什么要由传统的听课、评课观念转为观课、议课观念呢？目前，我国的基础教育课程处于改革阶段，评课的理念与价值趋向也应该随之改变。今天的课堂已经不是讲解知识的课堂了，而是实施教学双方交互活动的组织，所以，评课也应该从关注教师的"教"转为关注师生互动、关注学生的"学"。所以，在日常的教研和教师培训活动中，传统的听课、评课应该改为观课、议课，因后者强调的是一种平等、民主的教学研究文化，而传统的评课是指观课者对执教者和学生在课堂中的活动情况及由此活动所引起的变化作出价值判断，它与备课、上课一样，是一种常见的教学活动；对授课者而言，可以得到帮助和指导，总结教学经验，形成自己独特的教学风格，提高教学水平；对评课者而言，可以提高评课能力和理念，提升教学能力和专业水平。

观课、议课的提出不是简单的名词的改变，而是一种理念的改变，与我们熟悉的听课、评课比较，其具有以下特点。

1. 听课与观课的比较

（1）听指向的是声音，听的对象是师生在教学活动中的有声语言交流；而观强调用多种感官（如眼、耳等）及有关的辅助工具（观察表、录音录像设备等）收集课堂信息，包括师生的语言和行为、课堂的情境与故事、师生精神状态等。

（2）听的目的往往是进行一般性的了解；而观却指向一定的研究问题，有明确的目的。

（3）听往往是面面俱到，缺乏针对性；而观是针对研究问题收集相关的课堂信息，针对性强。

（4）听往往凭借经验进行；而观需要理论的指导，需要借助观察记录表等。

2. 评课与议课的比较

（1）评是对课的优劣作判断、下结论；议是围绕观课所收集的课堂信息提出问题、发表意见，是展开对话、促进反思的过程。

（2）评有被评的对象、下结论的对象，有"主""客"之分；议是参与者围绕共同的话题平等交流，议超越了"谁说了算"的争论，改变教师在评课活动中的被评地位和缺乏话语权的状况。

（3）评课活动主要将表现、展示作为授课取向，授课教师重在展示教学长处；议课活动以改进、发展为主要授课取向，不但不怕出现问题，而且鼓励教师主动暴露问题以获得帮助、求得发展。

（4）评课需要在综合、全面分析课堂信息的基础上指出教学的主要优点和不足；议课强调集中话题、超越现象、深入对话、议出更多的教学可能性供教师自主选择。

3.观课与议课的比较

观课、议课的目的在于促进发展，并不是一种普通的教研形式。在描述与分析课堂和观察"症状"时，最核心的问题在于观察者流于形式而忘记目的，特别是忽视了促进发展这个根本目的。观课、议课中出现的主要问题为：重程序而轻内涵；重场面而轻日常；重应付而轻实质。

以促进发展为目的的观课、议课的关键点应包括聚焦主题、关注细节、解析意义、构建创新、促进变化。

（1）聚焦主题。没有主题就没有研究，主题是课堂观察的灵魂。

（2）关注细节。没有细节就没有观察，细节是观察的第一特征。课堂是充满细节的，但并不是每个细节都具有研究的价值与必要性。我们所捕捉的细节，应该是蕴含教育理念的。对于捕捉到的细节，我们要将其定格，并在课后客观地回放出来。细节的回放是一个放大的过程，有助于对细节进行针对性研究，以促进发展。

（3）解析意义。解析意义是观课、议课的目的。意义需要诠释与反思，如果不能对课堂细节与教学行为赋予有意义的诠释，那么，课堂观察是不到位的，不能实质性地影响教师。

（4）构建创新。观课、议课必须具有构建性。这种构建，可以是外助的，也可以是内省的，这种构建应该有具象性，回到情境之中如"如果学生这样说，那么我们可以这样来引导……""如果当时教师这样组织，那么……"。

（5）促进变化。变化是观课、议课的价值取向与终极目标，如果观课、议课后没有任何改变，那么，我们的观课、议课就没有任何实质性的价值。授课教师在同伴的帮助下，认识到自己藏在深处的问题，从而改变自己；同时，观课者也可以获得提升。

二、观课的方法

（一）观课前的准备

观课前的充分准备是观课、议课的重要保证。没准备的观课只能是"感性的观察"和"经验式的观察"，达不到观课的目的。那么，观课前要做哪些准备工作呢？

1.确定主题

课堂观察中应沿着"主题—观察—现象—归因—对策"的基本程式研究课堂教学问题，包括现象的获得、原因的分析、对策的制定，这些应具有一定的深度，特别是能够围绕一些细节问题作较深层次的探究。课堂观察是一种有一定深度的研究活动。

在整个观课的过程中，所有的教师都应像授课教师一样关注学生的差异，并假想各种处理的方法。这种课堂观察是一种相当具有研究价值的观察。

笔记栏

课堂观察可以长期关注某一个主题，也可以临时确立某一个主题；可以是单一主题的观察，也可以是多个主题的观察；可以是多人观察同一个主题（聚焦式观察），也可以根据个人的研究兴趣自由地观察一个主题（个性化观察）。

小学数学课堂观察的主题必须明确、精练，教师可以确立若干个课堂观察的长期主题，小学数学课堂观察是教师专业发展的重要路径。

2. 明确任务

（1）观察者的任务。

① 听。听教师讲什么、讲什么课、讲什么主题、讲什么内容；听教师怎么讲，怎样让学生学会知识、接受教育。

② 看。看课堂整体的教和学氛围，看教师的教学行为，看学生的学习状态，看学生参与教学活动的情况。

③ 想。想现象的本质，想处理的最佳方式，想亮点和主要问题。

④ 记。记教师的基本情况，课堂实况，当时的直觉、灵感和简评。

（2）组织者的任务。课堂观察结束后，组织者对材料进行全面分析和梳理，组织观察者和被观察者交流，形成结论和行为改进的具体建议。结论包括成功之处、个人特色和存在的问题。被观察者的说课或课后反思可以围绕下列问题展开。

① 教学目标。这节课是否达到了学习目标。

② 活动。小组合作学习、同伴讨论、动手制作、实验等活动的情况。

③ 讲解、对话。课堂的提问、解答等情况。

④ 学习指导。指导文本的阅读、图形的阅读、书面和口头表达等情况。

⑤ 教学资源的处理和利用。对教学整体设计和实施进行评析。

观察者简要报告观察结果，这个阶段应遵循四个原则：一要简明，二要有证据，三要有回应，四要避免重复。

3. 制定观察量表

观察量表的基本构成一般包括以下三个基本板块。

（1）自变量控制观察：自变量的控制在课堂教学中主要表现为教师针对主题问题主动预设的各种教学策略，包括具体学习形式的采用，学习方法的指导，有意识地强化训练、有针对性地拓展延伸等，每一个具体的步骤都指向主题问题的解决。在课堂观察中，自变量控制观察主要是针对教师具体教学行为的观察、记录。

（2）因变量变化观察：因变量变化在课堂教学中主要表现为教师的教学策略实施过程中学生的反应和变化，表现为学生可观察的兴趣、情感、态度以及掌握基本知识和基本技能的程度。在课堂观察中，因变量变化观察主要是针对学生的，包括学习兴趣、行为以及学习效果的观察记录。

（3）数据分析归因、描述：通过对记录数据的分析、归因，描述自变量与因变量之间的相关性是研究的最终结果，也是教学研究最基本的意义所在。相关性越大，越能够积极有效地指导教师调节教学行为，达到最佳教学效果；自变量与因变量之间的关系也会出现预料之外的结论，如两者没有相关性或相关性甚微，这样的结论将指引我们尝试以新的途径解决问题。

研究成果的有效性则是依赖教师群体的综合素质。只有高素质的教师群体才能有针对性地预设策略，细致入微地观察，真实准确地记录，有理有据地归因，从而得出有价值的研究结论。科学地设计"课堂观察量表"是观课、议课至关重要的一步。

（二）观课的实施

1. 采集

现场采集是获取课堂教学信息的主要途径，也是课堂观察的重点，只有把发生在课堂上的信息如实地、完整地记录下来，才能使课后的分析有依据，才能使后续的课堂教学研究有可行性。

在课堂观察中需要采集以下信息。

（1）采集学生的学习状态。采集学生的学习状态有以下几个维度。

① 参与。采集学生是否全员参与"学与教"。

② 交往。采集课堂上是否有多边、丰富、多样的信息交流与反馈，是否有良好的人际交往与合作的氛围。

③ 思维。采集学生是否敢于提出问题、发表见解，这些问题与见解是否具有挑战性与独创性。

④ 情绪。采集学生是否有适度的紧张感和愉悦感，是否能够自我控制、调节学习情绪。

⑤ 生成。采集学生是否都各尽所能、感到踏实和满足，是否对今后的学习更有信心、更有兴趣。

（2）采集教师的教学行为。采集教师的教学行为有以下几个维度。

① 组织能力。组织能力包括组织教材的能力、组织语言的能力、组织教学活动的能力，其核心是组织教学活动的能力。

② 注意中心。采集教师在授课时是否把自己的注意力放在学生身上，当学生自主活动时，教师的注意中心是否在及时反馈与调节学生活动上。

③ 教学反应。采集教师在教学过程中能否敏锐、快速地捕捉各种信息，能否根据学生的需要灵活地调整教学策略，能否恰当地处理课堂教学中的偶发事件。

④ 教学态度。采集教师是否充分尊重和信任学生，是否以热情和宽容的态度善待学生。

⑤ 教学境界。采集教师是否减轻学生的课业负担，给学生较充分的自主学习的空间。

（3）采集信息的技术支持。由于一节课只有 40 分钟，教师"教"与学生"学"的过程具有短暂性和无法重复性的特征，观察者进入课堂现场进行记录时，在有限的时间内无法做到面面俱到、一字不漏，因此，可以在记录时辅以一些有鲜明特征的符号、标线、圈注等标记，以保证所记载材料数据与信息的客观性与准确性。

一般来说，观察者要综合运用倾听、明察、筛选、速记等手段进行信息的采集。

① 倾听。课堂主要是由教师的提问与学生的回答为组成部分的。观课时，观察者需要认真倾听：一要细听教师在课堂上讲的每句话，二要倾听每个学生的回答。倾听时不放过细微的情节，不漏掉重要的线索。

② 明察。要观察课堂中教师的教学行为，观察学生在课堂上的一举一动，观察课堂中的常见现象，更需要注意一些偶然事件和意外事件。

③ 筛选。课堂观察要全面，但不是一字不漏，观察者要将观察时搜集到的所有信息进行合理筛选，根据观察要求、主题与目的，选择有用的信息供自己分析。

④ 速记。课堂观察时，为了保证采集信息的及时性与可靠性，需要采取笔记式记载。例如，观察"数学课堂提问的有效性"时，要求观察授课教师的提问时机、提问形式、提问内容，学生的回答，教师的回答，师生间、学生间围绕问题的互动等，所涉及的采集信息的线索很多，而课堂是一次性的，不可能"重演"，因此，在记载的过程中，要快速记下所需的原始文字与材料信息，切忌磨磨蹭蹭、拖泥带水。观察时要做好两项记录：一是记录时间，为了便于操作，一般以 5 分钟为时间段记录，这样，在进行讨论的时候就有一个时间标尺；二是记录细节，记录与观察主题相关的典型细节是观察阶段最主要的任务，这是整个课堂观察的意义所在。

在具体的操作过程中也要注意一些技巧，如把握课堂细节、加强分工合作、利用辅助工具。

（4）采集的方法。课堂采集可以采用量表采集法、图画采集法、摄录采集法及笔记采集法。

2. 访谈

访谈就是观察者访问、采访被观察者，并且与其交谈的一种活动，是观察者通过口头谈话的方式从被观察者那里收集（或者说建构）第一手资料的一种研究方法。

观课者与授课者是平等的，应互相尊重，坦诚相待，为了保护授课者的权利，有些问题不宜在公开场合交流，可以创造民主、自由的访谈氛围进行交流。可以通过询问授课者"你为什么这样做"或"我想听听你的看法"等给授课者以话语权，充分且真实地了解上课采集到的情节背后的事实。

访谈过程中，在给对方指出问题时，要充分尊重对方、信任对方，拒绝简单判断、随意指责，应以一种询问和商量的口吻来征求对方的看法，如把"我认为"改为"我观察到""我注意到""我发现""你觉得"等。

要使课堂观察真正地起到优化教师教学、提高课堂的有效性的作用，观察者就一定不能忽视学生的课堂感受，与学生当场进行交谈，有利于准确、深入地把握真实情况。

3. 方式

小学数学课堂观察常见的组织形态有团队合作观察、同伴互助观察和教师自我观察等。在一个学科群体中这三种观察形态是立体存在的，它们就好像一棵树，学科教研组组织的课堂团队合作观察犹如树干，必须做强、做壮、做粗，起到支撑和引导的作用；学科备课组组织教师间开展的课堂互助观察犹如树枝，应该枝多面广；而教师自我观察就像树上的叶子，是个"自我生长"的加工厂，只有每片叶子都进行光合作用，整棵树才能枝繁叶茂。

三、议课的内容

议课往往是在有目的、有计划、有组织的教研活动中进行的，应根据观课的目的明确议课的任务和目标，根据内容和对象的差异，有针对性地进行议课。因此，议课要遵循突出重点原则和因人而异原则。

（一）分析

分析是描述与分析课堂教学行为，切忌随意性、散漫性，应该依据观察所得数据与量表等，运用科学的方法与规范的操作策略进行。

分析要能够抓住以下三个要点。

（1）基于课堂观察研究的现象描述，即展现情境，包括时间、地点、环境、背景、人物、事件等，这是课堂观察分析的前提。

（2）基于定性观察的细节描述，即"用细节说话"，这是课堂观察分析最基本的方法。

（3）基于情境展现与细节描述的理论解读和原因分析，这要求课堂观察分析后，根据教学原理对课堂现象作出的科学评价。

分析的原则是尊重、合作、激励。

常见的课堂分析方法有个体分析和合作分析。分析的方式有以下两种：

（1）诊断式（发现问题、提出问题、解决问题，即"诊—断—治"）；

（2）微格式（范围小、时间短、空间小、人员少），截取整个数学课堂教学中某一个有争议的教学环节、某一个有价值的时间段、某一个有趣的教学片段等，重点进行深入细化的分析。

（二）重构

课堂观察的最终目标是促进教师对自身课堂教学的重构。因此，对小学数学课堂教学的重构可以说是课堂教学最关键的一个环节。

实践告诉我们，课堂观察的实施，在对话、重构方面常常会遇到无重构意识、缺乏实用价值、缺少改进提高等一些问题。

若要完成小学数学课堂观察的有效重构，先要解决集体智慧生成的问题。这样才能确保以最高的效率使重构目标得以实现。

（1）伙伴建议：对话交流、文本交流。

（2）自我反省：能及时进行教学得失反思，也能静下心来，对照教育教学原理反省自身对理论与实践的认识。

（3）二度设计：可以提高教师在由实施者向研究者转化过程中的主体地位，是促进教师改进教学策略，不断提升自己的好办法，也对消除课堂观察"课终，研究也结束"的弊端有根本性的意义。

（三）表述

如果说小学数学课堂观察是耕耘的过程，那么成果的表达就是它的最后收获。作为课堂教学研究的一种方式，小学数学课堂观察成果的表达与其他研究成果的表达一样，是多样化的。

以下是小学数学课堂观察成果与表达中常见的几个问题。

（1）八股式：表达形式拘泥于同一种文本表达模式，缺乏丰富性和主动性。

（2）繁琐式：追求形式，什么都说。

（3）蜻蜓点水式：对课堂情境的理论分析与思考缺乏深入探究的内容。

课堂观察成果与表达中的常见问题的解决方法有以下几种。

（1）课堂观察成果是课堂观察有效性的一个鲜明的标志，其呈现形态和表达方式要丰富多样。小学数学课堂观察的显性成果常常可以用文本的形式表达，大致可以分为六种，即观察手记（随笔、记录等）、观察沙龙、观察案例、观察叙事、观察报告、观察论文。

（2）课堂是错综复杂且富有变化的，要观察到课堂里发生的每一件事情是不可能的，但如果我们不知道要找寻什么，就看不到更多的东西。课堂观察要从观察课的目标、重点、难点及具体分析观察对象（内容）的要素下手，找出清晰的目标指向，再根据观察课堂的具体情境表述课堂观察的成果。

（3）对课堂情境的理论进行深入分析与深刻反思，既要定量，也要定性；既要现象描述也要归因分析，还要深度建议。

观课与议课案例

"圆的认识"的一个教学片段的观察与重构

一、背景

课堂观察与诊断已成为中小学课堂教学研究的主要方式，在课堂观察与诊断中应找现象的本质，找亮点，谈感悟，找问题谈自己的处理方式。教师的成长需要实践智慧，一个小学教师只有在"经验+反思"和"教学+研究"成长模式下，通过努力才会成为一个明师（明白之师、明辨之师、明天之师）。

二、课堂观察与诊断

我们常在课堂上听到："线段上有画不完的点，所以，线段上有无穷多个点。"

也常听到疑惑的声音："有限的线段上怎能画出无限多的点？铅笔削得再尖，只要不停地画下去，最后肯定会画满的。"

在现实中，你能在线段上画出一个没有大小的点吗？要明白数学中的点和线（包括直线、射线、线段）与现实生活中的点和线是不相同的。数学中的点和线是由现实中的点和线抽象而成的，但在现实中却找不到数学中的点和线。数学中的点是没有大小的，线是没有宽度的，而生活中的点和线是画出来的。用削尖的铅笔画的点比较小，画的线比较细，但水彩笔画的点就比较大，画的线就比较粗，因此生活中的点有大小，线有宽度。"线段上的点"是指数学中的点，而用笔画出的点是现实中的点，两者是不同的。如果点有大小，有限的线段上就不可能画出无穷多个点。

1. 教学片段实录

刘老师执教"圆的认识"一课。她让学生通过操作活动体会"圆的半径有无穷多条"，要求学生在各自所画的圆中画半径。随着老师一声令下，学生埋头画了起来。这时课堂外出现了一个小小的意外，老师处理完这个意外回到课堂，预设的操作活动的时间被延长了许多……随后，学生汇报探究成果。

学生A：画了55条。

学生B：画了73条。

学生C：半径应该能够画无数条。

正当老师想进行总结，进入下一个教学环节的时候，一位学生举手提问："老师，我把整个圆画满了，再也画不下了。"

这时有一些学生提出了自己的看法，并进行了激烈的争论。

学生C：老师，那位同学肯定是圆画得太小了，只要把圆画大一点，就还可以画很多条。

学生D：有限的周长上能画出无限多的点吗？

学生E：老师，只要把铅笔削得尖一点，就能画无数条了。

学生F：我反对，铅笔削得再尖，圆画得再大，只要不停地画下去，最后肯定会画满的。

学生争执不下……

2. 教学诊断

针对这一节课，我们课后进行了议课。

执教老师解释：因为时间没控制好，出现了这样的情况。

教师A：圆有无穷多条半径，就要去画画看，以这种实证的方法来验证无限，本就是缘木求鱼、南辕北辙。在现实中，你能画出一根没有宽度的线吗？同样，在现实中，你能在圆上画出一个没有大小的点吗？

教师B：我赞同，如果要完全解释清楚"圆有无穷多条半径"这个问题，靠画是不行的。我们就算画出1万条、10万条半径，也还是有限的啊，怎么能够画出无穷

笔记栏

条半径呢?

教师C:什么叫作"无穷多"?"要多少有多少"才能算无穷多。

"圆的半径有无穷多条"是说圆存在无穷多条半径;而"圆的半径能画无数条"是指能构造出无穷多条半径。

就算能画出1万个、10万个点,也还是有限的。8万亿个点,课堂上能画完不?"画不完"也不能等同于"无穷多"。"线段上有无穷多个点"不能实证和感知,只能想象。想用实证的方法来验证无穷多个,只会是缘木求鱼、南辕北辙。

怎样才能确定圆有无穷多条半径?我们必须要弄清楚什么叫做"无穷多"。提到"无穷多"这个概念,你首先想到的是什么呢?是浩瀚的宇宙,还是没有尽头的数?相信大家都认可,"要多少有多少,没完没了,无穷无尽……"才能算无穷多。

数学中有的无限是很容易想象的,比如我们熟知的"无穷多",最简单的应该是自然数。若我们从1开始数,无论数到一个多么大的数,都会有比之大1或者大更多的数,没有最后的自然数。因此,存在无穷多的自然数。自然数有无穷多个,打开了我们认识"无穷多"的大门。

《标准》提出"会用数学的思维思考现实世界"。例如,学生接触过"集合"的概念,比较两个集合元素个数的多少的常用思维是"一一对应"。如果集合A与集合B的元素是"一一对应"的,则集合A中的元素和集合B中的元素一样多;如果集合A与集合B的元素不一样多(不能建立"一一对应"),且A的一个真子集与B的元素一样多,那么A的元素比B的元素多。

我们是否可以认为,与自然数"一样多"或者比自然数"多"就是无穷多?也就是说,如果一个集合A与自然数集合N能建立"一一对应"关系(A的元素个数与自然数个数一样多),或者集合A的一个子集合(部分)与自然数集合N能建立"一一对应"关系(A的元素个数不少于自然数的个数),那么A元素个数是无穷多。

三、课堂重构

1.方案一

基于"一生二,二生三……"的思想,我们进行如下构造:用最简单的方法构造圆弧$\overset{\frown}{A_1A_2}$的中点A_3,A_3不同于A_1和A_2;接着可以用同样的方法作出圆弧$\overset{\frown}{A_2A_3}$的中点A_4、圆弧$\overset{\frown}{A_3A_4}$的中点A_5……可以一直持续构造,要多少个中点就能构造出多少个,这些中点个数可以跟自然数建立一一对应关系:A_1、A_2、A_3、A_4、A_5、A_6……因此,任何一段圆弧$\overset{\frown}{A_1A_2}$上都有无穷多个点。

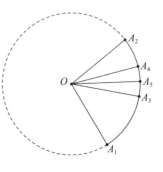

连接这些点与圆心的线段,可以得到无穷多条半径:OA_1、OA_2、OA_3、OA_4、OA_5……

这样的教学方式,渗透了无穷思想和对应思想,不仅科学,而且有助于培养学

174

笔记栏

生的数学思维能力。

2. 方案二

有些道理与其教师说给学生听，不如让学生说给学生听。在课堂上，学生自己的解释应优先于教师的说明。一位学生在明白了"与自然数一样多或者比自然数还多"就是无穷多的道理后，想到了一个更简单的办法，先画好一条半径 r，然后分别旋转 $1°$、$\frac{1}{2}°$、$\frac{1}{3}°$、$\frac{1}{4}°$、$\frac{1}{n}°$……就得到与自然数"一样多"的半径 r_1，r_2，r_3，r_4，r_n……所以，圆有无穷多条半径。

3. 方案三

课堂上学生的观点"只要把圆画大一点，就还可以画出很多条半径"，提示我们想到了下面的一种解释方法，但是该解释比较复杂，对小学生来说，理解起来比较困难，不过可以作为补充拓展的教学素材，要相信学生的潜力。

（1）从最简单的等边三角形开始，不难看出，等边三角形中位线上的点和底边上的点的数量是一样多的。

（2）等边三角形变成相应的扇形，短弧上的点和长弧上的点的数量也是一样多的，其中蕴含了化直为曲的思想。

（3）六个这样的扇形不就是一个圆了吗？那么，对一组同心圆而言，尽管内圆和外圆的周长不同，但显然圆周上的点的数量也是一样多的，其中蕴含了补缺为全的思想。

（4）既然外圆上的点和内圆上的点的数量一样多，当我们在现实中因为画了 100 条圆的半径而无法再继续画出更多的半径的时候，只要在这个圆外面画一个更大的同心圆，延长原来画的半径，与大的圆相交于大圆上，就可以继续连接圆心和大圆上的点画半径，且新画出的半径必定经过原先的小圆，这就增加了原来的小圆的半径数量。这里让学生从眼见为实，渐渐过渡到无限，不再觉得数学那么抽象。

（5）将"是否真的能画出无限多的点"或者"是否真的能画出无穷多条半径"的追问转化成"能否画出（想象出）一个更大的同心圆"的问题。显然，后面这个问题直观多了。

其实，方案三主要是渗透了转化思想，让学生在现实与想象之间穿梭，使其思维得到培养与提升。

少即是多　　　　化直为曲　　　　补缺为全　　　　一生二，二生三

笔记栏

第二节　小学数学学业质量评价

一、小学数学学业质量评价

学业质量评价，是指以教育教学目标为依据，确立一定的评价标准，运用恰当的、有效的多元化评价手段，收集学生在学习过程中的知识与技能、学科素养等方面发生的变化，评测学生在所学科目上的学习效果，最终达到促进学生改善学习和身心发展的过程。这里的"教育教学目标"包括课程标准、学科核心素养、教材内容中的"静态"目标，也包括教师在教学过程中即时生成的、师生共同协商的"动态"目标。

学业质量是教育质量的重要组成部分和重要标志，为了科学合理地评价并提升教育质量，需要明确学业质量的内涵，制定科学合理的学业质量标准。

（一）小学数学学业质量的内涵

《标准》将学业质量界定为"学业质量是学生在完成课程阶段性学习后的学业成就表现，反映核心素养要求"。说明学业质量是在学生完成了相应学段的数学课程学习后，对其学习表现的刻画，关注学生的学习所得，可以用来表示学生结果性目标和过程性目标的达成情况。

（二）小学数学学业质量的标准及特点

《标准》构建了"义务教育数学课程学业质量标准"（见表 6.1），以核心素养的学段表现为依据，以结构化的数学知识主题为载体，利用不同水平的情境和活动方式，对不同学段学生的学业水平提出要求。

表 6.1　义务教育数学课程学业质量标准

学段	学业质量描述
第一学段 （1～2 年级）	能结合具体情境，认识万以内的数及其大小关系，描述四则运算的含义，能进行简单的整数四则运算，形成初步的数感、运算能力和符号意识；能结合现实生活中的事物，认识并描述常见的立体图形和平面图形特征，会对常见物体的长度进行测量，形成初步的空间观念和量感；能对物体、图形或数据按照一定的标准分类，形成初步的数据意识。认识货币单位、时间单位和基本方向，尝试用数学方法解决问题，积累数学活动经验，形成初步的量感和应用意识。 结合现实生活情境，尝试用数学语言描述生活中的实际问题，运用所学的数学知识和方法解决问题，形成初步的数感、量感和应用意识。 通过操作、游戏、制作等丰富多彩的活动，对数学产生一定的好奇心，形成学习数学的兴趣和初步的合作交流意识与独立思考的学习习惯

续表

学段	学业质量描述
第二学段 （3～4年级）	认识自然数，能结合具体情境初步认识小数和分数，能进行整数四则运算和简单的小数、分数加减运算，形成数感、运算能力和初步的推理意识；能认识常见的三角形和四边形，会测量、计算长方形与正方形的周长和面积，了解图形的平移、旋转和轴对称，形成空间观念、量感和初步的几何直观；能分析与表达数据中蕴含的信息，能绘制简单的数据统计表和统计图，形成初步的数据意识。进一步认识时间单位和方向，认识质量单位，尝试应用数学和其他学科知识与方法解决问题，积累数学活动经验，形成量感、推理意识和应用意识。 结合现实生活，能尝试运用所学的数学知识和方法描述、表达、分析、解释实际问题，运用常见的数量关系解决问题，形成量感和初步的应用意识，以及分析问题与解决问题的能力。 经历数学学习的过程，通过操作、游戏等丰富多彩的活动，对数学形成一定的求知欲，具有学习数学的兴趣，初步养成独立思考、合作探究等良好的学习习惯
第三学段 （5～6年级）	认识自然数的一些特征，理解小数和分数，能进行简单的小数和分数四则运算和混合运算，感悟运算的一致性，形成数感和运算能力；能用字母表示数量关系和规律，理解常见的数量关系，形成符号意识；能认识常见的立体图形和平面图形，计算图形的周长、面积（或表面积）、体积，能描述图形的位置和运动，形成量感、空间观念和几何直观；知道数据的统计意义，能对一些随机现象发生的可能性大小作定性描述，形成数据意识和推理意识。了解负数，应用数学和其他学科知识与方法解决问题，形成数感、量感、模型意识、应用意识和创新意识。 能从数学与生活情境中，在教师的指导下，初步学会用数学的眼光观察，尝试、探索发现并提出问题，将所学的数学知识应用于解决现实生活中的问题，形成初步的模型意识和应用意识。 对数学形成一定的好奇心与求知欲，具有学习数学的兴趣，初步养成良好的学习态度和习惯。初步建立学好数学的自信心，体会数学的价值，在解决问题的过程中逐步克服困难，初步形成一定的应用意识和创新意识

"义务教育数学课程学业质量标准"呈现以下特点。

1.核心素养统领下"四基""四能""情感态度"三位一体融合式学业质量标准

《标准》中的学业质量标准采用二段式描述，分别从"四基""四能""情感态度"三个方面综合描述学生的数感、量感、符号意识等核心素养以及在数学学习中形成的初步学习能力。不仅关注学生通过数学学习所能掌握的数学基础知识与基本技能，还关注学生对基本数学思想的感悟、基本活动经验的积累，以及在数学学习过程中逐步形成的发现问题、提出问题、分析问题与解决问题的能力。同时，还关注了学生数学学习的情感、态度和价值观，综合考量学生核心素养在各个方面所表现出来的发展水平，是对学生学业成就的整体描述和界定。这种学业质量标准扬弃以学科知识点为纲，以识记、理解和应用为质量水平，转而采用一种整合的、实践取向的学业成就观。

2.可测量、可操作、易评价

在学业质量标准的建构中，从行为主体、行为动词到行为条件、表现程度的表达，采用可操作的语言描述学生执行某种具体行为的过程。以第二学段学业质量标准为例：一是清楚地表明达成目标的行为主体是学生；二是采用意义明确、易于观察测量的知识性目标动词、技能性目标动词及情感性目标动词，如第二学段学业质量的描述"能分析与表达数据中蕴含的信息，能绘制简单的数据统计表和统计图，形成初步的数据意识……"；三是明确指出学生在什么情况下用什么方式完成指定的学习活动，如"结合现实生活，能尝试运用所学的数字知识和方法描述、表达、分析、解释实际问题……"；四是利用状语等限定目标水平的表现程度，以便检测，如"初步养成独立思考、合作探究等良好的学习习惯"。《标准》明确指出："评价结果的呈现应更多地关注学生的进步，关注学生已有的学业水平与提升空间，为后续的教学提供参考。评价结果的运用应有利于增强学生学习数学的自信心，提高学生学习数学的兴趣，使学生养成良好的学习习惯，促进学生核心素养的发展。"由此，我们应该认识到，评价学生的数学学习水平必须从只关注学生的基础知识与基本技能的掌握情况，转移到全面关注学生的情感、态度、个性、认知、能力等各方面的发展上来，即建立以人的发展为本的评价机制。数学学习评价的作用主要是通过收集多方面的信息，发现和发展学生的学习潜能，促进学生在原有水平上不断提高。

二、小学数学学业评价的体系

《标准》中的"评价建议"提出了形式丰富、维度多元、主体多样的评价方式，以及评价结果运用等方面的具体要求，强调建立与核心素养一致的命题规划和方法。

桂林市秀峰区在构建小学数学学业评价体系上进行改革创新，改变传统的考试手段，通过"过程性评价+阶段性评价+表现性评价"有机结合的评价方式，对学习的过程和结果作系统科学的整体设计和实施，操作上关注评价维度、评价指标、评价任务、评价工具及分析反馈的一致性，探索构建以人为本、促进学生学习的小学数学学业评价体系，如图6-1所示。

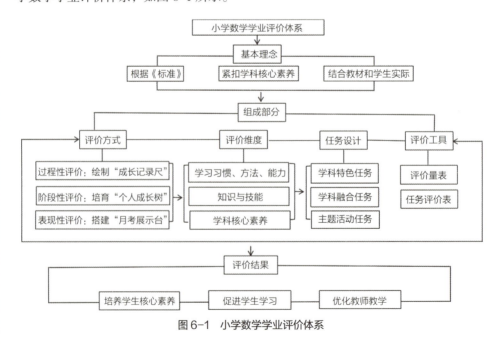

图6-1　小学数学学业评价体系

（一）评价方式丰富

评价方式应包括书面测验、口头测验、活动报告、课堂观察、课后访谈、课内外作业、成长记录等，可以采用线上线下相结合的方式。每种评价方式各有特点，教师应结合学生学习内容、学生学习特点，选择适当的评价方式。例如，可以通过课堂观察了解学生的学习过程、学习态度和学习策略，从作业中了解学生基础知识和基本技能的掌握情况，从探究活动中了解学生独立思考的习惯和合作交流的意识，从成长记录中了解学生的发展变化。

评价应针对不同学生的特点和具体内容的特征，选择恰当有效的方式。

（二）评价维度多元

评价维度多元是指在评价过程中，在关注"四基""四能"达成的同时，特别关注核心素养的相应表现。不仅要关注学生知识技能的掌握，还要关注学生对基本思想的把握、基本活动经验的积累；不仅要关注学生分析问题、解决问题的能力，还要关注学生发现问题、提出问题的能力。全面考核和评价学生核心素养的形成和发展。例如，通过对叠放杯子总高度变化规律的探究，考查学生对函数概念的理解，用数学思想分析、解决实际问题的能力，由现实问题抽象出数学问题的能力。

（三）评价主体多样

传统的数学学习评价的主体是教师，教师是唯一的裁判员，这种评价显然违背"以学生发展为本"的要求，而促进学生发展的数学学习评价的主体应该是多元的，既要有教师对学生的评价，又要有学生对学生的评价，更要有学生的自我评价。

评价主体应包括教师、学生、家长等。综合运用教师评价、学生自我评价、学生相互评价、家长评价等方式，对学生的学习情况进行全方位的考查。如学习单元结束时，教师可以要求学生设计一个学习小结，教师对学生的学习情况进行评价，也可以组织学生在班级展示交流学习小结让学生互评，以及让学生自评总结自己的进步，反思自己的不足，汲取他人值得借鉴的经验。

（四）评价结果的呈现与运用

根据学生的年龄特征，评价结果的呈现应采用定性与定量相结合的方式，关注每一个学生的学习过程。第一学段的评价应以定性的描述性评价方式为主，第二、第三学段可以采用描述性评价和等级评价相结合的方式。

评价结果的呈现应更多地关注学生的进步，关注学生已有的学业水平与提升空间，为后续的教学提供参考。评价结果的运用应有利于增强学生学习数学的自信心，提高学生学习数学的兴趣，使学生养成良好的学习习惯，促进学生核心素养的发展。

教师要注意分析全班学生评价结果的变化，了解自己教学的成绩和问题，分析、反思教学过程中影响学生能力发展和素质提高的原因。

笔记栏

第三节 小学数学课堂教学评价

小学数学课堂教学评价是课堂教学过程中不可或缺的重要手段，其可引导教学的趋向，调整教师的行为，改变学生在课堂上的学习环境，是学生发展的催化剂。

一、小学数学课堂教学的评价标准

如何评价一堂数学课？长久以来，小学数学课堂教学评价强调"精讲多练"，产生了重结论轻过程、重讲解轻学习、重课内轻课外、重学会轻会学的现象，影响了师生的个性发展和创新意识的培养。

《标准》指出："教师要注意分析全班学生评价结果的变化，了解自己教学的成绩和问题，分析、反思教学过程中影响学生能力发展和素质提高的原因，寻求改善教学的对策。"在小学数学课堂中，如何全面地、科学地、合理地进行课堂教学评价，真正发挥评价的作用，促进教师不断改进教学，是值得研究的课题。下面从四个方面探讨一堂小学数学好课的评价标准。

（一）创新教学内容，注重学用结合

数学是一门应用性很强的学科，数学的应用业已渗透到社会生活的方方面面。不少专家指出，数学教学不能"掐头去尾烧中段"，要重视数学模型的建立和数学在实际生活中的应用。一堂好课，不仅要让学生建构知识，还应使他们懂得知识的来源和实际应用，使学生初步学会运用所学的数学知识和方法解决一些简单的实际问题。一方面，数学教材中有许多知识的教学都有利于培养学生的应用意识，特别是其中的几何的初步知识、统计知识以及一些应用题，都是从实际出发，经过分析整理编成数学问题的；另一方面，由于教材的容量有限，所以许多学生熟悉的、喜闻乐见的生活事例未被列入教材。因此，教师应处理好数学的学与用的关系，注重学用结合，使学生进一步认识和体会到数学的应用价值。

注重学用结合，应在课堂上充分挖掘教材中蕴含的数学应用性因素，坚持从学生的生活经验和知识积累出发；应尽可能地利用学生生活中的情境和数据编制数学问题，体现数学与生活紧密相联；应在教学内容的呈现方式上变封闭式的单向结构为开放性的多向结构；应尽可能地创造机会，让学生运用所学知识探索和解决一些简单的实际问题。教师要使学生在实践和应用中体会数学与自然及人类社会的密切联系，了解数学的价值，加深对数学的理解，增强应用数学的信心，学会运用数学的思维方式观察、分析现实社会，解决日常生活中和其他学科学习中的问题，形成勇于探索、勇于创新的科学精神。

（二）关注学习过程

人们在对客观世界定性把握和定量刻画的基础上，逐步抽象概括，形成数学方法和数学理论，并进行应用，这一过程充满着探索与创造。学生学习数学的过程不能只是接受现成的数学知识，而应该是一个以已有的知识和经验为基础的主动建构的过程。学生对数学中的许多知识的掌握仅仅靠教师教是远远不够的，要靠学生在活动中去领会。只有学生主动参与到学习活动中，才能形成有效的学习。一堂好的数学课，教师应重点关注学生的学习过程，向学生展示知识发生发展的过程，引导学生参与概念、法则的形成过程，暴露学生学习知识的思维过程。具体来说，教学时教师应抓住新旧知识的连接点，从学生的生活经验和已有的知识背景出发，帮助学生获得学习新知识的必要经验和预备知识，从而为新知识的学习提供认知固定点，提高学生认知结构中适当观念的可利用性；应启发学生从原有的认知结构中找准新知识的生长点，不仅要考虑学生学习新知识所要具备的基础，而且要充分考虑学生对将要学习的新知识的了解程度，从而确定新知识学习的起点；应突出新旧知识的不同点，使学生在比较中发现矛盾，引发认知冲突，为学习新知识创设情境，激发学生的学习兴趣，保持其学习动力，帮助学生建构当前所学知识的意义。

小学数学课堂教学设计既要遵从知识的发展规律和学生的认知规律，又要在组织形式和结构安排上富于变化，不落俗套，有新的思路、新的探索、新的尝试，真正做到以"人的发展为本"，从学生的学习出发，围绕教材的重点、难点，有的放矢地进行教学设计。例如，导入新课的设计，应能激发学生的好奇心，能提高学生的兴致；各环节衔接的设计，不仅要自然，而且要有"戏剧性"的变化，如情境过渡法、巧设悬念法、问题提出法等；教学结尾的设计，应具有启发性、思考性，让学生有充分想象、思考的空间，并让学生有"课虽止，趣尤浓"之感。

关注学生的学习过程，应向他们充分提供从事数学活动和交流的机会，帮助他们在自主探索的过程中真正理解和掌握基本的数学知识和技能、数学思想和方法。在这一过程中，凡是学生自己能学会的，让学生去亲身体验；凡是学生能自己去做的，让学生亲自动手；凡是学生自己能说的，让学生自己动口。在教学过程中，要多为学生创造一些思考的时间、活动的空间、表现自我的机会、成功的体验，真正让学生成为数学学习的主人，而教师则是数学学习的组织者、引导者与合作者。

（三）面向全体学生

班级授课制的课堂教学以统一化的集体教学为特点，强调教学要求、教学内容、教学进度、教学检测等方面的一致性。这种授课模式以预设全班学生的知识基础和学习能力的一致性为前提，教学中容易出现"一刀切"的现象。一堂好课，首先应真正做到面向全体学生，让每个学生都在原有的基础上得到最大可能的发展。面向全体学生，就意味着承认差异，要因材施教。学生所处的文化环境、家庭背景和自身的思维方式制约着其学习结果，由此而产生的差异将导致不同的学生有不同的数学学习倾向。承认学生的差异性，并不意味着搞"填平补齐"，而是在致力于促进绝大多数中等水平学生发展的同时，使那些在数学方面学有余力的学生脱颖而出，学有困难的学生学有所得，达到基本要求。

要真正做到面向全体学生，应依据教学内容的特点和班级学生的实际情况，形成师生之间、生生之间多向交流与多边互动的立体结构；应有效地采用活动化、探索性的学习方式，通过合作、讨论、交流，发挥学习共同体的作用；应在练习层次上"上不封顶，下要保底"；应对某些特殊学生（学有余力的学生或学习有困难的学生）给予一定的"特殊照顾"；应使课堂成为每位学生充分发挥自己能力的舞台。

（四）着眼于学生的全面发展

叶澜教授说过："课堂教学应被看作师生人生中一段重要的生命经历，是他们生命的、有意义的构成部分。"

传统教学由于受"应试教育"的影响，以教师的讲授为主，属于多灌输、少动手实践，多机械记忆、少深刻理解，多单向交流、少合作学习的单一的、被动的学习方式，这严重阻碍了学生创新思维的发展。在"以人的发展为本"的今天，《标准》提出："教师是学习的组织者、引导者与合作者。"这就要求教师在课堂教学中努力摆正自己的位置，力求建立平等、合作的师生关系，要利用数学自身的魅力调动和激发学生的学习积极性，向学生提供宽阔的学习空间，尽可能多地给学生提供参与活动、合作交流的机会，让学生多思考、多表现自我、多体验成功的愉悦。

着眼于学生的全面发展，应在数学课上营造生动、活泼、民主、和谐的课堂氛围，使课堂上的每分钟都能像磁石一样紧紧地吸引学生的注意力；应创设一些具有一定思考性、探索性、思想性、趣味性的问题情境与任务目标，让学生主动地参与到观察、实验、猜测、验证、推理和交流等数学活动之中，有效地实现师生、生生之间的互助互动；应充分挖掘数学的形式美与内在美，体现数学的文化价值和育人功能，使学生在学数学的过程中经常伴有轻松感、快乐感和成功感，让每个学生都体验到学习数学的乐趣，享受成功的快乐。

巴班斯基曾指出："学生的行为，他们的学习态度、个性中的优良品质数量和参与学习活动中所表现出来的教养水平等可使我们对教育效果作出结论。教师的创造性劳动就能获得最准确的评价。"因此，学生对数学课的热情和投入程度关键取决于教师的行为。学生对数学课的热情和投入程度主要表现在以下几个方面。

（1）参与状态。学生是否全员参与。

（2）交往状态。课堂上是否有多边、丰富多样的信息联系与信息反馈，课堂上的人际交往是否有良好的合作氛围。

（3）注意状态。学生是否注意力集中。

（4）思维状态。学生是否敢于提出具有挑战性的问题、发表见解，是否思维活跃、想象丰富。

（5）情感状态。学生是否学习态度认真，有学习热情、兴趣浓厚，是否充满活力。

（6）意志状态。学生是否学习动机强烈、主动积极、努力克服困难、有毅力。

总之，教无定法，要客观公正地评价一堂数学课的教学水平必须从多角度、多方位去考虑，要结合量化的评估方法作出评价，这样，才能使数学课堂多姿多彩。新世纪的课堂教学，已经进入以培养学生的创新意识和实践能力为重要目标的新阶段。根据对目前小学数学课堂教学评价标准的反思，可知一堂好课不同于一台好戏。演戏是按照固定的剧本，依据既定的程序，演绎不变的情节。而上课面对的是一个个活生生的个体，这些个体有着不同的生活经验和知识储备，有着不同的思维方式和学习习惯，有着不同的学习能力和思想情感。因此，教师所上的每节课都是唯一的、不可重复的、丰富而具体的。一堂课，不应追求讲授技巧的滴水不漏、教学环节的天衣无缝、细枝末节上的精雕细琢，而应在先进的教育理念的指导下，面向全体学生，关注学习过程，注重学用结合，着眼于学生的全面发展，使学生真正成为学习的主人。

基于以上的认识，我们建立了小学教育专业师范生课堂教学训练标准，并设计了一份师范生课堂教学技能评价表，如表6.2所示。

表6.2　师范生课堂教学技能评价表

项目	内容	评价标准	分值
教学目标设计（10分）	目标的宗旨	1. 坚持服务于立德树人这一根本任务，促进学生的全面发展，具有能够适应终身发展和社会发展需要的必备品格和关键能力	
		2. 通过互动方式和主动性的学习，能够得到扎实的基础知识和基本能力，积累教学的基本思想和基本经验，促进学生个性与创造性方面的发展	
	目标的表述	目标描述以学生为主体，能够准确使用体现学生学习过程、学习结果或者预期行为变化的行为动词。描述具体可检测，有针对性、操作性	
	目标的要求	符合课程标准要求，符合学科及学段的特点。贯彻小学学科德育要求，挖掘和凝练正确的价值引领	
教学内容设计（10分）	教学内容	1. 内容布局安排符合学生现有能力水平和目标水平，能够体现知识的学科特点和本质，注重挖掘教学中隐含的德育内容，发挥课程的育人功能	
		2. 对知识或能力教学的重点、难点所安排的训练频度应适量	
		3. 对教材内容能够根据学生的需要和教师的风格进行个性化处理	
		4. 问题的设计围绕教学目标并有利于教学目标的实现；问题的来源多样化并注重学生有价值问题的生成	
教学过程与方法设计（10分）	学习要素与调控	能根据学生的学习目标设计学生的"听""看""讲""想""做"等多种学习要素相互转换的有效学习活动，学生的学习活动设计有"动"和"静"的合理转换	
	师生互动调控	能有效促进全体学生关注与思考问题和答案，合理设计学生思考和解决问题的途径和方式，能根据学情进行预设	
	生生互动调控	1. 活动设计能体现学生之间的多向交流，注重互助协作，团队合作	
		2. 能引导学生运用多种方式进行学习，并用多种方式表达呈现学习结果	

续表

项目	内容	评价标准	分值
教学过程与方法设计（10分）	练习频率调控	能够以多种方式让学生围绕核心内容进行有效的练习，使核心的学习项目得到强化	
	教学的公平性	能够关注、关照学习需求不同的学生，并给予与之相适应的时间、问题设计及自由表达的鼓励	
	有效性保障	1. 课时分配科学、合理，符合目标要求	
		2. 能够设计出结合教学目标的过程性检测活动	
		3. 能促进合作学习并引导学生共享学习成果	
	作业与答疑	不简单重复课堂内容，围绕学习主题设计具有个性化的与学生生活实际有联系的作业	
教学设计文档规范（5分）	排版	文档结构完整，布局合理，格式美观整齐	
	内容	文字、符号、单位和公式符合国家标准规范，语言清晰、简洁、明了，字体运用适当，图表运用恰当	
上课（55分）	教学目标（6分）	学习目标告知具体、清晰，呈现方式得当，学生能够理解	
	教学内容（8分）	1. 学习内容呈现方式合理化、多样化，对教材内容能够根据学生的需要和教师的风格进行个性化处理	
		2. 内容布局安排符合学生现有能力水平和目标水平，能够体现知识的学科特点和本质	
		3. 能够以多种方式让学生围绕核心内容进行有效的练习，使核心的学习项目得到强化	
		4. 问题（任务、活动、作业）的设计围绕教学目标并有利于教学目标的实现，问题（任务、活动、作业）的来源多样化并注重学生有价值问题的生成	
		5. 注重挖掘教学中隐含的德育内容，发挥课程的育人功能，实现教学与育人并重	
	教学方法（8分）	1. 突出自主、探究、合作教学	
		2. 能够体现学科的特点	
		3. 符合学生的年龄特征及学习规律	
	学习要素与师生互动调控（8分）	1. 能根据学习目标组织学生的"听""看""讲""想""做"等多种学习要素相互转换的有效学习活动	
		2. 学生的学习活动中有"动"和"静"的合理转换	
		3. 教师能够结合学生的知识起点和学习能力，采用适当方式让学生自主完成相应的学习活动	
		4. 能促进全体学生关注问题与答案的思考，合理安排学生思考和解决问题的途径和方式	
		5. 能够结合教学目标对学习流程的效果进行及时的检测，并对学生的学习情况给予鼓励性的评价，能引导学生进行自我评价	
		6. 能将学生在课堂即时生成的学习结果转化为教学资源	
	学生学习活动（10分）	1. 教学流程以学生的学习活动为主（自主学习、合作学习、探究学习）	
		2. 学生能够使用多种表达方式及多种工具进行自主学习	

续表

项目	内容	评价标准	分值
上课 （55分）	课堂 公平 （5分）	不同学习需求的学生都能得到教师和同伴的关照，教师给予其与之相适应的时间、问题设计及自由表达的鼓励	
	教学 效果 （10分）	1. 在规定时间内学生的学习结果与预设的教学目标一致程度高	
		2. 能够产生设定教学目标之外的良好学习结果	
板书 设计 （5分）	内容 匹配	1. 反映教学设计意图，突显重点、难点，能调动学生学习主动性	
		2. 教学过程中即时生成的教学资源能纳入板书结构中	
	构图	构思巧妙，富有创意，构图自然，形象直观，教学辅助作用显著	
	书写	书写快速流畅，字形大小适中，清楚整洁，美观大方，笔顺正确，不写错别字	
教师 素质 （5分）	教学 素质	仪态自然亲切、举止得体，注重目光交流，教学语言规范准确、生动简洁	

二、小学数学课堂教学的评价内容

小学数学课堂教学的评价内容主要包括以下几个方面。

（一）教学目标的制定和落实

教学目标是教学活动实施的方向和预期达成的结果，是一切教学活动的出发点和最终归宿。它的正确制定和达成是衡量一节课好坏的主要尺度。所以，评课一定要看教学目标。首先，要看教学目标是否全面、具体、适宜，教学目标要有明确的要求，体现小学数学学科的特点，而且要以教学大纲为指导，符合学生的实际年龄和认知规律，难易要适度。其次，要看教师的教学目标是否达成，看教学目标是不是体现在了教学环节中，看教学手段是不是围绕教学目标选择的，是不是为实现教学目标服务的。

（二）教师对教材的处理

评价一节课的好坏不仅要看教学目标的制定和落实，还要看教师对教材的组织和处理。评价一节课时，要注意分析教师对教材的处理和对教法的选择，看其教法是否突出了重点、突破了难点、抓住了关键。北师大版的《数学》一年级上册第二单元"比较"，教材所呈现的情境由两个活动组成，第一幅情境图安排的内容是通过观察比较大小；第二幅情境图是通过比较饮料的多少，引出研究比较的方法。在处理教材时，教师把生活情境带入教学中，以游戏的形式请两位学生比高矮，学生的积极性很高。会比较高矮、长短、厚薄，知道比较时应有一个统一的标准，这是本课时的教学重点和难点。教学中，教师很好地从学生已有的生活经验入手，通过小组活动等，抓住了重点，突破了难点，使学生体会到了数学与生活的联系。特别值得一提的是，教师准备了一本厚的、比较小的字典和一本薄的、比较大的笔记本，让学生观察、比较，说说如何比较厚薄，指出比较的地方，并用手摸一摸；教师用直观的教具演示，把弯曲的绳子拉直，进一步让学生明白比较要按照一定的标准。

（三）课堂教学结构的设计

评价课堂教学结构的设计，首先要看教师的教学思路是否清晰，结构是否严密。设计教学结构时要考虑先做什么、后做什么，形成有先有后、由低到高的训练程序，使课堂教学具有条理清楚、层次分明的特点，步骤之间要安排得紧凑，环环相扣。其次，要看课堂教学是否体现了"以学生为主体，以教师为主导"的教学原则。《标准》倡导启发式教学，反对注入式教学，因此，课堂教学结构的设计要贯彻"以学生为主体，以教师为主导"的教学原则。以学生为主体就是要把学生当作学习的主人，充分调动学生的学习积极性和主动性，让学生乐学、好学，学得轻松愉快。以教师为主导就是要把教师当作引路人，教师要充分做好向导，尽最大的能力给学生的学习以启迪、点拨。最后，要看数学课堂是否有较强的操作性。

（四）课堂教学的方法和手段

教学要因材施教，教学的方法要多样化，还要适当地运用现代信息化的教学手段。这样，才能更好地把知识传授给学生。在低年级的教学中，要抓住学生的特点——好奇心重，可以通过趣味性的游戏激发学生的兴趣，让他们喜欢上课，喜欢数学游戏。兴趣是最好的老师，所以要注重培养学生的兴趣。在教学中，教师要经常强化训练，对于如乘法表、加法表之类的基本公式进行不断强化，锻炼学生的心算和口算能力；要通过学生之间的竞争心理和表现心理，设置有一定难度的题目。

（五）教师的教学基本功

教学基本功包括教师的课堂板书、教态和教学语言等。课堂板书要整洁美观，安排合理，使人一目了然。教师的教学仪态应该自然、不做作，仪表要端庄，举止要从容。教学语言要科学准确，声音的高低要适宜，语速要适度。

（六）课堂教学效果

小学数学是一门基础学科，在教学中，教师以最少的时间和精力获取最佳的课堂教学效果至关重要。因为，课堂教学效果是衡量课堂教学实效的一个重要指标，课堂教学效果是每位教师须持续关注并执着追求的目标。所以，教师在课堂上要建立良好的师生关系，营造宽松的学习环境，形成和谐、愉悦的课堂氛围；在教学中要形成自己的教学特色，有自己的特点和风格，在教学设计上给人耳目一新的感觉。

总而言之，一堂课的好与坏最终要体现在学生的学习效果上，如果教学目标达到了，学生确实增长了知识，提高了能力，就应该认为是一堂成功的课。应打破传统的评课方式，不拘泥于形式，要让评课成为汲取知识、提高教学水平的并且有意思的活动，使评课形成一种良好的学习讨论的氛围。

第四节 小学数学"数与代数"观课、议课案例评析

提升表达能力，发展数学语言
——运用"四精"备课模式观课、议课案例评析

（广西医科大学附属小学李德）

6-1课件

研究背景：语言是人类最重要的交际工具。思维的发展与语言的表达有着密切的关系。因此，小学数学教师必须关注学生的语言表达能力，要有意识、有计划、有目标地对学生进行数学语言的培养和训练。我校教研组决定从小学数学二年级中选取课例围绕"如何提升低学段学生数学语言的表达能力"这一主题开展试课、观课、评议、改进、再试课、总结等多个环节的教研活动。《义务教育数学课程标准（2022年版）》根据学生数学学习的心理特征和认知规律，在低学段目标中对一、二年级的学生明确提出："对身边与数学有关的事物有好奇心，能参与数学学习活动。在他人帮助下，尝试克服困难，感受数学活动中的成功。了解数学可以描述生活中的一些现象，感受数学与生活有密切联系，感受数学美。能倾听他人的意见，尝试对他人的想法提出建议。"

研讨主题：如何提升低年段学生数学语言的表达能力。

情景描述：选取人教版《数学》二年级下册第二单元"表内除法（一）"中"用除法解决问题"这一课时作为主要教学内容。

问题讨论：提升低学段学生数学语言的表达能力需要注重什么？

结果描述：教研组老师通过本次主题活动体会到，课前做好充足的准备，上课过程中才能提升低学段学生数学语言的表达能力。老师们认为采用"四精"（精析教材、精研学情、精准设计、精编练习）备课模式能让教师授课时考虑问题更全面，学生的课堂收效更高。

研究结论：提升低学段学生数学语言的表达能力要做到"三注重"：注重解题思路的表述完整，注重倾听后的评价准确，注重知识方法的小结到位。

研后反思：提升中、高学段学生数学语言的表达能力又需要注重什么？

教研过程资料：

本次教研第一轮采用同课异构的方式进行试课，第一次试课后教研组组织评议时提出可以结合"四精"备课模式进行教学设计的修订。教学设计修改完善后，再一次开展试课，通过"两轮三上一总结"提炼出提升低学段学生数学语言表达能力的培养方法。

第一次授课：采用同课异构的方式进行初期研讨。

【黄老师主要教学过程摘录】

教师：请同学们先读一读题。谁来说一说，从题目中你知道了什么？

学生：有 15 个粽子。

教师：还知道了什么？

学生：平均放到 3 个笼屉里。

教师：那么，这道题要求什么？

学生：计算每个笼屉里放几个。

教师：大家能不能解决这个问题？根据这道题表达的意思，大家画一画，再列式解答。

（学生议论"怎么画"）

教师：你们可以用三角形、圆形等图形表示粽子，也可以直接写文字，然后按照题目表示的意思画出来。

教师：大家来看看这位同学画的图，说一说这 15 个圆表示什么？

学生齐答：表示 15 个粽子。

教师：哦，他把 15 个圆平均分成了 3 份。求什么？

学生：求每份是多少。

教师：我们一起来比画比画这幅图画的是什么意思？

（学生齐答，边说边比画）

教师：这个问题怎样解答？用什么方法来计算？

学生：除法，15 除以 3 等于 5。

教师板书写出除法算式，问：单位是什么？

学生齐答：个。（教师板书，补充单位"个"）

……

（第二个例题：15 个粽子，每个笼屉里放 5 个，要用到几个笼屉？此处教学过程省略）

教师：刚才我们解决的这两个问题有什么相同的地方？

学生：它们的总数都一样，计算方式都是除法。

教师：为什么都用除法解决问题？

学生：因为都是平均分。

教师：是的，平均分用除法计算。

【陈老师主要教学过程摘录】

教师：请大家读一读，从题中你知道什么数学信息？

教师：请跟你的同桌说一说，你知道了什么？要求什么？

（学生交流比较积极）

教师：好的，谁来说一说。

学生：15个粽子，平均放到3个笼屉里，每个笼屉里放几个。

教师：还有谁想说？

学生：15个粽子，平均放到3个笼屉里，求每个笼屉里放几个。

（教师板书例题的文字信息。）

教师：全班一起来读一读。

（全班齐读例题）

教师：大家能不能根据题目给出的数学信息和问题，画一幅图。你准备怎么表示？动手试试看。

（学生画图过程中，教师巡堂查看学生作品，并指导部分学生画图并收集）

教师：大家看一看这幅图，请画图的同学自己来说一说这幅图表示什么意思。

学生：15个粽子平均放在3个笼屉里，求每个笼屉里有几个粽子。

教师：这里还有一位同学的作品，是谁的？请你也来说一说，你画的图表示什么意思。

学生：我用小棒表示粽子。这幅图的意思就是15个粽子平均放在3个笼屉里，求每个笼屉里有几个粽子。

教师：同学们真聪明，用一幅图就清楚地表示出了这道题的含义。画图可真是解决问题的好方法！那么我们该怎样解答呢？谁来列个算式？

学生：我想用除法算式。

教师：怎样列式？

学生：15除以3等于5。

教师：同学们，你们赞同她的想法吗？

学生齐答：赞同。

教师：为什么这个问题要用除法来解决呢？

学生：因为除法表示平均的意思，题目有平均意思。

教师：能把题目里面表示平均的信息完整地说出来吗？

学生：15个粽子，平均放在3个笼屉里。

教师小结：这个是平均分问题，求每个笼屉里放几个粽子，就是求每份是几。所以，用除法计算。

教师：那么，算式里的15、3和5分别表示什么？请跟你的同桌说一说。

笔记栏

（教师巡堂，学生交流比较积极）

……

教师：计算完了，该怎样检查呢？

……

（第二个例题：15个粽子，每个笼屉里放5个，要用到几个笼屉？此处教学过程省略）

教师：同学们，我们解决了两个问题，请你们看一看，思考一下这两个问题有什么相同的地方和不同的地方，分小组讨论。

（学生进行小组交流）

教师：哪个小组来汇报？

学生1：两题都是知道了总共有15个粽子，都是平均分，一个是平均分成3份，另一个是每份有5个。

学生2：它们的被除数一样，除数和商位置不同。

学生3：检查的时候，都可以用乘法来验证列式与结果是否正确。

……

教师：大家真能干，发现了那么多信息。是的，这两道题总数都是15，都用除法算式。不同的地方是，第一题已知总数和份数，求每份数；第二题已知总数和每份数，求份数。（教师板书"总数÷份数＝每份数""总数÷每份数＝份数"）为什么它们都能用除法解决？

学生齐答：因为它们都是平均分。

教师：是的，不管是求每份数还是求份数，它们都是平均分。平均分的问题用除法计算来解决。

第一次试教后，教研组评议：

教研组课后进行了相关的研讨。上课老师进行了课后反思。黄老师说出了自己的执教感受，在这个环节的教学中，亮点是能让学生用图形、动作、语言等多种形式表达自己的解题思路。但不足的是，师生交流的形式比较单一，课堂上学生"断头话"出现得比较多，并且大部分回答表达不完整。她找出的主要原因是，教师提出的问题指向性不够清楚，新授的两个环节设计层次不分明。另外，课堂上在学生自主探究时，大部分学生不会根据题目画图，在表述思路时，出现已知条件与所求问题混淆不清的情况，这个让黄老师感到比较困惑。

陈老师的课后感受是，本堂课学生的学习积极性比较高，回答问题的完整性较好，数量关系分析得比较清楚。但出现的问题主要表现在，在第一个环节中学生在画图方面有一定的困难，问题的结构特征不够凸显，小结不到位，部分学生在图中没有表示出已知什么、要求什么。还有一个比较大的问题就是，教师授课时，忘记强调书写单位名称。

教研组其他成员根据两位老师的反思及课堂观测提出问题：首先，低学段学生的学习积极性很高，但学习的专注力持续时间较短，自律性不强，主动获取知识的能力不足，所以畏难情绪时有出现；其次，低学段学生年龄较小，生活经验匮乏，思维单一，词汇量不足，知识面较窄，他们通常很难用一句完整的话来表达观点，使得数学课堂上经常会出现说不完整的"断头话"、词不达意的"糊涂话"和重复叠加的"啰嗦话"等。所以，教学设计的层次一定要循序渐进，课堂的核心问题要精准到位，这样才能更好地激发学生在课堂上"敢说、会说、能说"，从而不断提升他们数学语言的表达能力。

为此，教研组决定采用"四精"备课模式，重新梳理两位教师提问的角度和方式，并且对问题的设计再一次整合并进行精确化提炼。

第二次授课：按"四精"备课模式进行验证性试课。

【陈老师主要教学过程摘录】

教师：在我们前面的学习中，已经认识了平均分，知道了平均分的问题可以用除法计算解决，还学会了利用乘法口诀来求商。这节课我们就利用前面学过的知识来解决生活中的实际问题。

教师：春节时我们都喜欢包粽子吃，因为这意味着富裕丰收、"年年粽，年年中"、"蒸蒸日上等团圆"、吉祥。这里就遇到一个和粽子有关的数学问题。15个粽子，平均放到3个笼屉里，每个笼屉里放几个？（教师出示题目）

教师：大家还记得解决问题的三个步骤吗？一起来读一读解决问题的三个步骤。

（教师出示板书：知道了什么？怎样解答？解答正确吗？）

教师：下面我们就用这三个步骤来解决生活中的问题吧。（出示例题）请跟你的同桌说一说，你知道了什么？要求什么？

（学生交流比较积极）

学生：知道有15个粽子，平均放到3个笼屉里。

教师：问题是什么？

学生：问题是每个笼屉里放几个。

教师：谁能把已知的信息和问题合在一起完整地说出来？

学生：有15个粽子，平均放到3个笼屉里，问题是每个笼屉里放几个。

教师：说得非常完整。那么多文字，用一幅图就能把它们全部表示出来。大家注意，画图时别忘了画上"问号"来表示所求的问题。（出示：  ）

教师：大家想不想自己也画一幅图来表示？请看要求"用你喜欢的方式画一画，注意画清楚题目中的已知信息和问题"，自己动手试试看吧。（全班学生基本可以根据要求独立作图，陈老师巡堂查看学生作品）

教师：大家看一看这几幅图，表示得对吗？分别表示什么意思？请和小组同学说一说。

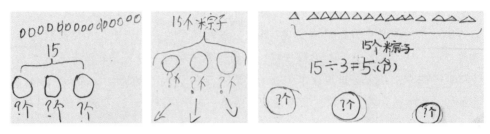

（小组交流，学习积极性较高）

教师：哪位同学来说一说你们小组的意见？

学生1：我们小组认为三个同学都画对了。第一个同学是用15个圆表示粽子，下面的三个大圆圈就是表示平均分成3份，每份有5个。

学生2：问号就是要求的问题，三位同学都能表示出问题。

学生3：这几位同学都画对了。我们觉得第三位同学画得最好。他用三角形表示15个粽子，平均分成三份，每个大圆圈都画了问号，就是求每份是几。还列出了除法算式15除以3等于5，每份有5个。

教师：同学们观察得真仔细！是的，三位同学虽然画出的图各不同，但是它们都表示出了"把15个粽子平均分成3份，求每份是多少"，并且都用问号表示清楚了题目要求的问题。

教师：这个问题怎样解答？上面第三个同学写的算式正确吗？

学生：这个问题用除法计算，他写的是对的。

教师：为什么用除法？

学生：因为是平均分。

教师：可以完整地说一说吗？

学生：因为这是一个平均分的问题，所以用除法计算。（教师板书：15÷3=5）

教师：算式中这个"5"的单位名称是什么？请同学们把这个算式和图结合起来一起观察，"15、3、5"在图中表示什么意思？算式"15÷3=5"在图中又表示什么意思？跟你的同桌说一说。（同桌交流）

（两位学生发言后，教师请第三位学生把同学们的发现完整地说出来）

学生小结：算式中这个"5"的单位名称是"个"。图中15表示15个粽子，3表示3个笼屉，5表示每个笼屉里放5个粽子。15除以3等于5，表示15个粽子平均放在3个笼屉里，每个笼屉里有5个粽子。（教师板书）

教师：解决问题的第三步是什么？怎样检查呢？

（学生独立思考30秒，教师点名回答）

学生1：我是把算出来的答案画出来，一份是五，两份是十，三份是十五，算对了。

教师：是的，反过来想，每个笼屉里放5个粽子，3个笼屉一共放了15个，和题目中的信息一致，算对了。

学生2：我直接口算，三五十五，也就是题目中说的15个粽子。答案正确。

教师：你们真会思考。原来乘法还可以用来验算除法，真是一个好办法！（教师出示简易图 ⫶⫶⫶ ⫶⫶⫶ ⫶⫶⫶，让学生一齐回答，教师板书：每个笼屉里放5个。）

教师：回顾一下，刚才解决问题一共有几个步骤？我们是怎么做的？（教师指板书作提示，引导学生把话说完整）

学生小结：解决问题一共有三个步骤。先读题，看看知道了什么，根据题目画图后想想怎样解答，列式计算后再检查解答是否正确。

……

（学生按要求独立尝试解决例题的第二个问题，陈老师进行课堂巡视帮助，陈老师挑选了两位学生画的图，耗时大约3分钟）

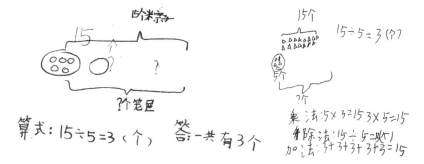

（两位学生分别对照自己画的图上台讲解解决问题的过程及检验的方法，讲解得比较清晰完整）

教师：其他同学有什么不同意见或补充？他们的思考是否正确？

学生1：他们的图画对了，能看出数学信息和问题。

学生2：15个粽子，每个笼屉里放5个，他们都用一个大圆圈表示一份里面有5个，清楚明了。题目要求回答需要多少个笼屉，他们在问题那里标上了问号，表示得很清楚。两位同学的算式都列对了。

学生3：第一位同学没有检验，但是她写"答"了。第二位同学没有写"答"，但是他会用乘法、除法、加法进行检验，方法很多。

……

（教师板书除法算式）

教师：大家评价得十分准确到位。两位同学也展示得比较清楚。（教师配合出示简易图 ▨▨▨▨，学生集体口答）

教师：下面请大家比较一下，这两个问题有什么相同的地方和不同的地方？

（学生独立思考约30秒，进行了2分钟左右的小组交流）

教师：哪个小组来汇报？

学生1：两题都有一个相同的信息——15个粽子，并且都用除法计算。

学生2：从第一题中我们知道15个粽子和平均分成3份，从第二题中我们知道总数和每份5个。

学生3：它们虽然都用除法，但列出的算式不一样。

教师：大家能从不同角度去观察，这很好。下面请大家用"总数、份数、每份数"完整地说一说，从两道题中我们分别知道了什么，求什么。

学生1：从第一题中我们知道总数和份数，求每份数。（教师出示"把15平均分成3份，求每份是多少？"）

学生2：从第二题中我们知道总数和每份数，求份数。（教师出示"求15里面有几个5？"）

教师：它们表示的意思都不一样，但是为什么它们都能用除法计算？

学生齐答：因为它们都是平均分。

教师：是的，不管是求每份数还是求份数，它们都是平均分。平均分的问题我们都可以用除法计算来解决。

第二次试教后，教研组评议：

陈老师第二次试课后非常兴奋，她说经过前面和教研组一起合作碰撞，大家按照"四精"备课模式进行准备，对教材、学情的深入理解，让她上课的时候更能抓准主线组织学生进行有效的思考、交流，评价学生时也更加清晰到位，学生课堂的表达也准确到位。教研组各成员认为采用"四精"备课模式收获颇丰。大家针对第二次试课纷纷说出自己的感受。"四精"备课模式，设计的教学任务及核心问题非常适合学生思维的发展。

《义务教育课程标准（2022年版）课例式解读（小学数学）》一书中提到："数学语言的特征和意义不难把握，关键是有意义的数学语言如何产生，是按事先的设定'教'给学生，还是由学生自己在解决问题过程中，发现和运用数学语言，并体会其功能与意义？"在提升低学段学生数学语言的表达能力上，经过三次试课，可以得出以下几个策略：第一，注重解题思路的清晰表述和回答的完整性。教师可创设多种表征方式，让学生有充分的体验和感受，这对他们思考过程表达的清晰度和完整性是很有帮助的。第二，注重倾听后的即时评价。倾听不是为了输入，而是为了更好地输出。倾听后的评价要让学生学会彼此尊重差异，而且要引导学生明白，想让对方听懂并认可自己的评价，就得不断调整自己的表达方式，这样才能准确输出达成良好的沟通。第三，注重对关键知识点及相关方法的小结。适时小结能使学生抓住本课的学习重点并加深对知识的理解，让他们将脑海中零碎的信息重新进行整合，这样不仅能提升学生数学语言表达的水平，还能发展学生的学习能力。同时，教研组还讨论了中、高学段学生在此基础上，数学语言表达能力的提升还可以从哪些方面进行。大家对中、高学段学生数学语言表达能力的提升又补充了两点：第一，注重让质疑问难成为习惯；第二，注重数学语言的规范性和严谨性。

总之，数学语言是思维活动的重要工具。这次教研活动通过"四精"备课模式，通过精析教材、精研学情，较好地把握学生表达的不良习惯，通过精准设计问题，采用图形、动作、语言等多样化的表征方式，帮助学生联系除法的含义，清晰完整地表达各数量之间的关系，最后通过精编练习使知识在表述过程中再一次得到巩固强化。正如南京大学郑毓信教授在《新数学教育哲学》一书中提出的，将思维看成全部数学教学工作的核心，"不应求全，而应求用""只有以数学思维的分析带动具体数学知识的教学，我们才能帮助学生很好地掌握相关的知识和技能，才能使得自己的教学真正超出单纯知识学习的范围……"真正实现"人人都能获得良好的数学教育，不同的人在数学上得到不同的发展"。

第五节　小学数学"图形与几何"观课、议课案例评析

如何做好知识之间的沟通与关联？
——"线段、直线、射线"观课、议课案例评析

背景：《义务教育数学课程标准（2022年版）》指出，引导学生用数学的眼光观察现实世界，用数学的思维思考现实世界，用数学的语言表达现实世界。可是在时间有限的数学课堂中，如果老师不给学生观察的目标、思考的途径和表达的方法，学生如何提高观察、思考和解决问题的能力？日常教学中我们发现，学生模仿例题完成的练习正确率相对较高，而需要独立思考的进阶式练习却难倒了一部分学生，原因是他们不知道可以借助什么工具和方法去解决面临的问题。因此要打破数学知识之间的屏障，使数学知识系统化、整体化，使学生头脑中建立一个完整的认知结构，触类旁通，这样他们才能灵活地搭建原有知识和新知识间的桥梁，才能高效解决实际问题。

教研组决定围绕"如何做好知识之间的沟通与关联"展开研究。将李老师的一堂汇报课作为研究的起点。

李老师本堂课的内容是"线段、直线、射线"（人教版《数学》四年级上册）。

主题：如何做好知识之间的沟通与关联？

情景描述：选取前后三次教学的关键片段（"你认识它吗？能测量吗？""你能发现它们有什么不同吗？""它们之间有什么联系与区别？你能边画边说吗？"）

问题讨论：这节课为什么感觉是老师讲得多？怎样的学习方式最有效？图形与几何课的概念教学应该注意什么？

结果描述：老师们感到很兴奋，恍然大悟：应准确关联已有的知识经验，将分散的知识整体呈现，通过多种表达方式厘清事物之间的区别与联系，凸显概念本质。

研究结论：如何将教材的知识结构转化为学生的认知结构，并且让学生清晰地认识、有效地提取？这需要教师在设计时遵循知识内在逻辑，通过结构化的流程设计，搭建序列化的模块支架，帮助学生建立清晰的知识结构和学习方法。

反思：课堂教学中如何做好知识之间的沟通与关联？

教学过程资料：

第一次授课的观课记录："你们认识吗？能测量吗？"

师：今天给大家带来动画片里的人物，大家认识不认识？（出示喜羊羊的动画视频）喜羊羊在羊村待久了，想去大城市转转，现在有三条路可走，哪条路最近呢？

（教师出示三条路线，其中一条是线段，另外两条是曲线）

教师：我们重新认识了线段，你觉得画一条线段要注意哪些问题？

教师：为了表述方便，可以用字母来表示线段，如线段AB。

（学生画出线段并标上字母）

教师：同学们，今天老师还给大家带来了一样家用电器（手电筒），你们认识它吗？

教师：（打开手电筒，对着墙壁）你发现了什么？你知道这个小亮点是哪里来的吗？这条光线可以看作什么呢？

教师小结：它是一条线段，有两个端点。你能测量出它的长度吗？

（演示：将手电筒的光线射向远方）

教师：现在我们把光线射向远方，你还能量出它的长度吗？为什么？（学生用不同的词语描述光线的特点，如没有尽头、无限长等）

教师：像这样的光线就可以看作射线。生活中，哪里可以见到射线？

（课件展示，学生尝试找出射线的特征）

教师：还有一种线在生活中我们对它很熟悉但不好找，大家能猜出它是谁吗？

（师生举例后尝试找出直线的特征）

教师：线段、射线和直线有什么相同点和不同点？

四人小组讨论。

……

第一次课后教研组议课：

这节课创设了学生感兴趣的"动画人物要进城，需找出最短线路"的情境，引导学生回忆原有知识，学生从线段入手，过渡到射线、直线的特征学习，最后四人小组交流得出它们的相同点和不同点。整节课感觉学生还是比较积极的，特别是动画人物情境的引入，生活情境手电筒的演示，激发了学生的兴趣和求知欲望。观课老师提出了一些想法：虽然有具体情境的代入，但对于有线段学习基础的学生来说，这样的教学没有什么挑战性，对教学重点"识别射线、直线和线段三个概念之间的联系与区别"凸显不够。

数学概念是客观现实中的数量关系和空间形式的本质属性在人脑中的反映。在教学过程中，为了使学生顺利地获取有关概念，常常要提供丰富的感性材料让学生观察。教师通过启发引导，让学生对感性材料进行比较、分析、综合，最后抽象概括出概念的本质属性。学生通过一系列的判断、推理使概念得到巩固和运用。因此，教师要善于提供此类材料，便于学生对属性相近的概念作出判断和推理，找出概念之间的联系与区别。

怎样才能准确关联已有的知识经验，凸显概念的本质属性？有的教师认为，可以通过课前测验了解学生对三个概念的认识程度，再决定采取何种教学方式；有的教师建议，让学生充分享受辨析三个概念的过程，学生对三者的关联和感悟可以提前进行。我们在集体反思与讨论的基础上得到了一个共识：以学生为主体，通过画一画、说一说等多种表达方式厘清事物之间的联系与区别，将分散的知识整体呈现，使学生学会关联，从而作出正确判断。

李老师表示愿意尝试，并根据《义务教育数学课程标准（2022年版）》要求与大家的建议，结合反思，对原先设计的教案进行了修改，准备上第二轮研究课。

第二次授课的观课记录："你能发现它们有什么不同吗？"

教师：同学们，今天我们一起来认识线段、直线、射线3个图形朋友，它们都有一个"线"字，这3个图形在你的脑海中是什么样的？请你试着在学习单上画一画。

（学生完成任务后全班交流）

教师：你对哪个图形最熟悉？哪个最不熟悉？

（指明学生回答并引出课题）

教师：这是同学们画出来的线，看来同学们对这3个图形朋友都有了一定的了解。在生活中它们无处不在，我们一起来找一找吧。

（出示生活中各种线的图片、视频，让学生自主回答）

教师引导：这是我们刚才找到的3种线（课件抽象出图形），请大家仔细观察，你发现了什么？

学生1：有些是直的，有些是斜的。

教师：是的，除了方向不同，还有其他吗？

学生2：一条线段比较短，一条比较长。

教师：是的，还可以测量出长度。

教师小结：同学们真厉害，已经找到了线段的特征。没错，线段有两个端点，可以测量长度。

（教师引导学生用字母表示线段）

教师小结：我们可以从名称、端点、能否测量这些角度认识线段。

教师：刚才同学们把它分为一类的这组（指手电筒），老师今天也带来了一个魔术。变，你看到了什么？一个红色的点，这个点从哪里出来的？用手指一指。大家想象一下，这条线不被阻挡的情况下，它可能穿越到哪里？（课件演示）

学生1：穿越到操场。

学生2：穿过天空甚至穿越另一栋楼。

教师：这条线从这里出发……一直来到了浩瀚的宇宙。（课件演示）

教师：它停下来了吗？看到这条线，你感受最深的是什么？

学生：它好长好长，我们的肉眼根本看不到终点。

教师：这条线很长，长到没有尽头。如果我们的尺子足够长，量得完吗？所以测量不出它的长度。同学们对这条线的认识很深刻，像这样的线，我们在数学上称为射线。（板书射线的特征）

教师：还有一类线，让我们继续从名称、端点、能否测量这些角度去认识它吧。

……

教师：线段、射线和直线有什么相同点和不同点？

四人小组讨论。

……

第二次课后教研组议课：

对于这堂课，教研组老师给予了肯定。有老师说，动画演示射线是无限长的过程确实能给学生留下深刻印象，可以很好地突破难点；还有的老师觉得，李老师不再把认识三个图形特征的环节分割开来，而是把它们连接成一个整体，从实物（分一分）、猜想（画一画）、验证（辨一辨）三方面入手帮助学生理解，更能凸显概念的本质特征。

不过，也有老师提出质疑，在教"线段、直线、射线"之间的联系和区别时，方法还不够直观和生动，学生的理解还停留在表层，只是根据教师的要求完成任务，并没有真正地从主观上理解，前期的认识过程显得有些仓促。教研组老师们流露出困惑的表情。

通过仔细观察录像和深入分析过程，我们再次反思，学生的探究过程不能因为完成了概念的初步认识就停止，对于"三线"的联系的讲解还需要回归图形特征。而这些我们疏于考虑，导致学生看似分析了三者的异同，但仅限对字面意思的理解而已，学习效率不高。

最后老师们觉得很有必要再次作出改进，李老师也乐意再上第三轮研究课。大家达成的共识是：依据教材的编排顺序，从线段到射线再到直线的图形演示，让学生能直观地看出线段是直线的一部分，用同样的方法引导学生认识射线与直线的关系，接着总结出"三线"之间的联系和区别。

第三轮课李老师大胆放手让学生自主学习与讨论。李老师仅在关键处提出质疑让学生辨析，使学生在头脑中形成更清晰的概念表象及概念的本质特征。

下面是教师在完成线段、射线、直线学习后的再次思考。

教师：刚才我们从名称、端点和能否测量这几个特征认识了三个朋友，它们之间有什么联系与区别？请你用画一画的方法进一步说明。

（学生独立完成并汇报板演）

学生1：我画出的射线就是在线段的基础上由一个端点向一边无限延伸。

学生2：我画出的射线方向和他的不一样，他的是往右延伸，我的是往左延伸。

学生3：我画出的直线是在线段的基础上由它的两个端点向两边延伸。

学生4：通过画一画我知道了线段其实就是射线和直线的一部分，它有两个端点，它的长度是可以测量的。

学生5：我觉得线段是射线的一部分，射线又是直线的一部分，射线和直线的长度都是不能测量的。

……

教师小结并让学生用手势来感受三者的异同。

教师总结：我们认识一个新鲜事物时要和原来的知识联系起来，这样才能更好地发现它的本质特征。

第三次课后教研组议课：

课后，老师们感到很兴奋，反馈会议上老师们讨论了很久，并作出总结：概念教学，特别是图形与几何的概念，还是要在操作中充分感知，才能逐步达到完善，并且要注重原有认知，不断创造机会去感受、辨析，进而总结出它们的特点，关联它们的知识体系。

反思：图形与几何的课堂活动究竟怎样才能做好知识之间的沟通与关联？

在图形与几何课"线段、直线、射线"的三次授课中，老师们确定的研究主题是如何做好知识之间的沟通与关联。在不同阶段教师对此有不同的理解，表现出不同的教学行为。

学习图形概念必须准确关联已有的知识经验，将分散的知识整体呈现，凸显概念的本质属性。帮助学生在大脑中建立图形特征关系，学生才能更准确地把握概念本质。沟通与关联也应该体现在学习方法的迁移上。

可见，如何将教材的知识结构转化为学生的认知结构，并且让学生清晰地认识、有效地提取？需要教师在设计时遵循知识的内在逻辑，通过结构化的流程设计，搭建序列化的模块支架，帮助学生建立清晰的知识结构和学习方法。

在新课程改革背景下，小学数学教学的变化突出表现为越来越关注图形与几何领域教学的有效性，关注学生空间观念的培养。学生思维具有具体形象性，而在图

笔记栏

形与几何知识领域的教学中，教学内容具有抽象性，这就要求教师不能孤立地教学某一个知识点，而要把教学当成一种整体性的建构活动，这样，学生最终得到的不仅仅是数学的某一个知识，更多的是数学思想和数学方法，是数学素养的提升。

第六节 小学数学"统计与概率"观课、议课案例评析

感悟统计意义，发展数据意识
——"百分数的意义"观课、议课案例评析

背景：《义务教育数学课程标准（2022年版）》对课程内容结构作了部分调整，变化之一就是将百分数从数与代数领域调整到了统计与概率领域，并要求"结合具体情境，探索百分数的意义，能解决与百分数有关的简单实际问题，感受百分数的统计意义"。那么，如何根据课程标准的理念要求，创设恰当的情境，设计有意义的学习任务，组织有效的活动，以促进学生对百分数形成多元化的理解，感悟统计意义，形成初步的数据意义和应用意识呢？

教研组决定对"百分数的意义"一课进行课例研究，并选择刘老师的一节展示课录像作为研究起点。

主题：感悟统计意义，发展数据意识。

情景描述：选取前后两次教学的关键片段（"百分数表示什么意思？""为什么要将分母统一成100？""什么情况下百分数有可能超过100%，什么情况下不可能超过100%？"）

问题讨论：怎样理解《义务教育数学课程标准（2022年版）》关于百分数内容的调整和理念要求？什么样的教学情境和学习任务有利于学生对百分数意义多元化的理解？如何通过教学活动促进学生感悟百分数的统计意义，发展数据意识？

结果描述：教学情境、教学任务的设计反映了教师本身对概念认识的深度和广度。百分数有着丰富多元的内涵，百分数的教学要精选能够反映概念本质内涵的典型素材，同时设计具有挑战性和过程性的学习任务，帮助学生在真实情境和解决问题的过程中经历概念的形成过程，建构对百分数含义的多元化认识，感悟数据的随机性和百分数的统计意义，发展数据意识和应用意识等核心素养。

研究结论：深入理解新课标相关理念要求有助于教师准确把握教学内容的本质和学生认知的规律，有效的教学需要教师站在知识系统的层面深入、全面地理解知识内容及结构，并基于这样的理解设计有意义、有意思的教学任务，使学生在任务驱动下自主探究和建构知识，发展核心素养。

反思：如何通过恰当的学习素材和有意义的学习任务促进学生感悟百分数的统计意义，发展数据意识？

教学过程资料：

第一次授课的观课记录："百分数表示什么意思？"

教师：课前同学们收集了一些百分数，都有哪些呢？让我们来交流交流。

（展示学生课前任务单，组织交流，指导读写百分数）

教师：同学们收集的百分数还真是丰富。那它们表示什么意思呢？老师选取了一些，请你选择其中的两三个，通过画一画、说一说的方式解释这些百分数。

呈现材料：

材料一（手机电量示意图）：剩余电量32%。

材料二（T恤成分标签）：92%棉，8%聚酯纤维。

材料三（网络截图）：2019年，广西常住人口中，汉族人口约占62.5%，壮族人口约占31.4%，其他少数民族人口约占6.1%。

材料四（新闻图片）：2021年广西森林覆盖率约为62.5%，居全国第3位。

（同桌合作，完成任务）

学生展示交流，教师追问关键问题：

（1）这个百分数中，哪两个量在比较？涂色的部分表示什么，整个长方形/整条线段呢？

（2）如果手机继续充电，剩余电量有可能达到总电量的百分之几？有没有可能是100%，这个时候表示什么？有没有可能是110%呢？为什么？

教师小结、推进：同学们发现，这些百分数都是表示一个量中的一部分占整体量的百分之几，那有没有不是一部分量和整体量进行比较的百分数呢？老师也收集了一些百分数，请同学们分析一下，这几个百分数表示哪两个量之间的关系？

材料一：合唱团中男生人数是女生人数的35%。

材料二：A品牌的汽车1—2月实际销售11000多辆，比去年同期增长120%，其中刚刚过去的2月份销量与去年同期相比增幅甚至达到241%。

组织交流，适时小结：这几个百分数都表示两个独立量之间的关系。

对比关联：这里出现了超过100%的百分数，对于前面的百分数为什么你们又认为不能超过100%呢？

提问：回顾刚才的学习，你能说说到底什么是百分数吗？

……

第一次课后教研组议课：

观摩录像课后，教研组开展了议课，大家认为这节课有以下两个方面的优点。

（1）教学素材的选择富有现实意义。学生对抽象概念的理解需要依托有意义的现实情境和素材。本课选取的学习材料具有现实意义，对学生理解"百分数既可以表示部分和整体之间的倍数关系，又可以表示两个独立量之间的倍数关系"有较好的帮助。

（2）数形结合发展学生的核心素养。教师通过教学引导学生运用画一画、说一说的方式分析和描述百分数的含义，实现了抽象概念的可视化，不仅有助于学生对概念的理解，还发展了学生的几何直观。

刘老师的这节录像课是在《义务教育数学课程标准（2022年版）》颁布前执教的课例，那么新课标关于百分数的教学有没有新的理念要求呢？老师们认为有必要对新课标进行研读。于是教研组组织了新课标的学习研讨活动，通过研读和交流碰撞，老师们发现新课标在课程内容结构中对百分数进行了调整，将其从数与代数领域调整到了统计与概率领域。为什么新课标要作出这样的调整？其目的意义是什么？老师们在进一步的学习中认识到，百分数作为两个数量倍数关系的表达，其本身有着丰富的内涵，既可以表达确定数据，也可以表达随机数据，教学中有必要引导学生理解"百分数可以对随机数据进行刻画与表达"，感受百分数的统计意义，培养其数据意识。对照新课标关于百分数的理念要求，老师们进行反思，发现本课教学素材在选择的多样性和典型性上存在不足，教学任务只关注作为确定性数据时的百分数意义，而忽视百分数统计意义的理解。

基于上述学习和思考，教研组决定对"百分数的意义"再进行研究，探索落实新课标理念要求的实践策略。随后教研组根据新课标理念重新进行了教学设计并由刘老师再次执教。

第二次授课的观课记录：

片段一："为什么要将分母统一为100？"

出示情境材料（表1）：学校运动会抛绣球比赛即将开始。下面是班级初赛中选手的成绩，如果要从中选一位参加校级决赛，你选几号？

表1

编号	抛中次数
1	17
2	9

学生1：选1号，因为抛中次数多。

学生2：不能确定，因为没有抛绣球的总次数。

教师：大家赞同哪种意见？为什么？

学生3：赞同第2种意见。因为1号抛中的次数虽然比2号多，但有可能抛的总次数也比2号多，所以只看抛中次数不公平，还要看抛的总次数。

教师：有道理。老师了解到了他们抛绣球的总次数，请看。（出示表2）

表2

编号	抛中次数	抛球总次数
1	17	20
2	9	10

教师提问：现在你认为该选谁？为什么？请你想一想，算一算。

（学生独立探索后，组织交流）

学生1：我选2号。因为 $17 \div 20 = 0.85$，$9 \div 10 = 0.9$，0.9 大于 0.85，所以 2 号选手成绩更好。

学生2：我也选2号。因为 1 号抛了 20 次，抛中 17 次，抛中的次数占总次数的 $\frac{17}{20}$；2 号抛中的次数占总次数的 $\frac{9}{10}$，$\frac{9}{10}$ 等于 $\frac{18}{20}$。2 号选手抛中的次数占比更大，成绩更好。

教师：大都认为 2 号选手的成绩更好。那这里的 $\frac{17}{20}$ 表示哪两个数之间的什么关系？$\frac{9}{10}$ 呢？

学生1：表示 1 号选手抛中次数和总次数比的关系。

学生2：表示 1 号选手抛中次数和总次数倍数的关系。

教师归纳：没错。抛中次数和抛球总次数之间这种比的关系、倍数的关系也叫作"命中率"，那两位选手的命中率分别是多少？

教师追问：为什么要把 2 号选手命中率的分母也用 20 来表示呢？

学生：分母相同更容易比较。

教师：好想法。把分母统一成 20 相当于都用二十分之一作单位来比较，很容易看出每个数里面有几个这样的单位。

教师（继续呈现材料）：3 号选手的成绩也出来了。他的抛球命中率是多少？

学生：3 号选手的命中率是 $20 \div 25 = \frac{20}{25}$。

教师：同桌讨论，谁的命中率更高，怎么比较。

（学生讨论后组织交流）

学生：统一分母，$\frac{17}{20} = \frac{85}{100}$，$\frac{9}{10} = \frac{90}{100}$，$\frac{20}{25} = \frac{80}{100}$。

教师追问：只能统一成 100 吗？为什么选择把分母统一成 100？

（学生交流）

教师：分母统一成 100，都用百分之一作单位，这样只要比较分子就能看出谁的命中率更高。看来百分之一这个单位发挥了很重要的作用。人们用一个特殊的符号——百分号"%"来表示它，并把分子写在百分号的前面（板书：85%，90%，80%）。你知道这样的数叫什么数吗？（板书：百分数）你会读写百分数吗？

教师指导学生读写。

编号	抛中次数	抛球总次数	抛中次数占总次数的几分之几
1	17	20	$\dfrac{17}{20}=\dfrac{85}{100}=85\%$
2	9	10	$\dfrac{9}{10}=\dfrac{90}{100}=90\%$
3	20	25	$\dfrac{20}{25}=\dfrac{80}{100}=80\%$

教师：在同学们的帮助下，问题解决了。如果他们再赛一场，命中率一定还是这样吗？

（学生交流）

教师：既然再赛一场命中率不一定是这样，那到底选谁参加决赛呢？

（学生交流）

教师归纳：好办法。多赛几场，数据多了，就能找到规律，就能看出每位选手的命中率稳定在哪个范围，也就能根据这个规律判断选谁获胜的可能性更大。

片段二："百分数表示什么意思？"

教师：生活中，你见到过哪些百分数？

（学生交流后，呈现材料）

教师提问：下面这些的分数表示什么意思？请你选择其中的两三个，通过画一画、说一说的方式解释这些百分数。

材料一（手机电量示意图）：剩余电量 32%。

材料二（T恤成分标签）：92% 棉，8% 聚酯纤维。

材料三：截至 2 月底，李大爷家今年沃柑的收成已达去年收成的 95%。

材料四：商场"双 11"活动中，顾客抽奖的中奖率为 80%。

材料五：经过不断的努力，分布于广西崇左的国家一级重点保护野生动物白头叶猴的数量约是 20 年前的 250%。

（同桌合作，完成任务）

学生展示交流，教师追问关键问题：

（1）这个百分数中，哪两个量在比较？涂色的部分表示什么，整个长方形/整条线段呢？

（2）（课件演示：把材料中的百分数隐去）现在老师把百分数去掉，请你结合这些素材分析，百分数有可能达到 100% 吗，这个时候表示什么？什么情况下百分数有可能超过 100%，什么情况下不可能超过 100%？

学生交流，教师归纳：同学们发现百分数既可以表示一个量中的一部分占整体量的百分之几，也可以表示两个独立量之间的关系。表示一部分量占整体量的百分之几的时候不可能超过 100%，但是表示两个独立量之间的关系的时候有可能超过 100%。

提问：回顾刚才的学习，你能说说到底什么是百分数吗？

……

第二次课后教研组议课：

教学结束后，教研组教师一致认为，改进后的教学更好地体现了百分数概念的多元化内涵，能够反映概念的本质，给老师们的教学提供了很好的教学经验：一是设计有挑战性的学习任务，让学生在解决问题的过程中经历分数单位统一为100的过程，体会百分数的价值和百分数单位的重要性；二是学习素材多元化，既有随机性数据，也有确定性数据，促进了学生对百分数的多元化的理解，尤其是利用现实问题中的随机数据（抛绣球的命中率）引入百分数的环节，有利于学生认识现实世界中的随机现象，理解百分数可以表达随机现象中的倍数关系，从而感悟百分数的统计意义，体会百分数可以作为人们进行判断、比较、决策的依据，促进了学生数据意识和应用意识等核心素养的初步形成。

反思： 如何通过恰当的学习素材和有意义的学习任务促进学生感悟百分数的统计意义，发展数据意识？

"百分数的意义"的教学研究反映出，教师对如何精选素材，设计学习任务促进学生感悟百分数的统计意义，发展数据意识的认识呈现出逐步深入的状态。

（1）第一阶段只关注素材和任务的现实性和趣味性，注意联系生活选取学习素材设计任务，帮助学生理解概念。

（2）在深入学习新课标理念要求后，认识到百分数概念的内涵具有多元性，百分数既可以刻画确定性的数据，也可以刻画随机数据，应该根据知识的本质内涵和课标的理念要求进行学习素材的选择及教学任务的设计。

（3）在教学改进中进一步认识到百分数教学中，应以数据意识和应用意识的发展为导向，选择具有典型性和多样性的学习素材，设计具有过程性和挑战性的学习任务，以体现百分数多元化的内涵及其应用价值，促进学生核心素养的发展。

可见，学习素材和教学任务的选择、设计，与教师对知识内容的深度理解密切相关。教师只有准确理解知识的本质和内涵，才会将素材和任务作为学生理解知识意义、发展核心素养的有效载体，而不只是关注其外在形式。

在新课程改革背景下，小学数学统计与概率内容得到进一步重视，是学生数学学习的重要领域。教师要准确把握统计与概率知识内容的主线与相应核心素养发展之间的关联，让学生在学习中感受到现实生活中存在大量的数据，其中蕴含着有价值的信息，并愿意尝试运用统计图表和统计量表达和描述信息，进行交流，逐步形成数据意识。

笔记栏

第七节 小学数学"综合与实践"观课、议课案例评析

如何创设有价值的数学活动？
——"位置与方向（二）"观课、议课案例评析

背景：有人说数学是枯燥的，大家记住的只有公式和定义，数学课堂上的合作交流是热闹的。但是如果仅仅是表面上的热闹而没有真正促使学生去发现、思考并解决问题，数学将只是一门学科而不能成为一个实用工具，我们应当在数学课上多进行一些有价值的数学活动，促使学生更多地思考感悟数学知识之间、数学与其他学科知识之间的联系，积累活动经验，提高解决实际问题的能力，形成和发展核心素养。

教研组决定围绕"如何创设有价值的数学活动"展开研究。将张老师的一堂汇报课作为研究的起点。

张老师的本堂课是"位置与方向（二）"的综合与实践课（人教版《数学》六年级上册）。

主题：如何创设有价值的数学活动？

情景描述：选取前后三次教学的关键片段（"你们能完成吗？""你们能自己设计吗？""你们能反思自己的设计吗？"）

问题讨论：本次实践的目标是什么？学习难点是什么？为什么教学实效性不强？

结果描述：老师们感到很兴奋，意识到给学生深刻的学习活动体验，引发学生更多的思考才是一种有价值的数学活动。

研究结论：依托真实的情境，创设有价值的数学活动，学生有目的地、积极主动地学习，包括尝试错误、收集和整理资料、观察、操作、实验以及多维评价等，能最大限度凸显数学的本质，真正激活学生内在的情感和思维，体现出综合实践课"学以致用"的过程。

反思：综合与实践课堂教学中如何根据学生的学情创设有价值的数学活动？

教学过程资料：

第一次授课的观课记录：

教师：同学们，今天我们要在校园里进行一次寻宝活动。

（教师揭题"校园寻宝"后，呈现分组安排，如1组①号线：先往正北走7米，再往东偏南35°方向走4.5米；2组②号线……）

教师：每个小组都会有一条寻宝线索和一个寻宝锦囊，对应找到本组序号的宝藏标识，并在规定时间内返回，我们根据完成任务的时间给予相应的任务积分。

（根据学生的完成情况，教师组织反思交流评比）

教师：本次寻宝之旅，你们有什么收获吗？

学生：这节实践课比平时坐在课堂里写作业有趣多了，上北、下南、左西、右东在现实生活中还是比较抽象的，但站在校园中的感觉完全不一样，很好玩。

学生：我们组用了卷尺、指南针等工具，比在图纸上画更有趣。

……

教师归纳小结并进行了大量的作图练习。

第一次课后教研组议课：

课后，教研组组织了议课。这堂课创设了真实的场景，设计了一次校园寻宝活动，学生明白了上北、下南、左西、右东的口诀在生活中不能直接应用，必须借助工具确定正北方向，再运用口诀确定前、后、左、右的方位。整节课来看，学生比较积极，有一定的成效，学生也喜欢这种形式。观课的老师提出了自己的看法：学生是按照老师既定的路线、给出的工具去完成任务，提示相对固定，方法单一，工具太少，学生体验不够丰富，学生缺乏深层次的思维碰撞，没能体现《义务教育数学课程标准（2022年版）》中"在主题活动中，学生将面对现实的背景，从数学的角度发现并提出问题"这一理念。

综合与实践课是以某一阶段教学内容为主体，以目标指向非常明确的核心问题为驱动的一个主题活动。创设一个好的核心问题能够给学生一个更具广度和深度的探索空间，激发学生学习的内在动力。因此，在真实的情境中，确定学习主题活动，提出具有整体性的核心问题，才能让学生主动地为了解决这个核心问题去学习所需要的相关数学知识。

由于学生的生活背景、经验和思考角度不同，在学生经历课前独立思考的前提下，应鼓励以小组合作的方式进行活动，促使学生优化方案，使解决方法更多元，活动设计更加贴近生活场景。

怎样设计更值得探索的问题，创设更有价值的活动？有些教师认为，可以让学生提前思考还有什么定位工具，让学生自主选择。有的教师建议，可以让学生自己尝试设计组织一次寻宝活动，看看学生有什么新的思路，然后进行全班交流。在集体反思与讨论的基础上，老师们得到了一个共识：教师在确定主题并提出核心任务的同时，必须引导学生自己设计学习任务，让学生带着任务去寻找合适的解决途径，做到"以解决问题为目的""以学生为主体"。

张老师表示愿意尝试，并根据新课程标准要求与大家的建议，结合自身反省，对原先设计的教案进行了修改，准备上第二轮研究课。

积累和感悟是学生自己的体验，教师能做的就是创设活动任务后不断地交流、复盘促进问题的解决，只有每一个学生都有所经历和思考，才能体现创设活动的价值。

第二次授课的观课记录：

教师：同学们，让我们以校园为主题，开展一次地图设计大赛吧。我们将评选出最优作品并沿着其路线去欣赏我们的校园。

出示活动内容：

（1）寻宝地图：你太幸运了，居然发现了一幅"宝藏图"，它准确告诉你宝藏所在的位置，按照上面的路线提示你就能找到它。

（2）校园向导：我们的校园会迎来众多参观者，你能给学校设计一幅图文并茂的向导图吗？要使参观者们形象地认识我们校园的各个场地哦。

（3）校园日记（或漫画）：上课、活动、锻炼……在校园里我们有快乐也有烦恼，你能用"确定位置"的方法写一篇有趣的日记或者画一幅漫画吗？

（学生在任务驱动下完成作品，全班交流）

教师：在完成这项活动后你们有什么感受吗？

学生1：我很喜欢设计寻宝地图这个活动，但尽管有了思路和框架，可画出来的图还是显得不够巧妙。

学生2：我设计的宝藏图可能提示语不够简洁，但字少了会什么都说不清楚。

学生3：我们小组只有我一个人在动手做校园向导图，其他人参与不进来。

学生4：校园日记这种方式我很喜欢，发挥我的画画长处，我还把我们校园里经典小景的具体方位都融进了日记中，太好玩了。

……

在师生交流的过程中，教师不断肯定学生，"能设计出这么精致的校园向导图，你们真厉害""看来我们这个活动还是很有成效的"，最后老师说："同学们，只要我们齐心协力，就一定能创造出更好的作品。"

第二次课后教研组议课：

对于这堂课，教研组老师给予肯定。有的老师说，张老师让学生设计地图这一任务比单纯地去寻宝要有意义得多，因为寻宝过程任务单一、方法单一，而设计地图可以很好地发掘学生潜能，让学生经历设计到实施的全过程。还有的老师觉得三种设计方式可供选择使学生发挥了主观能动性，还能真正落实"确定位置"这一知识的综合学习。

不过，也有老师提出质疑：对于这次任务学生是相当感兴趣的，但由于学生缺乏学习方法的指导，一部分能力较弱的学生无法很好地完成，而且很多地图选择了教材的定位方法，有一定的局限性，部分小组成员缺乏合作交流，导致方法单一。

通过仔细地观察录像和深入地分析，再次反思，我们认为学生需要的不只是情境的改良，更需要的是多元方法的支持和自主探究的策略，以及活动开展的步骤。而这些前面都疏于考虑，导致学生的活动看似有思考的价值却没有方法的积累，教师在看到学生反馈时也没有适时作出引导，导致课堂效率不高。

最后，老师们觉得很有必要再次作出改进，张老师也同意再上第三轮研究课。大家达成共识：有趣的活动本身没有问题，但需要教师带领学生进行有计划、有方法的学习，让学生不断增强反思的意识，会制定解决问题的策略，这样学生不仅能巩固知识，还能在合作的氛围中获得学习方法。

第三轮授课过程中，张老师给予学生更多学习上的支持，使学生在有趣的活动中思路更清晰、方法更多元。

第三次授课的观课记录：

教师：如果我们分组设计，你们觉得会碰到的最大的问题是什么？

学生1：我们组要分工，要分清每个人的责任。

学生2：如何借助图书、网络等工具完成资料的查找收集？

学生3：查找到的资料如何整合设计？

学生4：怎样知道我们的地图能不能实施？

学生5：寻宝地图怎样才能更有趣？

……

教师：看来大家问题不少，如果把这些问题归纳起来，是不是归纳为分工（任务）、查找（资料）、整理（优化）、实践（改进）这几个步骤呢？谁能回答刚才同学们提出的问题？

学生1：要知道地图能不能实施，直接到实地验证一下就好了。

学生2：寻宝地图可以参考我们看过的一些连环画、绘本之类的书。

教师：是的，我们得分头进行，包括搜索定位的方法、寻找绘本资料、初步设计地图等。

教师在协调分工后介绍活动资源获取方法、流程和简单的设计方法。

学生分组设计后，教师针对学生的设计进行指导，帮助学生完成地图设计方案。

教师：针对同一个校园，同学们设计出来的校园寻宝图各不相同，我们因此也对完成这项任务的流程更加熟悉，现在让我们去实地体验一下吧。给这些寻宝图投上宝贵的一票，看看哪些更有趣，哪些更贴近生活，哪些最巧妙，哪些还需要调整……

（学生在体验后对各组方案进行了点评和完善）

第三次课后教研组议课：

授课结束后，反馈会议上老师们相互交流分享：原以为综合实践课只要学生走出课堂参与实践就好了，现在知道仅仅布置任务让学生参与活动是远远不够的，要不断反思这个活动存在的弊端，在活动中丰富学生对单元知识学习的体验，增加学习经验。

反思：综合与实践的课堂活动究竟怎样才有价值？

在"位置与方向（二）"综合与实践活动的三次课中，老师们确定的研究主题是

笔记栏

如何创设更有价值的数学活动。在不同阶段教师对此有不同的理解，表现出不同的教学行为：

（1）活动就是要走出教室，让学生按照既定的任务参与生活实践以验证所学知识。

（2）活动应是贴近生活的、有趣的、多元的，要能体现小组合作的价值。

（3）活动更需要给学生深刻的学习活动体验，引发学生更多的思考，使其感受这项活动带来的成长。

可见，综合实践活动集中体现了新课标的基本理念和价值追求，如何创设更有价值的实践活动，才有利于彰显学生个性，培养学生的创新精神和实践能力，确实是当下急需思考的问题。

审视当下的数学教学，教师常常仅就知识来教学生，割裂了数学与生活的联系、与实践的联系、与其他学科的联系，学生在学习上往往是被动输入知识，没有持续性，没有张力，这样的数学教学会导致学生的数学综合应用能力不高。只有设计以提高学生自主学习能力、社会实践能力为目的的有价值的活动，并让他们在活动中不断交流、反思、评价，才能更好地提高解决实际问题的能力，形成和发展核心素养。

◎思考与练习：

1.如何利用课堂观察与课堂诊断技术重构名师名课？

2.根据《标准》的要求，你认为当前应该怎样改革小学数学学业评价？

3.评析通过"以学评教"来评价教师数学课堂教学。

4.就数学课堂教学评价如何发挥促进教师专业发展的作用谈谈你的想法。

PART 3

下 篇

教师资格考试指南

小学
数学课程
与教学论

第七章

教师资格考试

▶ **学习目标：**

1.了解教师资格制度体系的内涵、发展历程；掌握教师资格考试的科目、流程、方法；熟知教师资格考试的大纲、内容。

2.掌握教师资格考试笔试不同科目的能力要求；掌握教师资格考试面试对报考学生不同模块能力水平的要求；能够根据考试范围进行有针对性的备考；能够有效地搜集教师资格考试真题，培养资料搜集的能力。

3.理解实施教师资格考试的意义及教师资格制度对教师职业专业化的影响，通过教师资格考试相关知识的学习，加强对教师职业的向往，并能通过课程学习，强化对教师的身份认同感。

4.通过了解国家教师政策，充分认知教师职业的重要性；通过课程学习，形成立德树人的教师职业道德。

▶ **教前准备：**

从历史的角度搜集教师任职情况，分析对于教师的职业要求。利用现代媒体技术进行搜集，获取有关的教师任职情况，进而知晓教师资格制度的来龙去脉。

▶ **学前准备：**

学习、了解《综合素质》（小学）考试、《教育教学知识与能力》（小学）考试以及小学教师资格考试面试大纲。

教师资格考试是教育部为保证师资质量，在教育系统实行教师资格制度的要求而设置的一项考试，面向对象是大中专毕业生。教师资格制度是国家对教师实行的一种法定的职业许可制度，其规定了从事教师职业必须具备的基本条件；教师资格是国家对准备进入教师队伍，从事教育教学工作的人员的基本要求。《中华人民共和国教育法》和《中华人民共和国教师法》明确规定，凡在各级各类学校和其他教育机构中从事教育教学工作的教师，必须具备相应教师资格。国家实行教师资格制度后，只有具备教师资格（持有国家颁发的教师资格证书）的人，才能被聘任或任命担任教师工作。

第一节　教师资格考试概述

教师资格是国家对专门从事教育教学工作人员的基本要求，是公民获得教师职位、从事教师工作的前提条件。国务院于 1995 年 12 月 12 日颁布的《教师资格条例》中首次明确规定："中国公民在各级各类学校和其他教育机构中专门从事教育教学工作，应当依法取得教师资格。"《教师资格条例》对我国教师资格考试的条件、内容、分类以及教师资格的认定与管理工作等都作出了详细的规定。教师资格考试的最根本的目的就在于能够更快、更好地促进我国教师队伍质量的提高，为学生提供与时代进步相匹配的教育。教师资格考试分为笔试和面试两部分。笔试采用计算机考试和纸笔考试两种方式。2012 年试点，幼儿园、小学教师资格考试笔试所有科目采用计算机考试，其他类别采用纸笔考试。采用计算机考试时考生在计算机上作答，采用纸笔考试时考生在答题卡上作答。笔试各科考试成绩全部合格，才能参加面试。面试采用结构化面试、情景模拟等方式，考生通过抽题、备课、试讲、答辩等环节，完成面试。教师资格证是教育行业从业人员的许可证，只有达到相应专业要求的人，才能进入教育行业。

一、教师资格制度及其发展历程

教师资格制度是国家对教师实行的法定的职业许可制度，是一项有关教师资格鉴定和教师证书发放的制度，它授权资格证书持有者在教育系统内从事专业活动，是国家对专门从事教育教学人员的最基本要求，是公民从事教师岗位的法定前提条件。它包括三个方面的内容：教师资格管理制度、教师资格鉴定制度和教师资格发放制度。

（一）教师资格管理制度

教师资格管理制度是教师资格制度中的一个重要制度。我国《〈教师资格条例〉实施办法》对教师资格证书管理作出规定："各级人民政府教育行政部门应当加强对教师资格证书的管理。教师资格证书作为持证人具备国家认定的教师资格的法定凭证，由国务院教育行政部门统一印制。《教师资格认定申请表》由国务院教育行政部门统一格式。""教师资格认定机构建立教师资格管理数据库。"可见，我国教师资格制度的管理者是各级教育行政部门。教师资格法定凭证为《教师资格认定申请表》和教师资格证书。教师资格作为一种法定的国家资格，一经取得，则在全国范围内不受地域、时间限制，具有普遍适用的效力，非依法律规定不得随意撤销。

（二）教师资格鉴定制度

教师资格鉴定制度是教师资格制度的核心内容。它包括三个方面的内容：一是学历要求和能力要求；二是教师资格的考试；三是教师资格的试用制度。教师资格的学历要求、资格考试和教师试用制度这三方面内容既是教师资格制度的三个方面，又体现出教师资格发展的不同阶段，即由单纯的学历要求（体现定向性培养和课程认可的初级阶段）向前发展到资格考试（体现开放型培养和知识本位的中级阶段），最后走向重视教学实践能力的高级阶段（体现专业化发展和能力本位的思想）。这大体反映了教师资格制度发展的规律。省教育厅认定高等学校教师资格，市教育局认定高级中学教师资格、中等职业学校教师资格、中等职业学校实习指导教师资格，各区、县教育局认定幼儿园教师资格、小学教师资格和初级中学教师资格。

笔记栏

（三）教师资格发放制度

我国的教师资格发放制度不够完善。我国教师资格制度没有对教师资格作出有效期的规定，教师资格种类简单地按级别划分，可分为七个级别：幼儿园教师资格、小学教师资格、初级中学教师资格、高级中学教师资格、中等职业学校教师资格、中等职业学校实习指导教师资格、高等学校教师资格。取得教师资格的公民可以在本级及以下等级学校和其他教育机构任教。取得中等职业学校实习指导教师资格的公民只能在中等专业学校、技工学校、职业高级中学或初级职业学校担任实习指导教师。高级中学教师资格与中等职业学校教师资格相互通用。使用假资格证者，一经查出，五年内不得申报。

（四）教师资格制度的发展历程

我国中小学教师资格制度从古代时期教师选用制度中孕育，到清末时期伴随着创立师范学校和出台教员检定制度，再到 1986 年中小学教师资格制度基本确立，整体经历了非制度化到制度化的发展历程。

1. 古代时期的教师选用制度

在原始社会时期，氏族部落的首领或长者将其掌握的生产经验或生活经验教授给其他人的过程中产生了"教师"。随着生产力的提升和发展，夏朝时期出现了"学校"，如"校""序"等。西周时期形成了"学在官府""官师合一"的局面，教师多由官员兼任。战国时期，齐国的稷下学宫招贤纳士，网罗天下人才，逐渐发展为齐国的官办高等学府，其择优聘请教师，称学官之首为"祭酒"。两汉时期，太学设立五经博士，传授儒家经典，博士要求德才兼备，主要通过征召、荐举、选试等方式任职，博士的主要职责虽是教学，但仍是朝廷官员。到了唐朝时期，教师成为独立的专门的官职，并纳入选官的总体途径中。后经过宋朝时期的发展，学官之法形成，即由朝廷统一考试录用教官，从此，对教官的资格认定有了科举的要求。至清朝时期，朝廷强化了教官在科举出身和学历方面的资格要求，并确立了教官聘用的全省统一考试的制度。

古代时期的教师没有获得独立的职业身份，教师的专业特征还比较微弱，对教师的要求多局限于道德、学识、经验等方面，未涉及教师特有的个性品质。古代时期的教师选用制度仍处于孕育阶段，并未正式形成。

2. 清末时期的教师资格检定制度

1897 年南洋公学开设的师范院和 1902 年京师大学堂师范馆开学后对教师的任职资格有了明确的要求。1904 年，《奏定任用教员章程》规定了各个学堂的教员的任职资格。1909 年，《检定小学教员规程》规定了教师资格检定制度，自此，教师资格的检定制度初步形成。民国时期相继颁布了《小学规程》《国民学校教员检定办法》，对教师资格的检定作了更为明确和详细的规定。清末时期的教师资格检定制度对当时中小学教师队伍的规范化起到了关键的作用，也为后来教师资格制度的确立奠定了基础。

3. 新中国成立后的中小学教师资格制度

1985 年颁布了《中共中央关于教育体制改革的决定》，其中明确规定："只有具备合格学历或有考核合格证书的，才能担任教师。"1986 年颁布的《中华人民共和国义务教育法》首次提出我国要建立教师资格考试制度，通过相关考核，合格的公民将获得教师资格合格证书。这是我国首次从法律上明确教师资格制度。1993 年颁布的《中华人民共和国教师法》明确规定要实行教师资格制度，并要求申请中小学教师资格的公民，必须达到相关学历并通过县级以上主管部门的认定。1995 年颁布的《教师资格条例》对教师资格的分类、教师资格的适用范围、教师资格考试以及教师资格认定等作了更为详细的规定。自此之后，中小学教师资格制度进入全面实施阶段。

总体而言，教师资格制度打破了过去由师范院校统一培养教师的局面，丰富了教师队伍的培养途径，拓宽了教师的来源渠道，是我国教师资格制度的一次创新。

4. 当代教师资格制度的改革

2010 年颁布的《国家中长期教育改革和发展规划纲要（2010—2020 年）》指出，要完善教师准入制度，严格把控教师准入标准，建立教师资格的定期审核制度，明确教师的任职条件、资格等。2013 年出台了《中小学教师资格考试暂行办法》，要求在全国范围内实行统一的中小学教师资格考试，这是我国教师资格制度史上的一次伟大革新。同时，出台了《中小学教师资格定期注册暂行办法》，其中规定中小学教师资格实行 5 年一周期的定期注册，这标志着我国中小学教师资格证书定期审核制度的正式实行。2017 年，为了提升高等院校的办学质量，强化师范人才培养质量，教育部要求普通高等学校师范类专业根据自愿的原则进行师范专业认证，并将师范专业办学质量与教师资格证挂钩。从教师资格制度的定期注册到教师资格证统考，再到专业认证，社会对教师数量的需求逐渐转向对教师质量的需求，这也为我国教育事业的发展起了关键性的作用。

二、教师资格考试制度

教师资格考试制度是教师资格制度的重要组成部分，是对具备条件的教师资格申请者在资格认定前所进行的与教育教学密切相关的知识与能力的考核与测试，具体规定了考试的对象范围、考试的组织实施等，以此作为教师资格认定的重要条件。教师资格考试制度也是教师资格认证机关对申请教师资格的人员按照一定的标准和程序进行审核的制度，主要包括三个方面的内容：教师资格考试的组织与管理、教师资格考试的内容与形式、教师资格考试结果的时效性。

根据 2013 年出台的《中小学教师资格考试暂行办法》，我国全面推行教师资格考试全国统一考试，提高教师入职门槛。由教育部考试中心统一制定考试标准和考试大纲，组织命制笔试和面试试题，并建立试题库。

目前的教师资格考试主要考查教育学、心理学知识，以及综合素质、学科教学能力，突出对教育教学实践能力的考查。此外，考试以实践能力题为主，同时邀请大量一线优秀教师参加命题，广泛使用案例分析、教学活动设计等特色题型，重点考查考生运用所学知识分析和解决教育教学实际问题的能力。

三、实施教师资格考试的意义

（一）有利于促进教师专业化的发展

教师资格考试虽然只是对教师入职时要求，但它有效地承接了职前的教师培养和职后的教师专业发展，体现教师职业生涯的历时性成长，贯彻教师专业发展的一体化、终身化，提高了专业发展的有效性。

教师资格考试用特定的标准、公开公平的评价方式，肯定教师职业的专业性和不可替代性，是教师职业专业化发展的基本条件之一。教师资格考试制度，用立法的形式要求教师必须具备优秀的思想品质、较高的科学文化程度、良好的教育教学能力以及健康的身体和心理条件。这一要求明确了教师职业的专业性和不可替代性，进一步确立教师职业的法定地位，有利于提高教师的社会地位，增进社会对教师的尊重，也有利于各级政府制定有关保障教师待遇的相关政策，使教师待遇逐步得到改善，从而使教师素质、教育教学质量进一步提高。

（二）有利于我国教师队伍整体素质的提高

教师资格考试制度的实施必定带动教师职业的竞争，教师更加注重教育学、心理学、教学法等专业知识的学习，有利于体现教师职业的专业特点，带动教师整体素质的提高。只有通过严格的资格审查和考试，才能把好教师职业人员的素质关，把品行不端、学识能力不强者拒之门外。教师资格考试制度作为一种职业准入制度，它通过严格的考核与认定程序，严把教师从业的关口，只向那些具备教师资格条件者发放教师资格证书，从而提高教师队伍的素质水平，优化教师队伍。

教师资格考试制度有利于整体提高我国教师素质。一方面，若要通过教育教学的知识及技能考试，考生必须经过足够时间的学习和准备，一定程度上促进了教师专业化发展，使我国教师整体素质得到提高。另一方面，实施教师资格考试制度是形成开放式教师培养体系的重要环节和制度保障，有利于形成高质量的教师储备队伍，为教育系统以外的社会优秀人才从教开辟了一条通道。实行教师资格考试制度，有利于吸收大量社会上有志于从事教师工作的人员任教，拓宽了师资来源渠道，有利于学校择优聘任教师，这在一定程度上也使我国教师整体素质得到提高。

（三）有利于开放式教师教育体系的建立

教师资格考试制度构成了教师入门的关卡，既是严格的，也是开放的，使有志于从事教师职业的毕业生和其他行业的优秀人员可以通过教师资格考试的途径来获得教师资格，加入教师储备队伍中。这对改变教师队伍专业结构的类型、优化教师队伍专业结构的组成发挥重要的调节作用。

四、教师资格制度对教师职业专业化的影响

教师资格制度是国家实行的一种法定的教师职业许可制度，是肯定教师职业的专业性和不可替代性，确保教师的专业地位和专业权威的重要保障。建立教师资格制度是促进教师专业化发展的重要措施。实施教师资格制度使政府、教育行政部门和学校能够依法管理教师队伍，从教师队伍的"入口"把住质量关；优化教师队伍，促使教师队伍中未达到资格的教师努力提高自己的文化知识水平和教育教学能力，提高教育教学质量；吸引优秀人才从教，为教育系统以外的人员从教开辟一条通道；提高教师的社会地位；体现教师的职业特点，为教师任用走上科学化、规范化、法制化的轨道奠定坚实的基础。

第二节 教师资格考试大纲

小学教师资格考试分为笔试和面试两大部分。其中，笔试部分进行《综合素质》（小学）和《教育教学知识与能力》（小学）两个科目的考试，笔试科目均合格者，可以报名参加面试。小学教师资格考试面试分科进行，考生可以在语文、数学、英语、社会、科学、音乐、体育、美术等科目中选择一个科目。目前我国小学教师资格考试依据教育部颁布的《中小学和幼儿园教师资格考试标准（试行）》执行。

一、考试大纲

教育部考试中心根据中小学和幼儿园教师资格考试标准，制定各科考试大纲。

中小学和幼儿园教师资格考试大纲规定了考试内容和要求、试卷结构、题型示例等，是考生学习和考试命题的依据。

笔记栏

1. 笔试考试大纲

幼儿园教师资格考试大纲（2科）：

《综合素质考试大纲》《保教知识与能力考试大纲》。

小学教师资格考试大纲（2科）：

《综合素质考试大纲》《教育教学知识与能力考试大纲》。

初级中学教师资格考试大纲（17科）：

《综合素质考试大纲》《教育知识与能力考试大纲》；

《语文学科知识与教学能力》等15科。

高级中学教师资格考试大纲（16科）：

《综合素质考试大纲》《教育知识与能力考试大纲》；

《语文学科知识与教学能力》等14科。

其中，初级中学和高级中学的《综合素质考试大纲》和《教育知识与能力考试大纲》是相同的。

2. 面试考试大纲

分为三类：《幼儿园教师资格考试面试大纲》《小学教师资格考试面试大纲》《中学教师资格考试面试大纲》。

其中，笔试主要考查考生的专业知识和专业理念，面试除了考查考生对专业理念、职业道德规范的掌握与理解外，侧重考查考生的专业技能，即开展教学设计、教学实施、教学评价的能力与技巧。

二、全国统考小学教师资格考试大纲

（一）《综合素质》（小学）考试大纲

1. 考试目标

主要考查申请教师资格人员的下列知识、能力和素养：

（1）具有先进的教育理念。

（2）具有良好的法律意识和职业道德。

（3）具有一定的文化素养。

（4）具有阅读理解、语言表达、逻辑推理、信息处理等基本能力。

显而易见，该科目主要考查从事教师职业所应具备的教育理念、职业道德、法律法规知识和科学文化素养，以及应具有的阅读理解、语言表达、逻辑推理、信息处理等基本能力。

2. 考试内容模块

大纲具体介绍了每一个方面的内容和要求，主要涉及职业理念、教育法律法规、教师职业道德规范、文化素养和基本能力五大模块。其中职业理念和教师职业道德规范各占 15%、教育法律法规占 10%、文化素养占 12%、基本能力占 48%。一方面，考生需要有正确的职业理念，了解教育法律法规，具有良好的文化素养，树立良好的教师职业道德。另一方面，考生需具有教学所必需的基本能力，包括阅读理解能力、逻辑思维能力、信息处理能力和写作能力。

3.试卷结构（见表 7-1）

表 7-1 《综合素质》试卷结构

模块	比例	题型
职业理念	15%	单项选择题 材料分析题
教育法律法规	10%	
教师职业道德规范	15%	
文化素养	12%	
基本能力	48%	单项选择题 材料分析题 写作题
合计	100%	单项选择题：约 39% 非选择题：约 61%

4.题型示例

（1）单项选择题。

① 小明在课堂上突然大叫，有的同学也跟着起哄。下列处理方式，最恰当的一项是（　　）。

A.马上制止，让小明站到讲台边　　　B.不予理睬，继续课堂教学

C.稍作停顿，批评训斥学生　　　　　D.幽默化解，缓和课堂气氛

② "五岳"是我国的五大名山，下列不属于"五岳"的一项是（　　）。

A.泰山　　　　　B.华山　　　　　C.黄山　　　　　D.衡山

③ 阅读下面文段，回答问题。

子曰："学而不思则罔①，思而不学则殆②。"（《论语·为政》）

【注释】①罔：迷惑，糊涂。②殆：疑惑、危险。

下列对孔子这句话的理解，不正确的一项是（　　）。

A.在孔子看来，学和思两者不能偏废，主张学与思相结合

B.孔子指出了学而不思的局限，也道出了思而不学的弊端

C.光学习不思考会越学越危险，光思考不学习会越来越糊涂

D.孔子学与思相结合的思想，在今天仍有其值得肯定的价值

（2）材料分析题。

阅读下面材料，回答问题。

学生王林在学校因同学给他起外号，将同学的鼻子打出了血。班主任徐老师给

王林的爸爸打电话，让他下午到学校来。放学时，王林的爸爸刚来到校门口，等在那里的徐老师当着众人的面，第一句话就是："这么点儿大的孩子都管不好，还用我教你吗？"

问题：

请从教师职业道德规范的角度，对徐老师的做法进行评价。

（3）写作题。

请以"我为什么要当教师"为题，写一篇论述文。要求观点明确，论述具体，条理清楚，语言流畅。字数不少于800字。

（二）《教育教学知识与能力》（小学）考试大纲

1.考试目标

（1）教育的基础知识和基本能力。具有教育基本理论、学生发展、教师发展、小学组织与运行的基础知识，能够针对我国小学教育教学实践中的问题进行一定的分析和探索。

（2）学生指导的知识和能力。具有小学生身心发展、思想品德发展、医疗、保健、传染病预防和意外伤害事故等方面的相关知识，能够运用这些知识有针对性地设计并实施小学教育的有关活动。

（3）管理班级的知识和能力。具有小学班级管理、班队活动组织，以及与学生、家长、社区等沟通的知识，能够运用这些知识设计和组织班级管理活动。

（4）学科知识和运用能力。具有小学有关学科、学科课程标准、学科知识整合的基础知识，能够运用这些知识开展学科教学活动。

（5）教学设计的知识和能力。具有小学生学习需求分析、学习内容选择、小学教案设计、小学综合课程和综合实践活动的基础知识，能够运用这些知识完成指定教学内容的教学设计。

（6）教学实施的知识和能力。具有小学教学组织、教学评价的基础知识，能够运用这些知识分析和开展教学活动。

（7）教学评价的知识和能力。具有小学教学评价、教学反思的基础知识，能够运用这些知识进行教学评价和教学反思。

该科目的考试侧重考查考生从事教师职业所应具备的教育教学、学生指导和班级管理的基本知识，拟任教学科目领域的基本知识，教学设计、实施、评价的知识和方法，运用所学知识分析和解决教育教学实际问题的能力。

2.考试内容模块

小学教师教育教学知识与能力考试内容主要涵盖教育知识与应用、教学知识与能力两大板块。前者包括教育基础、学生指导和班级管理，后者包括学科知识、教学设计、教学实施、教学评价。能力要求分为了解、理解或掌握、运用三个层次。

其中，教育基础占20%，学生指导和班级管理共占30%，学科知识、教学设计、教学实施、教学评价共占 50%。

3. 试卷结构（见表 7-2）

表 7-2 《教育教学知识与能力》试卷结构

模 块	比例	题 型
教育基础	20%	单项选择题 简答题
学生指导	30%	单项选择题 简答题 材料分析题
班级管理		
学科知识	50%	单项选择题 材料分析题 教学设计题
教学设计		
教学实施		
教学评价		
合 计	100%	单项选择题：约 27% 非选择题：约 73%

4. 题型示例

（1）单项选择题。

① 在世界教育学史上，被公认为第一部具有科学形态的教育学著作是（　　）。

A. 夸美纽斯的《大教学论》　　　　　B. 赫尔巴特的《普通教育学》

C. 杜威的《民主主义与教育》　　　　D. 布鲁纳的《教育过程》

② 课堂导入方式多种多样。通过对旧知识的回忆、复习、做练习等活动，对照新内容，发现新问题，明确学习任务来导入新课。这种导入方式称之为（　　）。

A. 直接导入　　　　B. 练习导入　　　　C. 事例导入　　　　D. 温故导入

（2）简答题。

① 小学生认知的主要特点是什么？

② 小学课堂教学常用的组织形式有哪些？

（3）材料分析题。

阅读材料，回答问题。

① 有一位班主任在介绍班风建设经验时谈到："在我们学校，校长要求班主任在教室'盯班'，及时了解班级情况，适时处理突发事件。只要学生出教室门、宿舍门就要排队，班主任都要在场。同时还制定了'班主任十到位制度'：学生上课要到；课前打了预备铃要到；学生听广播要到；学生做眼保健操要到；学生上室外课要到；学生去宿舍要到；学生去餐厅吃饭要到；学生生病要到；学生看电视时要到；学生打扫卫生时要到。这一制度的施行，使班风、班纪大为好转。"可是，有的教师却对这种做法提出异议。

问题：

请运用小学班级管理的有关理论分析"班主任十到位制度"。

② 一位初任教师在进行《伊犁草原漫记》教学时，要求学生归纳课文中描写猎人猎熊果敢的词句，但是，有一名学生没有按照教师的要求进行归纳，反而说猎人很残忍，同时指出猎人的猎熊行为是违法的。

原本课文是歌颂猎人的，学生却痛斥猎人的猎熊行为，这是教师始料未及的。这位教师并没有因为学生提出不同观点而气恼或回避，而是因势利导，从保护野生动物的角度出发，让学生充分讨论，发表意见。

问题：

请结合所选择的材料谈谈你对小学教学中预设与生成及其关系的理解。

（4）教学设计题。

材料一："周长的认识"（具体教学内容略）。

材料二："汉语拼音·认识汉字"（具体教学内容略）。

材料三：（具体学科及其教学内容略）

问题：

请在上述材料中任选其一，就课堂教学目标及某一教学环节（譬如课堂导入、讲授新知等）进行教学设计。

三、中小学和幼儿园教师资格考试面试大纲（试行）

1.测试性质

面试是中小学教师资格考试的有机组成部分，属于标准参照性考试。笔试合格者，参加面试。

2.测试目标

面试主要考查申请教师资格人员应具备的教师基本素养、职业发展潜质和教育教学实践能力，主要包括：

（1）良好的职业道德、心理素质和思维品质。

（2）仪表仪态得体，有一定的表达、交流、沟通能力。

（3）能够恰当地运用教学方法、手段，教学环节规范，较好地达成教学目标。

3.测试内容模块

测试内容包括职业认知、心理素质、仪表仪态、言语表达、思维品质、教学设计、教学实施和教学评价八个方面。其中，教学实施是所有测试项目中最重要的部分，占考试成绩的 25%；言语表达和思维品质各占 15%；心理素质、仪表仪态、教学设计和教学评价这四个方面各占 10%；职业道认知占 5%。

4.测试方法

采取结构化面试和情景模拟相结合的方法，通过抽题、备课、试讲、答辩等方式进行。

考生按照有关规定随机抽取备课题目进行备课，时间为20分钟；接受面试，时间为20分钟。考官根据考生面试过程中的表现，进行综合性评分。

5. 评分标准（见表7-3）

表7-3 评分标准

序号	测试项目	权重	分值	评分标准
一	职业认知	5	3	热爱教育事业，有正确的职业认知和价值取向
			2	具备从事教师职业应有的责任心和爱心
二	心理素质	10	3	积极上进，有自信心
			3	具有一定的情绪调控能力
			4	具有较强的应变能力
三	仪表仪态	10	5	行为举止自然大方，有亲和力
			5	衣饰得体，符合教师的职业特点
四	言语表达	15	4	教学语言规范，口齿清楚，语速适宜
			6	表达准确、简洁、流畅，语言具有感染力
			5	善于倾听，并能做出恰当的回应
五	思维品质	15	6	思维严密，条理清晰，逻辑性强
			5	能正确地理解和分析问题，抓住要点，并作出及时反应
			4	具有一定的创新意识
六	教学设计	10	4	教学材料处理恰当，教学目标明确，重难点突出
			3	能够基于小学生的知识基础和生活经验合理设计教学活动
			3	学生活动设计有效，能引导学生通过自主参与、合作探究的方式达成学习目标
七	教学实施	25	8	教学结构合理，条理清晰，能较好地控制教学节奏
			6	知识讲授准确，能基本完成教学任务
			6	能够根据学生认知特点和学科教学规律，选择恰当的教学方法
			2	能够根据教学需要运用教具、学具和现代教育技术辅助教学
			3	板书工整规范、布局合理
八	教学评价	10	5	能够采用恰当的评价方式对学生的学习活动作出反馈
			5	能够对自己的教学过程进行反思，做出比较客观的评价

6. 题型示例

例一：《荷花》试讲教学设计

荷花

作者：叶圣陶

清晨，我到公园去玩，一进门就闻到一阵清香。我赶紧往荷花池边跑去。

荷花已经开了不少了。荷叶挨挨挤挤的，像一个个碧绿的大圆盘。白荷花在这些大圆盘之间冒出来。有的才展开两三片花瓣儿。有的花瓣儿全都展开了，露出嫩黄色的小莲蓬。有的还是花骨朵儿，看起来饱胀得马上要破裂似的。

这么多的白荷花，一朵有一朵的姿势。看看这一朵，很美；看看那一朵，也很美。如果把眼前的这一池荷花看做一大幅活的画，那画家的本领可真了不起。

我忽然觉得自己仿佛就是一朵荷花，穿着雪白的衣裳，站在阳光里。一阵微风吹来，我就翩翩起舞，雪白的衣裳随风飘动。不光是我一朵，一池的荷花都在舞蹈。风过了，我停止舞蹈，静静地站在那儿。蜻蜓飞过来，告诉我清早飞行的快乐。小鱼在脚下游过，告诉我昨夜做的好梦……

过了好一会儿，我才记起我不是荷花，我是在看荷花呢。

要求：

（1）配合教学内容适当板书。

（2）教学过程需有提问环节。

（3）试讲时要体现师生互动。

例二："分一分"试讲教学设计

（北京师范大学版小学数学三年级下册第六单元"认识分数"）

要求：

（1）配合教学内容适当板书。

（2）教学过程需有提问环节。

（3）试讲时要体现师生互动。

第三节　教师资格考试内容

根据考试大纲要求，考生需要了解小学有关学科的基础知识、基本理论和学科发展的重大事件；了解小学有关学科课程标准的主要内容和特点；掌握小学有关学科课程标准的内容领域所涵盖的核心知识及其关联；能够针对小学生综合学习的要求，适当整合小学有关学科内容，开展学科教学活动。

一、《综合素质》（小学）考试内容

《综合素质》（小学）考试内容包括五个模块：职业理念、教育法律法规、教师职业道德规范、文化素养以及基本能力。各模块具体内容如下。

（一）职业理念

1. 教育观

理解国家实施素质教育的基本要求。

掌握在学校教育中开展素质教育的途径和方法。

依据国家实施素质教育的基本要求，分析和评判教育现象。

2. 学生观

理解"人的全面发展"的思想。

理解"以人为本"的含义，在教育教学活动中做到以学生的全面发展为本。

运用"以人为本"的学生观，在教育教学活动中公正地对待每一个学生，不因性别、民族、地域、经济状况、家庭背景和身心缺陷等歧视学生。

设计或选择丰富多样、适当的教育教学活动方式，因材施教，以促进学生的个性发展。

3. 教师观

了解教师专业发展的要求。

具备终身学习的意识。

在教育教学过程中运用多种方式和手段促进自身专业发展。

理解教师职业的责任与价值，具有从事教育工作的热情与决心。

（二）教育法律法规

1. 有关教育的法律法规

了解国家主要的教育法律法规，如《中华人民共和国教育法》《中华人民共和国义务教育法》《中华人民共和国教师法》《中华人民共和国未成年人保护法》《中华人民共和国预防未成年人犯罪法》《学生伤害事故处理办法》等。

了解《国家中长期教育改革和发展规划纲要（2010—2020年）》的相关内容。

2. 教师权利和义务

理解教师的权利和义务，熟悉国家有关教育法律法规所规范的教师教育行为，依法从教。

依据国家教育法律法规，分析评价教师在教育教学实践中的实际问题。

3. 学生权利保护

了解有关学生权利保护的教育法规，保护学生的合法权利。

依据国家教育法律法规，分析评价教育教学活动中的学生权利保护等实际问题。

（三）教师职业道德规范

1. 教师职业道德

了解《中小学教师职业道德规范》（2008年修订），掌握教师职业道德规范的主要内容，尊重法律及社会接受的行为准则。

理解《中小学班主任工作条例》的文件精神。

分析评价教育教学实践中教师的道德规范问题。

2. 教师职业行为

了解教师职业行为规范的要求。

理解教师职业行为规范的主要内容，在教育活动中运用行为规范恰当地处理与学生、学生家长、同事以及教育管理者的关系。

在教育教学活动中，依据教师职业行为规范，爱国守法、爱岗敬业、关爱学生、教书育人、为人师表。

（四）文化素养

了解中外科技发展史上的代表人物及其主要成就。

了解一定的科学常识，熟悉常见的科普读物。

了解一定的文学知识和文化常识。

了解中外文学史上重要的作家作品。

了解一定的艺术鉴赏知识。

了解艺术鉴赏的一般规律，并能有效地运用于教育教学活动。

（五）基本能力

1. 阅读理解能力

理解阅读材料中重要概念的含义。

理解阅读材料中重要句子的含意。

筛选并整合图表、文字、视频等阅读材料中的主要信息及重要细节。

分析文章结构，把握文章思路。

归纳内容要点，概括中心意思。

分析概括作者在文中的观点态度。

2. 逻辑思维能力

了解一定的逻辑知识，熟悉分析、综合、概括的一般方法。

掌握比较、演绎、归纳的基本方法，准确判断、分析各种事物之间的关系。

准确而有条理地进行推理、论证。

3. 信息处理能力

具有运用工具书检索信息、资料的能力。

具有运用网络检索、交流信息的能力。

具有对信息进行筛选、分类、存储和应用的能力。

具有运用教育测量知识进行数据分析与处理的能力。

笔记栏

具有根据教育教学的需要，设计、制作课件的能力。

4. 写作能力

掌握文体知识，能根据需要按照选定的文体写作。

能够根据文章中心组织、剪裁材料。

具有布局谋篇，有效安排文章结构的能力。

语言表达准确、鲜明、生动，能够运用多种修辞手法增强表达效果。

《综合素质》（小学）考查的是教师所应具备的小学教育教学相关知识、能力和素养，题目的综合性和实践性较强，对考生综合能力要求高。主观题所占分值较高，说明考试更注重考生灵活应用综合素质知识的能力，因而，考生在复习时要以理解记忆为主，切忌死记硬背。

二、《教育教学知识与能力》（小学）考试内容

《教育教学知识与能力》（小学）考试内容主要涵盖教育知识与应用、教学知识与能力两大板块。前者包括教育基础、学生指导和班级管理，后者包括学科知识、教学设计、教学实施、教学评价。能力要求分为了解、理解或掌握、运用三个层次。具体考试内容模块与要求如下。

（一）教育基础

（1）了解我国小学教育的历史与现状。

（2）了解我国基础教育课程改革的现状和发展趋势。

（3）了解教育科学研究的基础知识。

（4）了解小学组织与运行的基础知识和基本要求。

（5）了解有关教育学、心理学的基础知识。

（6）理解小学教育的基本特点。

（7）掌握小学教育研究的基本方法。

（8）掌握教师专业发展的基础知识。

（9）能够运用相关知识对小学教育教学实践中的问题进行一定的分析。

（二）学生指导

（1）了解小学生身心发展的一般规律和特点。

（2）了解小学生的认知特点以及学习兴趣培养、良好学习习惯养成的一般方法。

（3）了解小学生思想品德发展的基本规律和特点。

（4）了解小学生医疗、保健、传染病预防和意外伤害事故的相关知识。

（5）掌握指导小学生学习的主要方法。

（6）掌握小学生德育、美育和心理辅导的基本策略和方法。

（7）能够根据小学生学习规律和个体差异，有针对性地指导学生学习。

（8）能够遵循小学生身心发展规律，有针对性地开展德育、美育和心理辅导工作，促进小学生全面、协调发展。

（三）班级管理

（1）了解小学班级管理的一般原理。

（2）了解小学班主任的基本职责。

（3）了解小学班队活动的基本类型。

（4）了解小学课外活动的基本知识。

（5）掌握小学班级管理的基本方法。

（6）掌握组织小学班级活动的基本途径和方法。

（7）能够针对班级实际和小学生特点，分析班级日常管理中的现象和问题。

（8）能够整合各种教育资源，组织有效的班队活动，促进小学生健康成长。

（四）学科知识

（1）了解小学有关学科的基础知识、基本理论和学科发展的重大事件。

（2）了解小学有关学科课程标准的主要内容和特点。

（3）掌握小学有关学科课程标准的内容领域所涵盖的核心知识及其关联。

（4）能够针对小学生综合学习的要求，适当整合小学有关学科内容，开展学科教学活动。

（五）教学设计

（1）了解小学教学设计的基本原则、依据和步骤。

（2）了解小学综合课程和综合实践活动的基本知识。

（3）了解小学生在不同学习领域的基本认知特点。

（4）了解信息技术与小学教学整合的基本途径和方式。

（5）理解已有的生活经验、知识和能力、学习经验对新的学习内容的影响。

（6）掌握小学教案设计的基本内容、步骤和要求。

（7）能够依据小学生学习规律、小学相关学科课程标准，结合教材特点，合理地确定教学目标、重点和难点，完成指定内容的教案设计。

（六）教学实施

（1）了解小学课堂教学情境创设的基本方法。

（2）了解小学生学习动机激发的基本方法。

（3）了解小学课堂教学组织的形式和策略。

（4）了解小学生学习方式的基本类型和小学教师的课堂教学行为对小学生学习的影响。

（5）掌握小学课堂教学的基本策略和主要方法。

（6）掌握小学课堂教学总结的基本方法。

（七）教学评价

（1）了解小学教学评价的基本内容、类型和主要方法。

（2）了解小学教师教学反思的基本内容、类型和主要方法，以及教学反思对教师专业发展的作用。

（3）能够针对小学课堂教学设计和实施进行恰当评价。

《教育教学知识与能力》（小学）考查的是教师应具备的与小学教育教学有关的知识。其中，教育基础、学生指导和班级管理是关于小学教育的知识与应用，是搞好学科教学的基础和前提。学科知识、教学设计、教学实施和教学评价体现的是考生的综合实践能力，尤其集中体现在教学设计题上。只有这样，考生才能根据某个设定的教学目标来设计教学过程，正确编写小学数学教案。

三、小学教师资格考试面试内容

面试是一种经过组织者精心设计，通过交流、观察等方式，系统地测评面试人员的知识、能力、经验等相关素质的一种标准参照性考试，也是小学教师资格考试的重要组成部分。主要考查申请教师资格人员应具备的教师基本素养、职业发展潜质、教育教学实践能力等。具体而言，主要测试申请教师资格人员的职业认知、心理素质、仪表仪态、言语表达、思维品质、教学设计、教学实施、教学评价等。

（一）职业认知

（1）热爱教育事业，有较强的从教愿望，对教师职业有正确的认知，能清楚了解教师工作的基本内容和职责。

（2）关爱学生，具备从事教师职业应有的责任心。

（二）心理素质

（1）乐观开朗，积极上进，有自信心。

（2）具有一定的情绪调控能力，不偏激，不固执。

（3）能够冷静地处理问题，具有较强的应变能力。

（三）仪表仪态

（1）行为举止自然大方，有亲和力。

（2）衣饰得体，符合教师的职业特点。

（四）言语表达

（1）教学语言规范，口齿清楚，语速适宜。

（2）表达准确、简洁、流畅，语言具有感染力。

（3）善于倾听，并能作出恰当的回应。

（五）思维品质

（1）思维严密，条理清晰，逻辑性强。

（2）能正确地理解和分析问题，抓住要点，并作出及时反应。

（3）具有一定的创新意识，在解决问题的思路和方法上有独到之处。

（六）教学设计

（1）能够根据课程标准处理教学材料，确定教学目标，突出重点和难点。

（2）能够基于小学生的知识基础和生活经验合理设计教师活动。

（3）学生活动设计有效，能引导学生通过自主参与、合作探究的方式达成学习目标。

（七）教学实施

（1）教学结构合理，条理清晰，能较好地控制教学节奏。

（2）知识讲授准确，能基本完成教学任务。

（3）能根据学生认知特点和学科教学规律，选择恰当的教学方法，有效激发学生的学习动机。

（4）能根据教学需要运用教具、学具和现代教育技术辅助教学。

（5）板书工整规范、布局合理。

（八）教学评价

（1）能够采用恰当的评价方式对学生的学习活动作出反馈。

（2）能对自己的教学过程进行反思，作出比较客观的评价。

教师资格考试面试是中小学教师资格考试的重要组成部分，属于标准参照性考试，教师资格考试笔试合格的学生，在有效期内可以参加教师资格考试面试。面试采用结构化面试、情景模拟等方式，考生通过抽题、备课、试讲、答辩等环节，完成面试。考生按照有关规定随机抽取备课题目进行备课，时间为 20 分钟；接受面试时间为 20 分钟。考官根据考生面试过程中的表现，进行综合性评分。

◎思考与练习：

1.简要说明实施教师资格考试的意义。

2.简要说明小学教师资格考试面试的测试内容与要求。

3.小学教师资格考试，其全国统一考试与非统一考试相比有哪些优势？请至少从三个方面举例说明。

第八章

教师资格考试备考注意事项

▶ **学习目标：**

1.通过学习，了解报考流程；知道笔试的内容和题型；了解面试的特点、内容、要求、类型及基本流程。

2.掌握笔试的备考技巧和考试技巧，掌握面试技巧及注意事项。

3.通过学习我国教师资格考试备考注意事项，掌握备考技巧和考试技巧、面试技巧及注意事项，树立教书育人的教育情怀，坚定为国育才的理想信念。

▶ **教前准备：**

1.明确教师资格考试的目的和意义，了解国家层面关于教育方面的相关政策，了解教师资格考试报考流程、知道笔试的内容和题型，面试特点、面试构成要素及面试基本流程。

2.掌握笔试的备考技巧和考试技巧、面试技巧及注意事项。

3.思考问题：

（1）小学数学教师资格证面试的基本要求有哪些？

（2）一个合格的小学教师必须具备哪些条件？

▶ **学前准备：**

1.了解教师资格考试的目的和意义。

2.了解教师资格考试报考流程，知道笔试的内容和题型，面试特点、面试要求及面试基本流程。

本章主要介绍小学教师资格考试笔试与面试的备考注意事项，其中笔试部分包括报考流程、备考指导和考试技巧，面试部分包括面试特点、面试要求、面试试讲内容案例、面试技巧及注意事项等。

第一节　教师资格考试笔试备考

笔试的题型分为选择题和非选择题，其中，非选择题包括简答题、论述题、材料分析题、课例点评题、诊断题、辨析题、教学设计题、活动设计题等。

一、备考指导

（一）复习策略

科学有效的复习策略对考生备考有着事半功倍的作用。考生在教师资格考试的复习阶段，如果掌握了科学有效的复习策略，就可以在考试中发挥巨大的潜力。

1.严格按照考试标准和考试大纲的要求进行备考

教育部制定的教师资格考试标准是确定考试科目和考试大纲的依据，考生在报考前要认真阅读和领会，在此基础上，根据自己的报考类别和科目阅读、研究相应的考试大纲。各科考试大纲是考试和命题的依据，对考试内容模块与要求、试卷结构、题型等有全面细致的说明，是考生进行复习准备的参照。考生要了解自己所要参加的考试的方向和内容，增强对考试的整体理解和宏观把握，合理安排自己的备考计划。这是在考试中取得好成绩的前提条件。

2.注重基础，结合实践

考生在复习时，应该从整体上把握各个知识点，注重它们的内在联系，使其形成系统的、有组织的知识网络。同时，还要深层次地理解教育理论与教学实践的契合程度。只有把教育理论运用到教学实践中，再结合教学实践去思考，总结出相应的教育理论，才能达到深刻理解、学以致用的目的。

3.研究历年真题，明确考试的重点、难点

考生在复习时，应仔细研究历年真题，掌握命题思路、命题规律，这样才能有的放矢，有效提高考试成绩。同时，考生在备考时应深度分析自身的知识储备结构，明确自身的优势和劣势，在薄弱环节投入更多的精力，这样可以收到事半功倍的效果。

4.根据具体情况进行一定量的练习

考生通过一定量的练习，一方面可以熟悉题型的特点，巩固所学知识，明确答题思路；另一方面可以熟悉考试规则，了解考试的实施方法和程序。需要注意的是，考试之前无须反复做题，考生只要根据自己的备考情况进行合理的练习即可。过度练习有时不但起不到正面作用，还会因忙于练习而产生烦躁、焦虑情绪，得不偿失。

5.掌握一定的技巧和方法

在有限的时间内，考生要对大量的内容进行复习，如果没有计划，缺乏一定的技巧和方法，是很难进行高效复习的。因此，考生一定要对自己的学习方法有所设计与安排。常用的学习方法有笔记法、质疑法、合作学习法、循序渐进法、分散复习法等。考生需要选择并掌握适合自己的方法，使自己的复习紧扣考点，突出重点，攻克难点，强化热点，达到最佳的学习效果。

对知识的记忆有以下五种常见的方法。

（1）归类记忆法。归类记忆法是指根据识记材料的性质、特征及其内在联系进

行归纳分类，从而记忆大量的知识。例如，学完计量单位后，可以把学过的所有内容归纳为五类：长度单位、面积单位、体积和容积单位、重量单位、时间单位。归类有助于把复杂的事物系统化、条理化，易于记忆。

（2）规律记忆法。规律记忆法即根据事物的内在联系，找出事物的规律进行记忆。例如，识记长度单位、面积单位、体积单位的化法和聚法。化法和聚法是互逆关系，即高级单位的数值 × 进率＝低级单位的数值，低级单位的数值 ÷ 进率＝高级单位的数值。掌握了这两条规律，化、聚问题就迎刃而解了。规律记忆需要开动脑筋对所学的有关材料进行加工和组织，从而能牢固记忆。

（3）列表记忆法。列表记忆法就是把某些容易混淆的识记材料列成表格，达到记忆的目的。这种方法具有明显性、直观性和对比性。例如，要识记质数、质因数、互质数这三个概念的区别，就可将其列成表来帮助记忆。

（4）重点记忆法。重点记忆法就是先记忆重点内容，在记住了重点内容的基础上，通过推导、联想等方法记忆其他内容。例如，学习常见的数量关系：工作效率 × 工作时间＝工作量，工作量 ÷ 工作效率＝工作时间，工作量 ÷ 工作时间＝工作效率。只要记住第一个数量关系，后面两个数量关系就可根据乘法和除法的关系推导出来。这样既减轻了记忆的负担，又提高了记忆的效率。

（5）尝试回忆法。尝试回忆法就是在记忆的过程中不断地自己考自己。例如，在背诵时，不断地尝试默背，背错时再看、再记。考生要对学习过的需要识记的知识及时尝试回忆，不断巩固记忆。

6. 学会管理自己的情绪

对教师资格考试的考生来说，如何管理好自己的情绪是一个非常重要的问题，它直接关系到考试的成败。在备考过程中，考生时刻都会受到周围环境和内在自我的刺激与干扰，情绪的波动幅度和频率都比较大，特别是在临近考试的时候，这种反应更加明显。考生如果出现情绪波动，首先应该树立一个信念，把焦虑和压力变成动力，从思想上让自己得到放松；其次，要检查自己的学习习惯，保证足够的休息时间；最后，不要给予自己过大的心理压力，只把考试作为检验自己学习效果的一次机会，减轻自己的心理负担。

（二）复习时间的安排

对复习时间要有系统的安排，一般来说，可将复习分为三个阶段，即基础复习阶段、强化复习阶段和考前冲刺复习阶段。

1. 基础复习阶段

基础复习阶段是整个复习阶段中最基础、最关键的环节。在基础复习阶段，考生必须把辅导教材中所有的考点逐个突破，并形成完整的知识体系。这就需要考生重点关注并掌握考试大纲中的基本概念、基本原理、基本方法等。同时，考生一定要重视辅导教材的作用，应该仔细阅读辅导教材，认真琢磨教材中的练习题，体会其中所包含的重要知识点。

2. 强化复习阶段

在强化复习阶段，考生应以典型例题为载体，以教育教学思想方法的灵活运用为线索，掌握解题策略，使自己在之前复习的基础上提升理论素质。

3. 考前冲刺复习阶段

在考前冲刺复习阶段，考生应该适当进行一些练习训练，在做题的过程中要注重巩固学过的考点。考生可以找一个合适的地方，按照考试规定的时间进行实战演练，最后给自己评分，检查哪些部分比较薄弱，哪些知识点记得不牢，之后再有针对性地翻看辅导教材，强化记忆，加深理解。

总之，只要在备考阶段掌握一定的方法并做好充分的准备，通过教师资格考试并非难事。

二、考试注意事项及解题技巧

（一）注意事项

1. 检查考试用具

考前，考生一定要检查必备的应考用具（如身份证、准考证、签字笔（或圆珠笔）、橡皮、三角板、尺规、铅笔等是否带齐。最好同时带上一两支备用笔，防止做题过程中笔芯用完。

2. 提前到达考场

考生应遵守考试规则，按监考老师的要求，依照顺序进入考场；带好个人证件和考试用具，稳步进场；切记不能将手机或其他通信工具带入考场。

3. 快速查看试卷

考生拿到试卷后，先写上自己的姓名、考号等；然后，在检查考卷的同时迅速将试卷从头到尾看一遍，摸清题情，看哪些题型自己比较熟悉，哪些题目比较简单；一旦答卷铃响，立即开始答那些简单、自己熟悉的试题，节约宝贵的考试时间。

4. 审题认真仔细

考生在答题过程中遇到较新颖的综合题时，审题要慢、细，先慢慢回忆、检索解题信息，寻找突破口，找到线索后，迅速书写解答要点。

5. 答题快速准确

考生在答题时要快速准确：对于解答题，只写要点（得分点），省略非主要步骤；对于选择题、填空题，要善于压缩时间，切忌小题大做。

在答题过程中，考生要注意以下几个方面。

（1）答题时，一定要全神贯注，对于大题量不要害怕，从容应对，要相信自己

笔记栏

一定能够顺利完成。有些考生为了赶快做完试卷题目而分秒必争，做完一道题之后，马上做下一道题，虽然考试时间对考试结果影响很大，但是这种方法不妥当。因为回答一个问题的思考模式并不一定适合其他的问题，因此，考生必须让自己的头脑冷静下来，为了让自己以新的思考模式去回答下一道题，答完一道题后，最好暂停10秒钟。

（2）想出好几个似是而非的答案时要将它们写下来，不要只在大脑中做比较；要自信，不要无端怀疑而将原来正确的答案改错；对于暂时做不出来的题先留下记号，先答下一个题目，一旦遇到难题无法继续时，应暂时放弃，先做其他题目；突然忘记某一知识时千万不要慌张，要让自己放松下来，认真回忆知识点。

（3）思考问题时要分层展开，富有逻辑。看到题干之后迅速在头脑中提取相应的理论知识点，当然这一过程需要建立在平时对教师资格考试常考内容熟悉的基础上；答题时每个要点要标记序号，不可将所有知识点杂糅在一起。

在检查试卷时，考生要变换思路，采取不同的方法论证答案；同时，要自信，不要无端怀疑自己而将原来正确的答案改错。

6. 卷面干净整洁

考生要注意卷面整洁、工整，给阅卷教师留下好印象；同时，格式要规范，表达、作图要符合常理。

7. 考后减少议论

不少考生考后会议论、对答案，这是不提倡的，考生应从整体利益出发，放下包袱，把精力放到下一科的应考上。

（二）解题技巧

1. 单项选择题

单项选择题考查考生对知识掌握的程度和分辨、判断的能力。考生一定要认真读懂题目的内容和要求，认真分析和判断备选答案，然后进行选择。选择题常用的答题方法有以下几种。

（1）代入排除法。

【例题】一个产品生产线分为a、b、c三段，每个人每小时分别完成10件、5件、6件，现在的总人数为71人，要使得完成的件数最大，71人的安排分别是（   ）。

A. 14：28：29 　　　　　　　　B. 15：31：25

C. 16：32：23 　　　　　　　　D. 17：33：21

【解题思路】利用代入排除法求解。依次代入四个选项，但要注意，一条生产线的生产能力取决于速度最慢的那一段，因此，代入每个选项后要取最小值。

【解答】代入四个选项，计算最小值可得出分别可以完成140件、150件、138件、126件，150最大，因此B项正确。

（2）赋值法。

【例题】某商店花 10000 元进了一批商品，按期望获得相当于进价 25% 的利润来定价，结果只销售了商品总量的 30%；为尽快完成资金周转，商店决定打折销售，这样卖完全部商品后，亏本 1000 元。商店是按定价打（　　）销售的。

A.九折　　　　　　B.七五折　　　　　　C.六折　　　　　　D.四八折

【解题思路】设一共有 10 件商品，折扣为 M，根据题干已知条件列方程式解题。

【解答】设一共进了 10 件商品，则每件商品的进价为 1000 元，利润为 250 元，根据已知条件列方程式 $1250 \times 3 + 1250 M \times 7 = 9000$，解得 $M = 0.6$。因此 C 项正确。

（3）数字特性法。

【例题】甲、乙、丙三人同去商城购物，甲花的钱的 $\frac{1}{2}$ 等于乙花的钱的 $\frac{1}{3}$，乙花的钱的 $\frac{3}{4}$ 等于丙花的钱的 $\frac{4}{7}$，丙比甲多花了 93 元，则三个人一共花了（　　）。

A.432 元　　　　　B.422 元　　　　　C.429 元　　　　　D.430 元

【解题思路】根据已知条件可得出，甲、乙花的钱之比为 $\frac{1}{3} : \frac{1}{2} = 2 : 3$，乙、丙花的钱之比为 $\frac{4}{7} : \frac{3}{4} = 16 : 21$，则甲、乙、丙花的钱之比为 32 : 48 : 63，那么三人花的总钱数一定能被 32+48+63=143 整除。

【解答】验证各项发现，只有 C 项能被 143 整除，所以 C 项正确。

（4）数字特性与方程的结合运用。

【例题】老王两年前投资的一套艺术品的市场价格上涨了 50%，为了尽快出手，老王将该艺术品按市场价格的八折出售，扣除成交价的 5% 的交易费用后，老王发现与买进时相比赚了 7 万元。老王买进该艺术品花了（　　）。

A. 42 万元　　　　B. 50 万元　　　　C. 84 万元　　　　D. 100 万元

【解题思路】这是常见的利润问题，设成本为 x，根据题干中的等量关系可以列出方程：$x(1 + 50\%) \times 0.8 \times (1 - 5\%) = x + 7$。观察可以发现，方程左边含有 $(1 + 50\%)$，则方程右边应该为 1.5 的倍数，即 $x + 7$ 为 3 的倍数。

【解答】验证可知，只有 B 项在加 7 之后可以被 3 整除，因此选 B。

2.简答题

简答题主要考查考生对基础理论知识的记忆和理解能力。这类题型要求考生或阐述一种观点，或对某种理论作出解释，或就问题给出解决的措施，所考查的知识点较系统。考生在解答简答题时，要找准角度、紧扣题目，回答时层次清楚、言简意赅。

【例题】德育过程的特点是什么？

【分析】该题要求考生阐述德育过程的特点，因此，考生要根据有关德育过程的特点作简要的陈述,要有理有据、清晰明了。

【答案】

(1)德育过程是培养学生知、情、意、行的过程。

(2)德育过程是促进学生思想内部矛盾斗争发展的过程。

(3)德育过程是组织学生的活动和交往,统一多方面教育影响的过程。

(4)德育过程是一个长期的、反复的、逐步提高的过程。

3. 材料分析题

材料分析题要求考生用所学的某一理论去分析实例,提出自己的观点。这类题型主要考查考生的理解、分析、判断、综合、应用等能力。材料分析题的解题技巧如下。

(1)审题。审题是解题的第一步,细致深入地审题是顺利解题的必要前提。在解答材料分析题时,首先要仔细阅读材料,分析材料中的现象,初步确定从哪一方面进行回答。如果考生不认真审题,不对材料进行深入理解,回答时就很可能跑题。在审题时,考生要遵循以下步骤。

① 全面把握、认真分析。全面把握、认真分析材料是为了保证答案在合理的范围之内。读材料时要先粗后细,由整体到部分,再到整体,即应先对材料有一个粗略的总体认识,然后在细致考察各个细节的基础上把握要点。

② 认真研究答题要求。在上述步骤的基础上,考生要仔细分析答题要求。对于给定的材料,考生可以从多个角度进行分析,而在答题要求中,通常会注明需要从哪个角度进行解答,因此考生应围绕该角度进行阐述。如果答题要求中没有注明答题角度,考生可以多选几个角度,尽量全面地回答。

(2)答题。答题时,考生要注意以下几个方面。

① 结论。考生首先要给出分析材料后所得的结论,表明自己的观点,要针对问题直接作答,语言简练直接、具体明了,不能答非所问、模棱两可。

② 阐述相关的教育教学理论知识。材料分析题最主要的作用就是考查考生对理论知识的运用能力,因此,答题时要详细地罗列相关的概念、理论。

③ 围绕材料中的问题展开分析。对问题进行分析时,通常要从当事者和教师两个基本角度进行分析。当事者,即案例中的主要角色,通常是教师或学生,要结合材料揣测当事者的心理,分析出现某种现象的原因。除此之外,还要从教师的角度进行回答,教材分析题是为了考查考生解决实际问题的做法,因此分析教师的做法是关键。

【例题】近年来,某小学为改革过于依赖纸笔测试的学业评价方式,在低年级实施基于绘本场景的表现性评价,采用游戏化、项目化综合式评价方法。

(1)请对该校的表现性评价进行评析。

（2）结合材料谈谈教学评价的功能。

【参考答案】

（1）该校的行为符合新课改倡导的教育评价理念的要求，具体表现如下。

① 评价的根本目的在于促进发展。材料中，该小学对学生实施表现性评价，使得学生的学习状态与以往大不相同，促进了学生的发展。

② 注重与课程功能的转变相适应。材料中，教师通过设计写请柬的任务，促进学生各个方面的发展，不仅培养学生的创造能力，还培养学生的想象力。

③ 体现最新的教育观念和课程评价发展的趋势。材料中，通过绘本的教学促进了学生的全面发展，体现了素质教育理念的要求。

④ 评价内容综合化，重视知识以外的综合素质的发展，尤其是创新、探究、合作与实践等能力的发展。材料中，对学生实施表现性评价，注重了学生创新、探究、合作与实践等能力的发展。

⑤ 评价主体多元化要求建立学生、教师、家长、管理者、社区和专家等共同参与、交互作用的评价制度，以多渠道的反馈信息促进被评价者的发展。材料中，由教师、家长志愿者、中高年级学生志愿者组成评价小组，根据每一位学生的表现评定等级。正是体现了评价主体多元化。

（2）在该校实施的表现性评价中，教学评价有如下功能。

① 教学评价的导向功能，主要是指教学评价可以对实际的教育活动有定向引导的功能，能引导评价对象趋向于理想的目标。材料中，在教学评价的引导下，教学活动向着预定的方向发展，学生的发展越来越全面。

② 教学评价的激励功能是指合理有效地运用教学评价，能够激发和维持评价对象的内在动力，调动被评价者的内部潜力，提高其工作、学习的积极性和创造性，从而达到教育管理的目的。材料中，学校的教学评价使得学生越来越活跃，对于课程也有极大的热情，充分调动了学生的积极性。

4. 教学设计题

教学设计是一项复杂的系统工程，在设计和实施过程中要综合考虑多种因素。因此，考生进行教学设计时要注意以下几个问题。

（1）**面向全体学生。** 教学设计要符合学生的心理和生理特点，遵循其学习规律，力求满足不同类型和不同层次学生的要求，使每个学生的身心得到健康的发展。因此，教学设计者在教学设计之初要对学习者的学习需要、共性和个性特征等各个方面进行系统地分析。

（2）**合理制定教学目标。**《标准》中规定的课程目标是制定教学目标的直接依据。教师应根据《标准》建立的由"知识与技能""过程与方法""情感态度与价值观"三个维度构成的课程目标，以及教材和学生的实际情况，全面理解、整体把握各阶段的教学目标，具体制定章、单元、每节课的教学目标。教学目标的制定要具

笔记栏

有一定的层次性、全面性、适切性和表述的准确性，并能正确处理教学目标的设计与教学目标的实施之间的关系。

（3）科学安排教学内容。确定教学内容的基本依据是《标准》，教学内容必须符合学生学习的实际情况，符合教学目标的需要。教学内容的组织要抓住主线，突出重点，分散难点，确保全体学生在课堂教学时间内获取最基本的学科知识、方法和能力；教学内容的安排顺序应由浅入深、循序渐进，形成内在的逻辑结构，并考虑安排一些适合不同层次学生需要的教学内容，体现分层教学的要求。

教师要认真研读教材，并在遵循《标准》的前提下，对教学内容进行加工提炼，化难为易，化繁为简。教师可以根据学生的实际情况和对教材的整体考虑，对某些教学内容进行必要的调整和选择，创造性地使用教材，真正做到"用教材教"，而不是"教教材"。

（4）精心设计教学过程。教学是由教师指导的学习过程，学生是学习的主体。教师要为学生创设真实的情境，要精心设计问题，引导学生积极参与。教师要认真履行对学生学习的组织、交流、支持、点拨、咨询、促进等责任，但不能决定、替代和包办学生的学习活动。

（5）不断完善教学评价。教学设计要提倡动态性的评价，尊重学生在学习过程中的个性特点，评价学生在学习过程中的变化和发展；要提倡过程性的评价，在教学过程中及时作出激励性的评价，促进学生的学习。评价的方式要多样化：书面作业和测试仍然是主要的评价方式之一；同时，要结合课堂提问、个别访谈、问卷调查、小组评议、实践报告、专题研究、建立学生成长记录袋等评价方式。教师要从根本上克服在学习评价中存在的重知识轻能力、重结果轻过程、重鉴别轻发展等倾向，不断地完善教学评价。评价结果的呈现应将定性与定量相结合，要重视利用成长记录和评语来描述学生的进步，通过评价引导学生进一步发展。

（6）注重现代教学技术的应用。现代教学技术的应用对教师提出了更高的要求。教师应该完成从知识传授到为学生信息内化提供指导这一过程的转变。但是，不能把是否应用了现代媒体辅助教学作为评价一节课质量高低的唯一标准。教师应该认识到不是一切教学内容都适合现代媒体教学，对于一些运用传统教学方法就可以解决的问题，没有必要把大量的时间花在制作课件上。还要注意，一节课并非全程都要运用多媒体教学，过度使用多媒体教学会削弱教师的主导作用。在运用传统教学方法难以突出重点、突破难点时，运用多媒体更能体现其价值。不过教师在教学过程中应避免为了使用多媒体而使用多媒体。

【例题】认真阅读以下材料，按要求回答问题。

（1）依据《标准》简要说明如何在本课教学中落实"四基"。

（2）若指导四年级学生学习本课，试拟定教学目标。

（3）依据拟定的教学目标，设计教学过程。

4　什么样的3条线段围成三角形呢？我们来做个实验。

剪出下面4组纸条（单位：cm）。

（1）6、7、8；　　　　　　（2）4、5、9；

（3）3、6、10；　　　　　　（4）8、11、11。

用每组纸条围成三角形。

你发现了什么？

注：选自人教版《数学》四年级下册第五单元。

【解答】

（1）依据《标准》简要说明如何在本课教学中落实"四基"。

① 基础知识。在本课的教学中，让学生通过观察和动手操作获得三角形的相关知识，理解掌握三角形三边之间的关系。

② 基本技能。通过本课教学，使学生能通过三角形三边之间的关系判断三条线段是否能围成三角形，让学生在观察三角形、动手操作摆拼三角形的过程中锻炼观察能力与动手操作能力。

③ 基本思想。在本课的教学中，让学生在学习中体会数学抽象、空间观念、归纳推理以及初步的演绎推理等基本思想。

④ 基本活动经验。在本课的教学中，让学生通过动手操作增加操作体验，积累活动经验。

（2）若指导四年级学生学习本课，试拟定教学目标。

①知识与技能目标：理解三角形三边的关系，掌握三角形任意两边之和大于第三边的知识点，并学会运用相关知识解决实际问题。

②过程与方法目标：学生动手操作，自主探究，感悟从一般到特殊的推理过程，学会用实验归纳的方法，培养归纳、抽象、概括以及初步的演绎推理能力。

③情感、态度与价值观目标：让学生经历探究、推理的全过程，培养学生自主探究的精神。在推导三角形三边之间的关系的过程中，发展学生的理性思维，同时激发学生学习数学的兴趣和欲望。

（3）依据拟定的教学目标，设计教学过程。

① 实验导入，提出问题。

笔记栏

a.复习"什么是三角形",教师提问、引导学生得出三角形的概念。

b.摆一摆、拼一拼。教师或学生示范用小棒围三角形的过程,进一步认识由三条线段围成(一根连着一根,要做到首尾相连)的图形叫作三角形。(课件演示并强调:每两条相邻线段的端点相连)

第一条边(厘米)	第二条边(厘米)	第三条边(厘米)	能围成三角形吗
6	7	8	能
4	5	9	不能
3	6	10	不能
8	11	11	能

c.提问:同学们都把小棒围成三角形了吗?

(预设)学生1:第二组和第三组数据不可以围成。

(预设)学生2:第一组和第四组可以围成。

教师:我们发现有些能围成,有些不能围成,说明三角形三边之间一定存在奥秘。今天我们就来探究三角形三边之间的关系。

引出课题:三角形三边之间的关系。

【设计意图】细节决定成败,规范的操作有助于学生自主发现问题,这里教师让学生展示围三角形的要点、细节,有助于培养学生严谨的学习习惯,为接下来的探究活动做好了示范。

② 归纳猜想,发现规律。

从同桌两人为一个小组,各小组拿出课前准备的小棒再摆一摆,测量和计算后填写下表:

线段 a	线段 b	线段 c	$a+b \bigcirc c$	$a+c \bigcirc b$	$b+c \bigcirc a$	能否围成三角形
6	7	8	6+7>8	6+8>7	7+8>6	能
4	5	9	4+5=9	4+9>5	5+9>4	不能
3	6	10	3+6<10	3+10>6	6+10>3	不能
8	11	11	8+11>11	8+11>11	11+11>8	能

设问:我们观察和比较上表中的数据,能发现什么规律?

教师引导学生观察、交流、归纳后得出:三角形任意两边之和大于第三边(强调任意)。若某两边之和不大于第三边就一定不能围成三角形。

b.画一画,学生任意画出几个三角形,看看是不是所有的三角形都有"任意两边之和大于第三边"的特征。(板书:所有三角形任意两边之和大于第三边?)

教师展示学生画好的两个锐角三角形,提问:这两个三角形是同类三角形吗?三角形按角的大小怎样分类?有谁画的三角形和他的不一样?

(预设)学生1:我画的是直角三角形,他画的是锐角三角形。

（预设）学生2：我画的是钝角三角形。

教师引导总结：同学们画出了锐角三角形、直角三角形及钝角三角形。

（学生画好后测量，然后填写表格，根据表格总结规律）

不同的三角形	类型	边a	边b	边c	$a+b \bigcirc c$	$a+c \bigcirc b$	$b+c \bigcirc a$
三角形1	直角三角形	3	4	5	3+4>5	3+5>4	4+5>3
三角形2	…	…	…	…	…	…	…
三角形3	…	…	…	…	…	…	…
三角形4	…	…	…	…	…	…	…

小组交流总结（教师引导）：我们可以验证所画的所有的类型的三角形都有这样的规律，因此是不是可以相信所有三角形任意两边之和大于第三边？

【设计意图】让学生通过动手操作，在实验中发现并提出问题，既培养学生的推理能力，又唤起学生强烈的用理性的方法探究"三角形三边之间的关系"的欲望。

③演绎推理，逻辑论证。

设问：我们能肯定"三角形任意两边之和大于第三边"对所有的三角形都一定成立了吗？我们能把原来写的问号擦掉了吗？

（预设）学生争论：可以？不可以？

观点一：不可以。验证的三角形越多，结论就越可靠，目前的实验数量还不一定可靠。

观点二：不能，三角形有无穷多个，不可能一个个地验证它们三边之间的关系，没验证完就不能肯定。

总结：观察归纳和实验归纳是发现规律的好方法，但是它不能确定发现的结论一定是对的，还必须经过严格的推理论证，也就是常说的"说理"，数学猜想的发展过程如下图所示。

a.设问：看看我们平时在生活中是如何说理的。

例1：因为所有的金属都能导电，铜是金属（前提），所以铜能导电（结论）。

例2：所有的小学生都不用交学费（属于义务教育阶段的学生），小明是小学生，所以小明不用交学费（结论）。

上节课我们学习过"A与C两点之间所有连线中线段AC最短"，换句话说，就是A与C两点之间所有连线都比线段AC长。

学生观察三角形ABC，边AB和BC构成了A与C两点之间的一条连线，比较一下$AB+BC$与线段AC的长短，

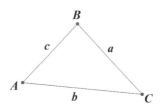

并类比刚才的"说理"讲一讲道理。

（预设）学生：我看出来了，$AB + BC > AC$。

这是因为 A 与 C 两点之间所有连线都比线段 AC 长，AB 和 BC 两条边构成了 A 与 C 两点之间的一条连线，所以连线 $AB + BC >$ 线段 AC，即 $c + a > b$。

【设计意图】采用"两点之间所有连线中线段最短"这个前提，用三段论的推理规则推出三角形两边之和大于第三边，渗透演绎推理的数学思想。

b.请同学们分组讨论，在三角形中任意取两条边，会有多少种情况？

（预设）学生：①AB，BC；②BC，AC；③AB，AC。

学生交流。判断 $BC + AC > AB$，$AB + AC > BC$ 是否正确，并说明理由。

（方法类似，学生表述，教师评价）

引导总结：我们对任意三角形枚举了所有的"两边"的 3 种情况。现在我们可以肯定地说：所有三角形任意两边之和大于第三边。

【设计意图】运用完全归纳的推理规则强调三角形中任意两边之和大于第三边。

④ 总结全课。请学生说一说这节课学到了哪些知识。

⑤ 布置作业。请学生课下思考三角形三边关系可以用在生活中哪些地方，三角形还具有哪些性质。

　　教学设计只是对教学的一种预先规划和设计活动，是对尚未实施的教学过程和活动的一种预想。因此，在做教学设计时不可能预测和解决教学过程中的所有问题，教学设计方案要给使用者在实施过程中留一定的独立思考和灵活运用的空间，教师要利用自己的实践经验对实际的课程教学活动进行有效的调整，以弥补教学设计方案的不足。

　　此类题型要求考生完成指定内容的教学设计，主要考查考生课堂教学方案的设计能力和水平，分值较高，考生应予以重视。

　　考生在解答此类题时，需要在扎实掌握本教材中的教育教学理论知识和学科知识的基础上，选择小学教材中的内容做教学设计。由于教学设计能力的形成在很大程度上依赖于教师对教学实践与经验的不断总结和反思，因此考生要多向有经验的教师请教；同时，也可以多从书和网络上的优秀的教学设计中汲取精华，以提升自己的教学设计能力。在考试中解答教学设计题时，可以使用（1）（2）（3）……标出层次，这样显得有条理，也很清晰。

第二节 教师资格考试面试备考

教师资格考试面试采用结构化面试和情景模拟等方法，通过抽题、备课、试讲、答辩等方式进行。考官使用教育部考试中心统一研制的面试测评系统。面试主要考查考生的职业认知、心理素质、仪表仪态、言语表达、思维品质等教师基本素养和教学设计、教学实施、教学评价等教学基本技能。

一、面试的特点

与其他考试形式相比，教师资格考试面试具有以下几个特点。

1.手段、内容灵活

面试可以根据不同职位的特点和需要，灵活地采用不同的手段测评考生的能力。在形式上可以采用面谈、情景模拟等不同的方式；在内容上，可以针对不同岗位、不同的应试者灵活地改变测试内容，准确地测试考生各方面是否具有从事这一岗位的实际能力水平。

2.能够充分调动考官与考生的主观能动性

在面试过程中，考生的回答及表现与考官的评判是直接相连的，考官与考生间的接触、交谈、观察也是相互的，考试是面对面进行的，考生与考官之间的信息交流与反馈是相互作用的。

3.测评的主观性

对面试的评判往往带有主观性，包括很大程度的印象性、情感性。对考生评价与判断，包括成绩的评定，容易受主观因素的影响。

4.强调素质评定

教师资格考试面试依据考生现场的各方面表现，对其综合素质作出评定。面试考官不仅要判断考生的回答是否正确，更重要的是还要看考生回答问题的灵活性、逻辑性、应变性。对考生面试结果的评定，不是将观点正确与否作为唯一指标，而是要看考生的整体素质。

5.内容的不固定性

虽然同一专业的考生所面对的面试题没有差异，面试的内容在大多数情况下也是事先拟定的；但是考官在面试过程中可以随机提问，考生则要即兴作答。而且考官还会根据考试的需要灵活提问，不拘泥于既定的试题。

6.面试是一个双向沟通的过程

面试是考官和考生之间的一个双向沟通的过程。在面试过程中，考生并不是完全处于被动状态，考官可以通过观察和谈话来评价考生，考生也可以通过考官的行为来判断考官的价值判断标准、偏好以及对自己面试表现的满意度等，来调节自己在面试中的行为表现，同时，考生也可借此机会了解应聘单位、职位情况等，以此决定是否可以接受这一工作。所以，面试不仅是考官对考生的一种考查，也是考官、考生之间的一个沟通、交流情感和能力较量的过程。考官通过面试从学生身上获取尽可能多的有价值的信息，考生也应抓住面试机会，获取自己关心的信息。

二、面试的基本流程

面试的基本流程一般公布于面试考场的醒目处，通常包括以下环节。

1. 候考

考生持本人准考证及符合规定的有效身份证件，按照规定时间到达测试地点，进入候考室，完成身份核验。

2. 抽题

考生进入抽题室，登录面试测评系统，抽取面试试题（幼儿园类别可从抽取的2道试题中任选1道，其余类别抽取1道试题），考生确认后，打印面试试题清单。

3. 备课

考生携带准考证、试题清单进入备课室，撰写教案（或活动演示方案），准备时间为20分钟。

4. 回答规定问题

考生由工作人员引导进入指定面试室。面试考官通过面试测评系统从试题库中随机抽取2道规定问题，告知考生问题并要求考生开始回答，时间为5分钟左右。

5. 试讲 / 演示

考生按照准备的教案（或活动演示方案）进行试讲（演示），时间为10分钟。

6. 答辩

考官围绕考生试讲（或演示）等相关内容进行提问，考生答辩，时间为5分钟左右。

7. 离场 / 评分

考生将教案（或活动演示方案）呈交面试考官，及时离开面试室。考官依据评分标准进行综合评分。

三、面试技巧与注意事项

面试过程中，考生不仅要具有相应的知识基础，而且要掌握相应的面试技巧，这样才能使自己在面试过程中处于主动地位，游刃有余地应对面试过程中的各种问题。以下介绍一些教师资格考试的面试技巧和各个环节的注意事项，并列出了面试提问中可能出现的问题，以备考生参考。

（一）面试常用技巧

考生接到面试通知后，应积极主动提前做好各项准备工作。首先要做好知识储备，这不仅包括专业知识和技能的充分准备，还包括对相关方针政策的了解和时政知识的学习，要了解国家在教育方面的相关政策，深刻领会其内涵。其次，要清楚课堂环节、教学常规，了解课堂中发生意外时的处理方法，锻炼驾驭课堂的能力。回答问题时，要分点分条回答，做到条理清晰。这样才能在面试中发挥最佳水平，充分施展自己的才华。

具体有以下几点：

1.调整心态，从容应试

考生要坚持正确的应试心理：热情、积极、自信、平静和谨慎。

要正确地评估自己，进行积极的自我暗示。考试前要分析自己的优势与劣势，冷静地审视自己，考虑怎样才能发挥自己的优势，弥补自己的不足，并为此做一些细致、耐心的准备。

以平和的心态应试。能参加面试表示已经通过了笔试的考验，但不要因此而沾沾自喜，因为面试与笔试的要求大不相同，所以应该把面试当作新的起点，认真对待，做好各项准备工作并坦然面对。

消除过度焦虑。有研究表明，适度紧张有利于集中精力、活跃思维，并不是坏事；但过于焦虑、紧张，会妨碍正常发挥。面试前，应充分休息，避免过度焦虑，以良好的心态迎接面试。

2.了解规则，应对自如

这里所说的"了解规则"是指考生必须对面试的基本要求、评分标准、预定流程、时间、地点等了解清楚，全面把握，这样才能使自己在面试过程中遵守规则、应对自如、正常发挥。

面试开始前，考试主管机关会在指定媒体上公布面试的各项规则和注意事项，考生接到面试通知后应尽快查看，牢记其中的要点，了解各项要求。考生如果对某些规定存在疑问，一定要及时咨询。特别是参加面试时要求提供的各类证件、证书等，考生要提前准备齐全，集中存放，不要临时再去翻找。

3.着装得体，落落大方

面试是正式场合，衣着应规整得体，修饰自然有度，给人以朴实整洁、得体大方的感觉。面试时需要以个人形象来赢得面试考官的认可，因此考生一定要使自己的穿着打扮与自己的气质相协调，与自己的举止相符合，与时间、环境、气氛相协调，别有风格而又自然大方，给考官留下好的印象。

考生可以站在一面镜子前，按照以下教师适宜的着装原则检查着装。

（1）衣服款式应简洁、得体、大方。女生可以穿西装、套裙，或者其他日常生活中简洁、大方的衣服；男生可以穿正装，如样式简单的白色、浅蓝色衬衫等。一套得体的衣服会让自己看起来优雅、端庄、沉稳，会给考官留下良好的印象。

（2）衣服的颜色不宜太过鲜艳。课堂教学中，教师穿着太鲜艳的衣服，容易分散学生的注意力。另外，衣服的颜色也不宜杂乱，尽量不要超过3种。过于花哨的衣服容易干扰学生的注意力，影响教学的效果。

（3）切忌穿太短、太透或太紧的衣服。如露脐装、超短裙或超短裤等都不适合教师穿着。

（4）女生可以适当化淡妆，这样显得精神、有气质，但切忌浓妆艳抹。发式不宜太过前卫，马尾、披肩发等女生发式，前不覆额、侧不掩耳、后不及领的男生发式较为合适。男生最好不要留胡须。

4.带齐工具，以备急需

面试一般包含备课环节，有的学科还可能有技能展示环节，所以考生应在面试前了解清楚，对于面试中需要的工具，如纸、笔、教具、器材等，要提前准备、试用。

（二）充分备课

在考试系统随机抽取教学内容时，就进入了备课环节。面试的时间十分有限，要在20分钟之内充分地展示自己的教学水平，做到目标明确、内容充实、方法得当、组织严密，备好课无疑是至关重要的。

1.深入钻研教材

教材分析是教师的一项重要基本功，是备好课、上好课的前提。因此，授课前教师必须认真分析和研究教材，在分析教材的过程中，首先要领会教材的编写意图，其次要仔细琢磨教材的知识结构，各个知识点的重要程度、作用和前后联系，重点、难点和关键点，以及所蕴含的数学思想和德育因素，从而确定教学目标。

解读教材可以按照三个层次由表及里进行，一是表层知识解读，找出上课要讲的基础知识和技能，对小学数学而言，概念、公式、法则、性质等都是基础知识，测量、计算、作图等都是基本技能；二是深层知识解读，即教材中所蕴含的数学思想和数学方法，数学思想是对数学理论与内容的本质认识，是解决数学问题的基本观点和根本想法，数学方法是人们运用这些数学思想解决问题过程中形成的一些程序、手段；三是数学文化解读，数学文化主要体现为数学审美、数学史、数学人物、数学意识等，核心是数学学科精神。

2.精研教学设计

教学设计是教师运用系统的方法分析问题和确定教学目标，制定解决教学问题的方案，试行解决方案，评价试行结果和对方案进行修改的过程。

对教材进行深入的解读，挖掘三个层次：数学知识和技能、数学的思想和方法、数学文化。三个层次对应三个维度的教学目标，确定了教学目标和教学重难点，可进行教学情境的设计、学习方式的设计、教学活动的设计、教学评价的设计。其中教学活动的设计尤为重要，教学活动的设计要围绕教学目标设计真实有效的教学活动，使教学目标向活动步骤转化，并安排充足的教学活动时间。在设计教学活动的过程中，要以学生为主体，教师需给予及时的引导。数学是思维的体操，要重视学生数学思维活动的设计，安排学生想一想、议一议、评一评等环节。依据教学设计，围绕重点、难点实施教学，有计划、有步骤地开展适合学生认知水平、有启发性的教学活动，设计由浅入深、由表及里、层层递进、环环相扣的教学环节，在教师的指引下，把学生由起点带到终点，最后达成教学目标。

（三）模拟授课技巧

根据备课方案进行教学实施，把握有限的 20 分钟充分表现自己、发挥长处，试讲技巧尤为重要。

首先，要了解到底什么是试讲。试讲也称为"模拟上课"，是指讲课老师模拟上课的情景，把课堂教学的过程在没有学生的情况下用自己的语言、肢体动作、教学技能与组织形式展示出来。考查的是教师的综合能力。

理解了什么是试讲，还要明白试讲的重要性。试讲可以将教学研究的对象从客观实体中直接抽象出来，具有省时高效的特点。它把传统的说课和上课合二为一，浓缩并结合，展现了教师的综合素质。

从试讲的特点来看，它和说课还是有一定区别的。简单来说，说课就是说说自己要教什么、怎么教、为什么这么教。而试讲则是模拟真实情境来进行课堂教学。

试讲与真实上课有什么区别呢？真正的上课是有学生的，有"对话"，有"互动"，有"反馈"，是教师与学生之间真正的交流。模拟上课则是无学生的，是讲课老师模拟上课的情景，把课堂教学的过程在没有学生的情况下用自己的语言把它描述出来。

试讲到底是为了考核哪些方面？一是对考生的第一印象；二是考生的教学基本功，包括语言、教态、板书等方面；三是考核考生教学过程中的设计能力以及教学组织能力。

针对考核内容，考生要做好以下几点。

1. 礼貌仪表要求

礼貌仪表要求包括四个方面的内容：表情和眼神亲切，面带微笑；着装大方，不染发，不佩戴首饰，不穿奇装异服；站姿自然大方；语言清晰明了，语气温和、有礼貌，可使用这样的开场白：尊敬的各位老师，我是××号考生，我今天试讲的内容是小学数学分数的认识，以下是我的全部试讲内容，请各位老师予以批评指正。

2. 教学基本功要求

考核考生的教学基本功，实际上就是看考生三个方面的能力：语言、教态和板

笔记栏

书。语言方面，要求考生富有感染力，音调合适，有幽默感，符合该学段学生的年龄特点。教态方面，要求考生注意表情、肢体语言、着装、站姿等。板书方面，必须有板书，可以将黑板划分为 2～3 个板块，考生可填满 1～2 个板块，剩下的由学生自主使用，体现以学生为主体的教学理念，由于是模拟，留给学生的板块空着即可。

3. 教学设计要求

考核考生的教学设计，需要关注以下四个方面。

（1）是否通读教材。也就是考生在面试之前就要读透教材，知道每一个知识点在教材中所处的位置，明白每一个知识点的前后联系。只有这样，抽到内容以后才能迅速进行教学设计。

（2）合理分配时间。这是一节优秀的模拟课的前提，合理分配时间包括合理分配准备时间和合理分配上课时间两个方面。

（3）课堂上是否有"有效"的互动。在试讲过程中，考生的身份是多重的，既是导演，又是主演和群众演员。所以课堂上的一切，都需考生来呈现。

（4）课堂是否流畅。流畅的课堂是一节优秀的模拟课的灵魂，它包括思维流畅和语言流畅。

4. 试讲要求

试讲时要注意以下几点。

（1）导入语要精彩。好的导入语能联系实际，符合学生兴趣，此外若能够使用多媒体设备，则效果会更好。

（2）抓住重点，条理清晰。考生在设计试讲的各个环节时，要有意识地把最精彩的环节展示出来，不要面面俱到，但重难点一定要突出展示。

（3）设置互动环节。在试讲中，考生的身份是多重的，所以考生要不断切换身份，自问自答，自然地融入"互动"中，不要因为害羞或不好意思变成了一个人的独自讲解。

（4）教学过程要清晰完整。试讲要体现出学生的主体地位。在专业素养方面，授课思路要清晰，对授课内容要抓住重点、突破难点。知识讲授要准确，不跑题，不犯知识性错误。授课内容要体现教师引导和学生主导，要对学生有启发性。要想较好地完成教学任务，还要善于运用新媒体技术和教具。在试讲的过程中，每个教学环节的设计，考生都要展示出来，包括导入新课、合作探究、练习巩固、总结提炼、作业反馈。

（5）好的板书是加分项，板书要规范、工整、设计合理、布局合理，并能呈现所授课内容的大致框架（比如可使用思维导图的方式来呈现），板书要主次分明、有层次，将试讲题目写在黑板正中间，字体略大。板书内容要充实，不能只有大标题，要简明概括每条内容的要点。板书设计要合理，板书分左右两部分，或者左中右三部分，最左侧写主要的文字内容，中间写重点内容，主要的图表也可以写在中间位置，一些解释性的文字、图表写在最右侧。可以在板书的同时结合问题和内容作适当的讲解，以免出现长时间课堂空白。

（四）试讲技巧

1. 入场与自我介绍

给考官留下朝气蓬勃、富有活力的第一印象，对顺利通过面试大有裨益。考生可以向考官微笑行点头礼，然后正视考官的眼睛。开始面试前通常是考生做自我介绍，考官一般不提示考生介绍什么，但通过这一程序，考官能够获得一些十分重要的信息。考生在自我介绍时要尽量简洁、准确，不要说大话、套话、废话。

2. 简单分析教材

试讲开始前，考生应报告课题，说明本课题选自哪一版本的教材，在教材中的哪一册、哪一课时。通过简单的教材介绍，对教材的理解进行阐述，评委知道考生试讲的内容后，心里会有所准备，才能作出评价。

3. 试讲流程要清晰完整

试讲时要有引言，或者回顾之前的知识点，要有本节课的大纲，要有对教学内容的叙述，要有课堂总结。教学设计的各个环节和要素要尽可能完整，对教学流程可以拟出适当的小标题，吸引评委的注意力。

4. 用平实的语言清楚表达课堂内容

专业术语要突出，声音要洪亮，音调要抑扬顿挫，突出授课重点。对于一些需要记忆的重点，语速要慢，必要时要重复。在整理思路时，不要发出"嗯""啊"等语气词。不要有过多的口头语，如"这个""那个"等，不要频繁清嗓子。

5. 眼神运用技巧

眼睛是心灵的窗户，在面部表情中，最生动、复杂、微妙、富有表现力的莫过于眼神了。

（1）走上讲台开讲之前，用自信、亲切的目光环视教室。

（2）讲课时，如果教室里的某一部分听众（指面试官、计时员及其他工作人员）很专注地倾听，反应很敏锐，则可以用目光与他们互相交流；但也不能冷落了其他听众。

（3）讲课时，不可东张西望，否则，即使讲课内容再生动，也难以达到与听众交流和沟通的效果。

（4）你如果目光和考官、听众的目光相碰时就紧张，继而忘记要讲的内容，那么把目光放在教室后面的中间位置，这样可以很快缓解紧张感。等完全放松下来之后，再与考官和听众进行眼神交流。

（5）讲课时，切不可只盯着教案。要记住，在针对一定的对象讲课时，目光要始终与考官、听众互动，使讲课人和听课人的感情融为一体。

6. 举止运用技巧

举止是教态的重要组成部分。课堂教学中的举止主要是指课堂教学中教师身体位置的移动，如坐、立、走等。在教学中，最能表现人的举止特征的就是站姿。教师在教室里的站姿可以体现出教师的信心和风度。教师站立时应该时时注意"正面""垂直"两个原则。"正面"是指教师应尽量呈现正面面对听课人的姿态，尽量减少侧对和背对的情况。"垂直"是指教师讲课时的站姿要以端正、垂直为宜，要挺胸抬头，不要含胸驼背，手不可撑在讲台上。步姿也是教师风度的重要表现形式。教师在教室里的步姿要自然，走动不能太频繁，也不能总站在一个位置上。

试讲时常见的举止问题有以下几种。

（1）斜对听众或背对听众。这是最常见的一种举止问题。可以在备课纸的最上端写上"记得正对考官""杜绝斜对、背对"之类的警示语来提醒自己。

（2）走动幅度过大，走动频繁。有些考生会在投影屏幕、写板书的那块黑板及讲桌前面、学生座位之间来回走动，而且走动幅度过大，不太自然。可以边走边讲课，或者直接、自然地走向目的地。

（3）一些不恰当的举止。例如，男生双手交叉抱胳膊，女生交叠双手放于齐胸的位置（位置过高）等。可以双手自然下垂，也可以双手交叠放于脐周。

总之，自信、从容、自然、大方是表情和教态中考生应该特别关注的四个词。

7. 表情管理

考生要保持微笑，给考官留下良好的印象；眼睛不要乱看，要在各位考官的眼睛之间大方地来回扫视，给人以自信的感觉，而且这样可以得到更多的反馈。

8. 试讲的内容和原来的教学设计可以有不一致的地方

在试讲完毕，时间还有剩余的情况下，考生可以作一个简短的说明，让考官知道自己的设计意图和理论依据；在课中也可以适当穿插对学情、教材、学法、教法的说明。

9. 试讲时虽然没有学生参与，但是要注意体现与考官的互动

试讲时可自问自答，以体现自主、合作和探究的学习方式和教学理念；要有互动，即使面对考官讲课，也要体现学生活动。

四、试讲案例

根据教学内容的类型来分，一般来说，小学数学可以分为计算课型、概念课型、性质课型、公式课型、问题解决课型，这五个课型的教学方法是有区别的。

（一）计算课型的教学

如果在小学教师资格考试面试的试讲环节，抽到计算课型的教学内容，该如何进行试讲呢？

若抽到了"9+几"的教学内容，该怎样进行教学？

对抽到的教学内容进行分析。可以先看教材最下方的基本要求，从这里可以了解这节课老师需要做什么，要教会学生什么。

1. 解读教材要求

第一个要求是：试讲时间 10 分钟。

这要求考生将试讲的内容限制在十分钟之内，不能过长也不能过短。

第二个要求是：引导学生联系已有生活经验，初步感知凑十法的含义。

要在教学设计中体现出教师引导的环节。

对于"联系生活经验"，要思考学生在学习该知识之前有什么生活经验，教师如何利用原有的生活经验也是需要考虑的。

"初步感知"，说明学生是第一次接触凑十法，需要教师重点介绍。

"凑十法的含义"，说明在教学时要介绍什么是凑十法，这是这节课需要重点讲解的知识。

第三个要求是：组织学生通过实物操作、画图，运用凑十法解决问题，恰当板书。

"通过实物操作、画图"，这就要求考生在教学中有操作和画图的环节。

"运用凑十法解决问题"，也就是在通过例题教了凑十法以后，设计题目让学生独立运用所学知识解决问题。

"恰当板书"，则说明在教学的过程中，考生要考虑哪些环节需要板书，既然凑十法是关键，那么凑十法的过程就必须板书。

第四个要求是：引导学生体会数的拆分和组合，以及对应的数学思想方法。

"引导学生"，说明考生要思考怎么引导，并不是教师直接讲解，而是让学生在教师的提问引导下，自己去感受、体验。

针对"数的拆分和组合"，则要思考在哪里分，在哪里合，为什么要分与合。

从"对应的数学思想方法"可以想到，凑十法包含"分解与组合""转换与变换"这些数学思想，这些数学思想需要学生在学习过程中进行感知。

2. 确定教学目标

根据对基本要求的理解，确定这节课的教学目标。

知识与技能目标：通过对问题情境的探索，使学生初步理解和掌握凑十法和 9 加几进位加法的计算方法，并能快速、正确地口算出得数。

方法与过程目标：学生经历把数"拆分与组合"的操作过程，经过思维活动过程，感悟转化和推理的数学思想，初步培养学生提出问题、解决问题的能力和创新意识。

情感态度与价值观目标：通过合作交流和动手操作等活动，培养学生的探究意识和合作学习意识。学生体验成功解决问题的喜悦，培养学习数学的兴趣。

这节课的教学重点是，渗透转化思想，让学生应用凑十法正确进行 9 加几的计算。这节课的教学难点是凑十法的思考过程。

3. 教学环节的设计

第一个环节是复习导入。

（1）看卡片口算：10+1、10+3、10+5、10+7、10+8、10+6、10+4、10+2。学生口算。

（2）这些算式有什么特点？都是 10 加几的算式。

（3）为什么算得这么快？都是 10 加几，可以很快算出来，得十几。

第二个环节是创设情境。

（1）算一算一共有多少个桃子。

（2）怎么列式？9+4。

（3）探索 9+4 的结果。

第三个环节是探索新知。

可以设计学生有如下三种想法。

学生 1：我是用数数的方法来算的，9、10、11、12、13。

学生 2：把外面的 1 个放进箱子里凑成 10，再用 10 加上外面剩下的 3 个，一共 13 个。

学生 3：先把 9 当成 10，10+4=14，14-1=13。

在询问学生的想法后，教师提炼，介绍凑十法：刚才有同学说，把盒子外面的 1 个放进箱子里凑成 10，再用 10 加上外面剩下的 3 个，一共 13 个。老师觉得这种方法挺不错的，我们再一起来试一试。

教师：9 加 1 得 10，10 加 3 得 13。所以先把 4 拆成 1 和 3，用 9 加上 1 等于 10，然后用 10 加上剩下的 3，得 13。我们可以用线来表示怎样拆分。（教师板书）

$$9 + 4 = 13$$
$$1\quad 3$$
$$10$$

第四个环节是巩固练习。

教师：大家算得非常好，我们再来练一练，下面这道题（9 + 7），可以怎么列式？请大家选择自己喜欢的方法计算 9+7，也可以在书上先圈出 10 朵花再填一填。

（学生动手圈图并计算）这里预设学生的两种想法。

教师：谁来说说你是怎样想的。

学生：我把 9 朵红花和 1 朵黄花圈在一起，再加上 6 朵黄花就是 16 朵花。

$$9 + 7 = 16$$
$$1\quad 6$$
$$10$$

教师进行板书。

学生：我先把 7 朵黄花和 3 朵红花圈起来，一共是 10 朵，再和剩下的 6 朵红花加起来就是 16 朵花。

教师：这种做法也不错。（板书）

$$9 + 7 = 16$$
$$6\quad 3$$
$$10$$

教师继续提问：这两种计算方法有什么相同的地方？

学生：都是先把一个加数凑成 10 再算的。

教师：是啊，我们在计算时，既可以先把 9 凑成 10，也可以先把 7 凑成 10，然后 10 加几就方便了。

最后一个环节是小结回顾。

教师：（板书"9 加几"）今天学习的 9 加几的计算方法有什么相同的地方？

学生：都可以把 9 先凑成 10。

学生：得数越来越大了。

学生：得数的十位都是 1。

学生：得数的个位都比加的那个数少 1，比如 13 的 3 比 9+4 的 4 少 1。

教师：你们观察得真仔细！今天学习的这种方法就叫作凑十法，在以后的学习中我们也会用到它。

（二）概念课型的教学

如果抽到概念课型的教学内容，应该怎样进行教学呢？在试讲的实训中需要关注概念课型的教学步骤。

应先了解概念课型教学过程的基本程序：创设情境，引入概念，明确目标；操作感知，运用迁移，掌握概念；多层训练，解决问题，巩固概念；检测反馈，自我评价，内化概念。

1.引入概念的方法

（1）实例引入。

实例引入是指利用学生的生活实际和所熟悉的事物及实例，从具体的感知引出概念。比如在"分数的意义"教学中，由于这个概念比较抽象，因此不能直接给出分数的定义，必须从具体到抽象帮助学生逐步形成分数的概念。教学时，可以通过列举大量学生所熟悉的日常生活中平均分配物品的实例，如平分一张纸、一个圆、一条线段、4 个苹果、6 面小旗等，来说明"单位 1"和"平均分"，然后用"单位 1"和"平均分"引出"分数"这个概念。

（2）旧知引入。

旧知引入是指利用学生已掌握的概念引出新概念，利用这种方法引入，能充分调动学生学习的积极性、主动性。比如在讲小数乘以整数或分数乘以整数的意义时，可以从整数乘法的意义引入；讲公约数、最大公约数的概念时，可以从因数这个已有概念引入。

（3）计算引入。

计算引入是指通过计算发现问题，通过计算引出概念。比如在教学"倒数的认识"时，可以先给出几个乘积是 1 的两个数相乘的算式，如"$\frac{3}{8} \times \frac{8}{3}$""$\frac{7}{15} \times \frac{15}{7}$""$3 \times \frac{1}{3}$""$\frac{1}{80} \times 80$"，让学生计算出结果，再观察、分析，从中发现规律，继而引出

"倒数"定义。

（4）联想引入。

联想引入是指依据客观事物之间的相互联系，由一个事物想到另一个事物的引入方法。比如在"百分数"教学中，上课一开始就给学生提出这节课要学习百分数，要求学生根据课题进行联想，学生依据自己的直觉大胆想到"百分数与分数有关""百分数与百有关""百分数可能是一种特殊的分数"等，然后引导学生学习新知识。这样既可以提高学生的学习兴趣，又能使学生的创造性思维得到发展。

2.形成概念的方法

（1）比较发现。

比较发现是指通过比较事物之间的相同点和不同点，总结出本质属性或规律。

比如在"质数和合数"教学中，先给出一些自然数，让学生分别找出这些数的所有因数，再比较每个数的约数的个数，然后根据约数的个数对这些数进行分类，最后引导学生根据三类数的不同特点，总结出"质数"和"合数"的定义。

（2）类比发现。

类比发现是指根据两个或两类事物具有某些相似或相同的属性，联想或猜想它们的其他属性也可能相同或相似，继而得到新的结论。

比如在"比的基本性质"教学中，引导学生根据比与分数和除法之间的关系，即比的前项相当于分数的分子或除法中的被除数，比号相当于分数线或除号，比的后项相当于分母或除数，比值相当于分数值或商，再根据分数的基本性质和除法中商不变的规律，大胆进行猜测：在"比"中是不是也有一个比值不变的规律。最后通过验证，得到比的基本性质。

（3）归纳发现。

归纳发现是指引导学生对大量的特殊材料进行观察、分析、比较、总结，从特殊中归纳出一般的带有普遍性的规律或结论。

比如在"认识周长"教学中，根据教材定义"封闭图形的一周的长度叫作周长"，可以提炼出4个关键词："图形""封闭图形""一周""长度"。学生理解这4个词的意思，就能理解周长。首先让学生观察一组物体：树叶、三角尺、课本、挂钟等。让学生摸一摸、描一描、量一量，感知什么是一圈，突出物体和图形边框。再让学生观察、分析，根据物体形状抽象出几何图形，师生共同探讨什么是封闭图形，之前学习的图形中哪些是封闭图形，学生在探究过程中逐步感悟周长。最后引导学生归纳、抽象、概括，得出周长的定义。

（4）操作发现。

操作发现是指讲授新的知识前，教师要求学生制作或给学生提供学具，上课时让学生按照要求进行操作、实验，使学生主动地、独立地发现事物的本质属性或规律。

比如在"认识三角形"教学中，让学生在课前准备好3组小棒，分组进行实验操作，看看能围出几个三角形，让学生观察所围成的三角形的特点。教师再出示一组图形，引导学生判断哪个图形是三角形，并说出特征。最后引导通过分析、归纳、概括，抽象出三角形的特征，得出三角形的概念。

（5）尝试发现。

尝试发现是指在教学过程中，教师不直接把现成的结论告诉学生，而是指导学生进行尝试活动，使学生在尝试中学习，在尝试中发现，在尝试中成功。

（三）公式课型的教学

如果抽到公式课型的教学内容，该如何进行试讲呢？若抽到的教学内容是"乘法分配律"，该怎样进行教学？

考生应明确试讲内容，对教学目标和教学重难点做到心中有数，合理安排各教学环节的时间，突破教学重难点。

1. 教学目标和重难点

教学目标是：① 引导学生在解决问题中通过观察、类比、举例、验证、归纳等数学活动，发现、理解乘法分配律；② 让学生经历、体验探索规律的过程，培养推理意识和模型思想。

教学重点是引导学生发现、理解乘法分配律；教学难点是引导学生理解、归纳乘法分配律。

2. 主要教学环节

（1）解决问题，初步感知规律。

① 解决买衣服钱数、座位总数、长方形面积的问题。

② 得出三组等式：

$(60 + 40) \times 4 = 60 \times 4 + 40 \times 4$

$(9 + 6) \times 5 = 9 \times 5 + 6 \times 5$

$(70 + 20) \times 40 = 70 \times 40 + 20 \times 40$

"买衣服钱数""座位总数""长方形面积"这三个素材，都具备乘法分配律的结构。引导学生用两种不同的方法列出算式解决问题，有利于模型的建构。

（2）探究等式特征，举例验证规律。

① 小组观察、交流，初步得出规律。

② 举例验证。

学生在初步感知得到的几组等式"相似"的基础上，进一步观察、对比，发现这些等式存在规律，通过大量举例进行验证，积累研究活动经验。

（3）抽象概括，建立模型。

① 用字母式表达。

② 再次归纳概括规律。

引导学生用字母式呈现运算定律，从而抽象得到模型，这渗透了对学生抽象能力、符号意识、推理能力和模型思想的数学思想的培养。

（4）综合运用，促进内化。

① 填一填：

a. $5 \times (12 + 8) = \square \times \square + \square \times \square$

b. $6 \times 64 + 4 \times 64 = (\square + \square) \times \square$

c. $12 \times 6 + 15 \times 6 = (\square + \square) \times \square$

d. $(16 + 24) \times 8 = \square \times \square + \square \times \square$

② 判断：

a. $a \times 5 + b \times 5 = (a + b) \times 5$

b. $(4 + 8) \times 25 = 4 \times 25 + 8$

③ 能填等号吗？

$36 \times (99 + 1) \bigcirc 36 \times 99 + 36$

有层次的练习能让学生进一步熟悉乘法分配律的结构和原理，理解和掌握乘法分配律正向和逆向的运用，有效促进知识的内化。

（四）性质课型的教学

看到试讲题目时，需要回忆这个内容是几年级的，学生的知识生成点在哪儿，教材是沿着怎样的线索展开介绍的；若有多个例题，则需思考例题间的相互关系。从试讲要求中能很快找到教学的重点和难点。

以人教版《数学》五年级下册"分数的基本性质"教学为例，围绕提出问题、发现和猜想、验证猜想、归纳概括结论、运用结论解决问题这五个环节进行试讲。

第一环节：提出问题。

创设情境，引发猜想。

教师：大家还记得商不变的规律吗？谁来说一说？

教师：（出示三个分数：$\frac{1}{2}$、$\frac{2}{4}$、$\frac{3}{6}$）大家猜想一下，这三个分数的大小一样吗？

性质课型的教学，可以根据教学内容提出具体问题，以展开教学活动。

第二环节"发现和猜想"和第三环节"验证猜想"大多是通过创设小组活动的方式展开小组合作。

探究新知，验证猜想。

（1）动手折一折，验证你们的猜想。（学生操作验证，集体汇报交流，展示成果，演示操作过程）

（2）它们大小一样，这说明这三个分数是什么关系呢？（学生得出结论：三个分数相等）

（3）出示验证结论（$\frac{1}{2}=\frac{2}{4}=\frac{3}{6}$）。

第四环节：归纳概括结论。

在这个环节中，重在指导学生观察、归纳，用自己的语言先概括，再在教师引导下用准确的语言加以概括和表述。

（1）教师先引导学生看第一组等式的三个分数。它有什么变化？什么变了？什么没变？

（2）如果把这三个分数反过来看，三个分数有什么变化？什么变了？什么没变？

（3）能用自己的话把两句话概括成一句话吗？分数的分子、分母同时乘或除以同一个数，分数的大小不变。

（4）把分数的基本性质补充完整，解释分数的基本性质与商不变性质之间的联系。引导学生应用分数和除法的关系，以及整数除法中商不变的性质，说明分数的基本性质：分数的分子、分母同时乘或除以同一个数（0 除外），分数的大小不变。

第五环节：运用结论解决问题。

出示课本第 57 页例 2。

（1）把 $\frac{2}{3}$ 和 $\frac{10}{24}$ 化成分母是 12 而大小不变的分数。让学生同桌间交流合作解决问题。

（2）展示交流。重点让学生说说分母、分子是如何变化的，根据是什么。

在讲授完主体内容后，依据教材的练习加入分层练习。最后进行板书设计的讲解。

（五）问题课型的教学

以北师大版《数学》三年级上册第一单元第一课时"小熊购物"为例，介绍问题课型试讲方法。

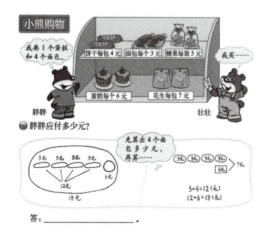

第一，创设情境，导入新课。

这个环节用时可保持在一分钟左右。由于试讲时没有真实的学生，是面试考生"自导自演"，所以一开讲就要用有趣生动的情境把问题快速引入新课，吸引考官的注意力。

可以购物的故事情境导入：熊妈妈带着两兄弟到超市购物，让他们选择自己喜欢的食物，但有一个要求，得自己算出应付多少元。小熊胖胖说（课件语音）：我要1个蛋糕和4个面包，可我不知道应付多少元。同学们你们可以帮帮我吗？

第二，探究新知，互动生成。

这个环节的内容要重点讲解，可以花费5～6分钟。试讲时根据教学设计模拟学生探究的过程，虚拟教学环节，并预设学生会出现的情况。

教师：这个问题要怎么解决呢？同学们拿出练习纸，把你的思考过程画一画，再列式算一算。

预设学生可能画出的多种图例并模拟与学生的交流对话。

教师：你是怎么想的呢？说说你列算式的含义吧。

随后，教师模拟学生的表达说出内心的想法，完成整个教学环节。

教师：看来运用画图的方法能直观清晰地表示出这道题中的数量关系，帮助我们解决问题。有的同学分步骤列出两个算式进行计算（$3 \times 4 = 12$；$12 + 6 = 18$），得出18元；有的同学列出一个算式也得出18元，这两种方法有什么相同点和不同点呢？

试讲时要根据不同的内容调整这个环节所用的教学方式，备课时要充分预设教学互动，注意体现教师的评价，从而体现师生互动双边性。

第三，回顾反思，交流分享。

本环节需要2分钟左右。解决不同的问题，所运用的回顾反思的方式也是有所不同的。本课可采用在比较发现中回顾解题过程的方法。

教师：有乘有加的算式，为什么要先算乘法再算加法呢？

帮助学生在具体情境中感知计算的合理性。

第四，巩固练习，深化认知。

练习环节可设置大约2分钟时间。讲解要简明扼要，设计的习题应层次清晰，要点明了，具有针对性。

五、答辩技巧

（一）面试时常见的问题及回答要点

面试前，考生要预想考官会问的问题，并准备谨慎而有条理的回答。教师资格考试面试环节常见的问题一般包括以下几类。

1. 职业认知类

"你为什么选择教师这个职业？""你怎么看待教师这个职业？""为什么说教师是人类灵魂的工程师？"这类题目相对来说比较容易回答。但是，值得考生注意的是，回答必须围绕教师职业。所以，在回答此类问题的时候，考生首先要注意陈述的观点要积极向上，不能带有消极、负面的情绪；其次，回答的问题始终要与教师这个行业相匹配，无论是在意志方面、信心方面，还是在树立理想方面，都要保证所提及的内容符合主流文化，而且能体现高尚的师德。

2. 教育基础类

这类题目在问答题中比较常见，主要考查考生对教育基础理论和教育基本理念的熟悉程度。这类题目经常会涉及笔试中教育基础理论方面的问题，但是问题的侧重点在于教学的理念。在这些题目中，新课程改革理念成为很多考官青睐的提问角度之一。对于新课程改革，考生需要知道新课程改革的主要理念是一切为了学生的发展。在答题过程中，考生要更多地考虑学生的主体地位，将教师放在引导者和合作者的角色上。因此，考生要在立足于实践的基础上对教育基础理论知识进行深加工，以便更好地应对此类题目。

3. 学科专业类

这类题目是每次考试必考的题目。题目的内容主要涉及三个方向，首先是对考生试讲方面的补充提问，这类问题经常是对考生试讲内容的追问或试讲内容的细化，考生在回答此类问题时，最重要的是结合试讲的整体设计思路，不要脱离自己试讲的内容，以免造成相互矛盾的情况。其次是对学科专业设计理念方面的提问，这类问题相对较为细致，可能是对某一个环节和设计理念的询问，对考生分析教材和设计教材内容的要求比较高，这也对考生熟悉和准确把握教材提出了要求。因此，针对内容设计方面，考生要在课程的导入，授课重点、难点提炼和板书设计等方面多加注意。再次是对教育教学理念与教学实际相关联部分的提问，常见问题是遵循新课程改革的理念，在设计时如何体现学生的主体地位，如何发挥教师的引导作用。这些都是将教育理论同所讲的学科专业相结合的题目，因此，考生在设计讲课内容时要考虑设计一些体现学生自主学习和体现学生主动性的环节，同时配以教师的指导和引导环节。

4. 其他类

其他类别的题目比较典型的是对教育热点的综合分析和对教育工作中处理突发事件能力的检测。教育热点类的题目一般要求考生对考试阶段或前一阶段比较火热的教育话题进行讨论。这类问题没有固定的答案，但是有一定的回答导向，即需要符合大多数人的看法，保障大部分人的权益。在回答这类题目时，考生可以采用辩证的观点来陈述。例如，对于一些较好的现象，要更多地分析有利因素及影响；对于一些不好的现象，要分析产生这些现象的原因和这些现象造成的影响，最重要的是尽量提出相对可行的解决措施。对于教育应急类的题目，考生要结合当时的情境进行处理，提出的解决方法要具有可操作性。这两类问题中，对教育热点的考查相对较多，考生平时要多关注教育类的热点新闻，同时多看一些权威报道、评论。这样不仅可以拓宽自己的思维和视野，同时也能为考试积累一些可用的素材。

（二）答辩实用技巧

考官可能会在专业基础知识、课程设计、教学实施、教学反思、教学论等方面对考生进行提问。

面试答辩分为针对性提问答辩和随机提问答辩。针对性提问是指针对考生试讲内容和试讲过程提出问题。答辩的意图是了解考生的教学能力或考生的试讲内容。对考生来说，答辩是一个展示自己的机会，可以把试讲过程中的小问题通过答辩解决，也可以通过答辩更多地展示自己。

随机提问是指以考生本人所从事专业的特点及报考专业的相关知识为主要内容进行随机不定型提问。考官紧紧抓住与考生有联系的问题，采用"引发式"提问。根据考官提问，考生以简短的形式回答，此项问答一般 3 ～ 5 题，时长约为 5 ～ 10分钟。目的是考查考生的思想水平和能力素质，以更深刻地了解考生的工作能力和工作目的，从而比较考生之间的德、智、体等素质上的差异，开展对各考生真实水平的横向比较，从而得出一个比较全面、真实、可信的结论，以便择优汰劣。

针对性提问答辩和随机提问答辩的答辩技巧如下。

1. 认真听题

考官提问时考生应该认真听，抓住考官提问的要点；考生回答不必过于急促，在考官提问完毕后，思考考官提出这个问题是想了解什么信息，是想考查哪方面的素质等。如果考生不确定自己是否理解了题意，可以请考官将问题重复一遍，或者向考官求证，之后快速在脑海中组织回答思路。考官话未说完，决不能打断，静待考官说完后再进行发言。

2. 紧扣题目

回答一定要把握重点、言简意赅、简洁明了、条理清晰、有理有据。一般情况下，要结论在先，论述在后，即要先将自己的中心意思表达清楚，然后进行叙述和论证；否则会让人不得要领。而且面试时间有限，考生往往容易紧张，多余的话容易跑题，可能会冲淡主题或漏掉中心思想。

3. 实事求是

需要解释的，讲明客观原因，表明自己的态度；无须解释的，不能巧言令色、凭空编造；无法解释的，可以向考官说明情况。在回答考官问题时，要从本人的实际情况出发，真诚地回答。例如，考官问及你在大学本科或研究生阶段都学过多少门课程时，如记得清楚，就如实报告，如记不准，就说个大概数字，切不可随意编造。当问及你的优点与缺点时，要简明扼要地叙述，不可夸大或自贬。

4. 有理有据

面试答辩本身就有理论测试的特性，因此，考生的回答应有一定的理论高度，要有理有据，引经据典，言简意深。如引用教育方针政策、教育法律法规、新课程理念、教育名人名言等，都需要一定的理论功底，考生平时应注重这方面的积累。逻辑思维能力是面试测试中不可或缺的内容，而这种能力会通过考生的答辩显示出来，条理清晰、前后一致是逻辑思维能力的具体表现。要注意，考官不是看考生答什么，而是看考生怎么答，这就要求考生在听到面试题后，回答时的思维要有逻辑性，陈述要有逻辑性，这种逻辑性要求考生的回答层次清晰，条理分明，前后衔接紧密。

5. 新颖独到

新颖独到的话容易吸引考官的注意力，有以下三种方法可以参考：① 恰当地引用名人名言、谚语俗话或眼下较流行的话语来论证或阐述自己的观点。② 可以使用比喻、拟人和的排比等修辞手法加以表述。③ 可以用带有精确数字的事例、很有意义的轶闻趣事或历史典故对自己的观点加以补充和升华。

6. 及时沟通

在回答的过程中一定要密切观察考官的反映，考官未听清楚时，要及时重复；考官表示困惑时，要加以解释说明；考官流露出希望考生结束回答的表情时，考生要主动结束话题。

7. 尊重考官

不能固执己见，应坦然面对考官提出相反的观点，并虚心倾听；即使经过讨论仍然坚持自己的观点，也不要与考官发生争执。

8. 态度端正

不要因为自己被误解或自己的回答被质疑，需要自己作出解释而感到委屈和不满。在作解释时态度要诚挚，用富有情感的话语来说明问题。

9. 有条不紊

提纲挈领、条理清楚的回答，说明考生的思路清晰，考生有较强的概括能力、逻辑思维能力，有利于得到高分。

10. 真诚坦率

做到真诚坦率地答辩，敢于大胆地表达自己的见解和主张，不畏畏缩缩，不吞吞吐吐。

（三）答题解析与示范

以下对面试时的一般简析题、案例分析题作解析和答题示范。但考生切勿生搬硬套，应该灵活变通，最主要的是要把握答题要点和技巧。

1.一般简析题

对于一般简析题，考生在回答时要先辨析，然后抓住重点，简明扼要地、有条理地陈述理由。

【例题1】"教师是蜡烛，燃烧了自己，照亮了别人。"你认为这种观点对吗？为什么？

【分析】这道题考查考生对教师这个职业的认识与理解，一定程度上还考查考生的价值观、思维、品质等。考生可以采取"总-分-总"的陈述方式进行陈述，首先表态"同意"，然后分条陈述观点，对每条观点适当拓展，表达简明扼要，最后总体叙述，总结观点。

分解细化答题要点。

（1）同意与否，明确表态。

（2）对教师职业的定位，如果认为教师是光荣的职业，则说明理由。

（3）对教师奉献精神的理解，如果认为教师的精神在奉献中得到了升华，则说明理由。

【示范】我同意这种观点。我认为：

（1）教师是光荣的职业。教师被称为人类灵魂的工程师、辛勤的园丁、蜡烛等。光荣是因为教师的责任重，是因为教师担负着为祖国培养未来接班人的重任。

（2）教师的精神是牺牲和奉献。李商隐有诗："春蚕到死丝方尽，蜡炬成灰泪始干。"这正是教师奉献精神的写照，一代代学生在教师的教育下成长为社会的栋梁，教师燃烧了自己的青春，但精神得到了升华。

总的来说，教师是一个光荣的职业，教师因为奉献精神而受到社会的尊重，我相信社会也会给教师更多的关心和关爱。

【例题2】有些家长认为，把孩子送到学校，孩子没被教好，全是老师的责任。你认为这一观点对吗？为什么？

【分析】这道题考查教学过程、教学评价的相关内容。考生可以先辨析，然后采用"总-分"的陈述方式分条进行回答。

分解细化答题要点。

（1）对错与否，表明态度。

（2）对教师责任的定位，如果认为教师不应该承担所有责任，则说明理由。

（3）对责任的理解，在承担责任时，应该考虑哪些因素。

【示范】我不认同这种观点。我认为：

（1）不应该把所有的责任都加在教师身上。在教育的过程中，教师确实担负着教育责任，但绝非担负全部的责任。"没有教不好的学生，只有教不好的老师"是一种祈盼，它折射出我们的美好愿望，但是把全部责任都加在教师身上未免太过苛刻。

（2）学校、家庭和社会三方都有责任。教师在传授知识的同时，还要教育学生怎样做人，怎样正确处理人际关系，使学生得到德、智、体、美、劳全面发展。但是，一个学生综合素质的提高，绝非教师单方面的努力就能实现的，需要学校、家庭和社会三位一体的教育。

【例题3】有人认为当班主任吃亏，你同意吗？为什么？

【分析】这道题考查考生对班主任工作的理解。考生在回答时要先表态，然后结合自己对班主任工作的理解逐条陈述。可以采用"总-分-总"的方式陈述。

分解细化答题要点。

（1）同意与否，明确要点。

（2）对班主任工作的理解，如果认为当班主任不吃亏，则说明理由。

（3）分条陈述，条理清晰，言简意赅。

【示范】我不同意。从我跟其他班主任的交流中，得出了一个观点，就是当班主任会有很多收获，不吃亏。理由有以下三点。

（1）能吸取先进的教学理念，提高自己的教学管理水平。班主任既要完成学科教学任务，又要做好管理、协调工作。在责任驱动下，要经常收看、收集与教育有关的信息，能潜移默化地提高自己的管理水平。

（2）交流经验，能加快自己的成长步伐。班主任的工作纷繁复杂，为了取得较好的管理效果，需要经常同其他班主任互相交流经验，在互相交谈中会进行许多思考，汲取经验。

（3）增强了反思精神。学一学、听一听是班主任积累经验的过程，班主任通常会写教学反思、教育日记，写学生的成长故事，在工作中练就反思精神。

所以当班主任虽然辛苦，但是对快速成长为一名优秀的教师有着不可估量的作用。

【例题4】现在常常提到的"以学生为本"或"以学生为主体"，你是怎样理解的？（教育理念）

【示范】"以学生为本"或"以学生为主体"，是指在教学活动中以学生为主，教师的作用是负责组织、引导和帮助，引导学生学会认知、学会做事，让学生经历获取知识的过程，关注学生各种能力的发展，促进其知识与技能、过程与方法、态度与价值观的全面发展，建立学生自主探索、合作学习的课堂模式，创设和谐、宽松、民主的课堂环境。从追求学习结果转向追求学习过程，真正把学生当成获取知识、发展自我的主人。"一切为了学生，为了学生的一切，为了一切学生"，切实构建"以学生为中心"主体观。

【例题5】作为数学教师，你认为教好数学的前提是什么？

【示范】我认为必须深入钻研教材，准确地理解教材，能驾驭教材。因为呈现

笔记栏

在学生面前的教科书不同于一般参考资料或其他一些课外读物，它是按照学科系统性要求，结合学生认知规律，以简练的语言呈现数学知识的。知识结构虽存在，但思维过程被压缩。学生看到的往往都是思维的结果，他们看不到思维活动的过程，思想、方法更是难以看到。这就需要教师对教材内容的呈现进行精心设计和加工，通过教学实践，体现数学本身的魅力和吸引力，体现思维过程和思想方法。因此，教师熟练地掌握教材，把教材读活，是使数学教学成为思维活动教学的前提，也是提高我们教学水平的前提。

2. 案例分析题

对于案例分析题，考生在回答时要先分析案例中出现的情境，再表明自己将采取的措施；或者先表明自己将会采取的措施，再对案例进行分析。

【例题1】课间，有一个学生站在教室的书桌上大声喧哗，你会如何处理这件事？

【分析】这道题考查教学实施中课堂管理的相关内容。考生可以先表明自己将采取的措施，然后分析案例，说明为什么这样做等。

分解细化答题要点。

（1）先表明自己将会采取的处理方案。

（2）结合案例分析，说明这样处理的理由。

（3）分条陈述，条理清晰，言简意赅。

【示范】我会分以下两步处理。

（1）用眼神示意他停止喧哗行为。给学生以眼神暗示，学生一般会读懂教师的眼神，立刻明白，并停止喧哗行为。

（2）单独聊天，进行教育。如果眼神不起作用，那么我会单独找他聊一聊，告诉他课间放松娱乐没有问题，但是不能妨碍其他同学，有的同学课间还在学习。这样做照顾了学生的自尊心，晓之以理，动之以情，更容易说服他选择合适的方式放松，如去操场上运动。

【例题2】一个学生在校期间表现不好，班主任当着该学生的面向家长告状，学生当场回嘴。请你评价班主任的行为；如果你是班主任，你会如何处理这种问题？

【分析】这道题考查班主任的管理工作及跟家长的交流工作等。考生可以先分析案例，再给出自己的处理办法。

分解细化答题要点。

（1）先表态，然后结合案例分析，说明原因。

（2）给出自己的处理方案，说明这样处理的理由。

（3）陈述层次分明，条理清晰，言简意赅。

【示范】我认为班主任的做法不妥。班主任处理这件事的时候没有考虑学生的自尊心，因而效果适得其反。学生当场回嘴表明学生很反感班主任当面告状的行为。

我会分两步处理这件事。首先，在和家长交流的时候我会避开学生，把真实的情况反映给家长，而且尽量做到语气委婉；然后叫来该名学生一起交流，并注意交流方式和方法，尽量保护学生的自尊心，态度温柔和善，耐心诱导，做到春风化雨、润物无声。

【例题3】你刚才试讲了"比的认识"，现在我们提出三个问题，请你回答。

问题1：比和比例的联系和区别是什么？

问题2：比和除法、分数有什么关系？

问题3：本节课的重难点是什么？

【分析】这是针对考生试讲内容的提问，主要考查考生教育教学实践的知识和学科知识，考查考生对教材的解读程度、对知识体系的理解和掌握程度以及教学设计能力。

【示范】

问题1：比和比例的联系和区别是什么？

区别是：

（1）意义不同。两个数相除又叫做两个数的比；表示两个比相等的式子叫作比例。

（2）项数不同。比有两个项，即前项、后项；比例有四个项，即两端的内项和外项。

（3）表示不同。比是式子的一种(如a:b)；比例由两个相等的比组成(如a:b=c:d)。

联系是：比是比例的一部分，而比例是由两个比值相等的比组合而成的。

问题2：比和除法、分数有什么关系？

比的前项相当于除法中的被除数、分数中的分子；比的后项相当于除法中的除数、分数中的分母；比号相当于除法中的除号、分数中的分数线；比值相当于除法中的商、分数的分数值。但是比是指两个量之间的关系，除法是一种运算，分数是一个数。

问题3：本节课的重难点是什么？

重点是学生理解比的意义，会运用比求解生活中的问题。

难点是学生理解比与除法、分数的关系。

◎思考与练习：

1.如何备考教师资格考试笔试？

2.教师资格考试面试需要注意哪些问题？

附 录

"小学数学课程与教学论" 课程教学大纲

一、课程概述

(一) 课程信息

课程名称	小学数学课程与教学论
课程性质	专业核心课程
学分	3
学时	38 理论课时 +10 实践课时
先修课程	教育学、心理学
课程负责人	

(二) 课程简介

本课程是小学教育专业的教师教育基础的必修课程，是研究小学数学教学基本理论及其规律的一门理论与实践相结合的课程。它以一般教学论、教育学为理论基础，从小学数学教学实际出发，分析小学数学教学过程的特点和规律。学生通过本课程学习，能系统地掌握小学数学教学的相关知识、形成基本教学技能，提高教学水平和教育研究能力。在课程实施过程中渗透课程思政，采用生讲生评、以练代讲、案例点评、研讨辩论、项目探究、边讲边练等方式，把课堂真正还给学生，突出学生的学习主体性。本课程是为培养高学历、专业化、研究型的小学数学教师而特别开设的，因此，它在培养师范生专业化发展方面发挥重要作用。

二、课程目标

(一) 目标设置

课程目标设置包括课程专业目标和课程思政目标。通过本课程的学习，学生应达到以下几方面的目标。

课程目标 1：学生能较好地掌握小学数学课程的基本内容，熟悉国家颁布的教育相关政策及其基本精神，了解与《义务教育数学课程标准（2022 年版）》(以下简称《标准》)配套的实验教材，理解课改的基本观点，了解小学生学习数学的一般心理规律，了解小学数学课堂教学的一般形式、方法和手段等相关理论知识。【支撑毕业要求 "学科素养"】

课程目标 2：学生具备能依据《标准》分析教材的能力，能根据课堂教学的实际

进程灵活地实施教学计划，能根据自己选择的课题进行研究性学习，形成一定的教学能力。【支撑毕业要求"教学能力"】

课程目标 3：实施教学时做到理论与实践相结合，学会反思与评价教学。【支撑毕业要求"学会反思"】

课程目标 4：能讨论数学及数学教学问题，对探究小学生如何学习数学、小学老师如何开展数学教学等问题有较浓厚的兴趣，具备团队合作精神。【支撑毕业要求"沟通合作"】

（二）课程目标与毕业要求指标点的对应关系

根据各个课程目标对 8 个毕业要求分解指标点的支撑力度情况，给出每一个指标点的支撑度，支撑度分为高（H）、中（M）、低（L）。

课程目标	支撑的毕业要求	支撑的毕业要求指标点
课程目标 1	教学能力（H）	掌握教与学的理论知识及教学技能，具有学科教育理念与学科教学实践结合的能力； 掌握主教学科的课程标准，能够以所教学科课程标准为依据，针对小学生身心发展规律和认知特点，进行教学设计，实施教学活动，具有从事小学多门课程的教学能力
课程目标 2	学科素养（H）	具有人文素养与科学素养，理解和掌握学科核心素养内涵，掌握主教学科的知识体系、思想体系和方法体系
课程目标 3	学会反思（M）	初步掌握教育教学反思的方法，能够多角度对教育教学进行自我诊断、自我改进、自我完善，学会分析和解决教育教学问题
课程目标 4	沟通合作（L）	正确认识学习共同体的作用，具有融入团队的意识，掌握合作学习的方法与规律

三、教学内容

（一）教学内容和课时安排

绪论
（理论学时 2）（支撑课程目标 2）

【学习目标】

1. 了解小学数学课程与教学论的性质作用和研究对象。

2. 了解小学数学课程与教学论的研究意义和研究方法。

3. 了解我国小学数学教育改革的历程。

4. 树立为祖国的未来培养人才的理念，培养教育情怀。

【学习内容】

1. 小学数学课程与教学论的性质作用和研究对象。

2. 小学数学课程与教学论的研究意义和研究方法。

3. 小学数学教育改革回顾。

【重点】

我国小学数学教育改革的发展历程。

【难点】

理解我国小学数学教育需要不断改革的原因及小学数学教育的发展现状。

【教学方法】

包括讲授法、谈话法。

【复习思考】

1. 小学数学课程与教学论的主要研究对象是什么？

2. 学习小学数学课程与教学论的意义是什么？

3. 研究小学数学课程与教学论，通常可以采用哪些方法？

4. 回顾历史，小学数学教育改革的趋势是什么？

5. 小学数学教育改革对教师提出哪些新挑战？

第一章　小学数学课程

（理论学时 6+ 实践学时 2）（支撑课程目标 2、课程目标 4）

【学习目标】

1. 理解小学数学课程理念。

2. 掌握小学数学课程目标。

3. 对小学数学课程内容有整体认识。

【学习内容】

1. 小学数学课程理念。

2. 小学数学课程目标。

3. 小学数学课程内容和教材分析。

【重点】

理解小学数学课程理念和目标，掌握小学数学课程内容相关知识。

【难点】

小学数学教材分析。

【教学方法】

包括讲授法、谈话法、案例分析法、讨论法。

【复习思考】

1.《标准》的基本理念和课程目标是什么？

2. 小学数学核心素养的内涵是什么？

3. 小学数学课程内容有哪些？对应的学习要求是什么？

第二章　小学数学学习

（理论学时 4）（支撑课程目标 2、课程目标 4）

【学习目标】

1. 理解数学基础知识、基本技能、基本思想、数学活动经验的含义。

2. 掌握以上内容的一般过程和指导策略。

3. 了解小学生数学情感态度培养方法。

【学习内容】

1. 小学数学基础知识的学习。

2. 小学数学基本技能的学习。

3. 小学数学中蕴含的思想方法。

4. 小学数学中的基本活动经验。

5. 小学生的特点及其数学学习兴趣的培养。

【重点】

掌握小学数学概念学习、规则学习及问题解决学习的基本规律。

【难点】

小学数学中蕴含的思想方法。

【教学方法】

包括讲授法、谈话法、案例分析法、讨论法。

【复习思考】

1. 小学数学基础知识和基础技能的学习内容有哪些？

2. 小学数学基本数学思想有哪些？

3. 小学生学习数学的特点是什么？如何在课堂中培养小学生学习数学的情感态度？

第三章　小学数学教学

（理论学时 6+ 实践学时 2）（支撑课程目标 1、课程目标 4）

【学习目标】

1. 了解数学教学过程的本质。

2. 掌握小学数学常用的教学方法。

3. 掌握小学数学教学常用的教学组织形式。

4. 了解教学手段的分类及其在教学活动中的作用。

【学习内容】

1. 小学数学教学过程。

2. 小学数学教学原则。

笔记栏

3. 小学数学教学方法。

4. 小学数学教学组织。

5. 小学数学教学手段。

【重点、难点】

掌握小学数学常用的教学方法。

【教学方法】

包括讲授法、谈话法、案例分析法、讨论法。

【复习思考】

1. 简述小学数学教学过程的构成要素。

2. 小学数学教学应遵循哪些原则？

3. 小学数学常用的教学方法有哪些？

4. 小学数学教学方法改革的发展趋势有哪些？

5. 小学数学教学常见的教学组织形式有哪些？

6. 简述小学数学教学备课的基本要求。

第四章　小学数学教学设计

（理论学时 6+ 实践学时 2）（支撑课程目标 1、课程目标 2）

【学习目标】

1. 了解小学数学教学设计的含义。

2. 掌握小学数学教学设计的过程。

3. 在熟悉四大知识领域的基础上进行小学数学教学设计。

【学习内容】

1. 小学数学教学设计概述

2. 小学数学新授课、练习课、复习课三种基本课型教学设计案例。

3. 小学数学"数与代数"教材分析与教学设计案例。

4. 小学数学"图形与几何"教材分析与教学设计案例。

5. 小学数学"统计与概率"教材分析与教学设计案例。

6. 小学数学"综合与实践"教材分析与教学设计案例。

【重点、难点】

掌握小学数学教学设计的过程。

【教学方法】

包括讲授法、谈话法、案例分析法、讨论法。

【复习思考】

1. 什么是小学数学教学设计？

2.不同课型、不同知识领域的教学设计有何不同？

第五章　小学数学教学实施
（理论学时 6+ 实践学时 2）（支撑课程目标 1、课程目标 2）

【学习目标】

1.了解并掌握好数学语言，能自觉开展数学语言的学习。

2.了解数学预设与生成的关系，学会正确处理预设外生成。

3.掌握数学说课的意义、方式及主要内容。

【学习内容】

1.小学数学课堂语言。

2.小学数学教学预设与生成。

3.小学数学教学的说课。

4.小学数学"数与代数"说课案例。

5.小学数学"图形与几何"说课案例。

6.小学数学"统计与概率"说课案例。

7.小学数学"综合与实践"说课案例。

【重点、难点】

学会小学数学说课。

【教学方法】

包括讲授法、谈话法、案例分析法、讨论法。

【复习思考】

1.小学数学课堂语言有哪些？有什么特点？

2.小学数学预设与生成有什么关系？

3.在小学数学课堂中如何处理好预设外生成？

4.说课与上课有什么关系？

5.说课包括哪些基本步骤？

6.试写一篇小学数学说课稿。

第六章　小学数学教学评价
（理论学时 4+ 实践学时 2）（支撑课程目标 3、课程目标 4）

【学习目标】

1.了解观课、议课的定义和方法，学会观察课堂、诊断课堂和改进课堂。

2.掌握小学生数学学习评价的内容、体系，会用正确的方法评价小学生的数学学习。

3.了解一节好的小学数学课的评价标准，掌握评价小学数学课堂教学的方法。

【学习内容】

1. 小学数学观课、议课。

2. 小学生数学学习评价。

3. 小学数学课堂教学评价。

【重点、难点】

学会如何评价小学数学教学。

【教学方法】

包括讲授法、谈话法、案例分析法、讨论法。

【复习思考】

1. 如何利用课堂观察与课堂诊断技术重构名师名课？

2. 根据《标准》的要求，你认为当前应该怎样改革小学数学学业评价？

3. 评析通过"以学评教"来评价教师数学课堂教学。

4. 就数学课堂教学评价如何发挥促进教师专业发展的作用谈谈你的想法。

第七章　教师资格考试
（理论学时 2）（支撑课程目标 2、课程目标 3）

【学习目标】

1. 了解教师资格制度体系的内涵、发展历程；掌握教师资格考试的科目、流程、方法；熟知教师资格考试的大纲、内容。

2. 掌握教师资格考试笔试不同科目的能力要求；掌握教师资格考试面试对报考学生不同模块能力水平的要求；能够根据考试范围进行有针对性的备考；能够有效地搜索教师资格考试真题，培养资料搜集的能力。

3. 理解实施教师资格考试的意义及教师资格制度对教师职业专业化的影响，通过教师资格考试相关知识的学习，加强对教师职业的向往，并能通过课程学习，强化对教师的身份认同感。

4. 通过了解国家教师政策，充分认知教师职业的重要性；通过课程学习，形成立德树人的教师职业道德。

【学习内容】

1. 教师资格考试基本知识。

2. 教师资格考试大纲。

3. 教师资格考试内容。

【重点、难点】

掌握教师资格考试内容。

【教学方法】

包括讲授法、谈话法、案例分析法。

【复习思考】

1. 简要说明实施教师资格考试的意义。

2. 简要说明小学教师资格考试面试的测试内容与要求。

3. 小学教师资格考试，其全国统一考试与非统一考试相比，有哪些优势？请至少从三个方面举例说明。

第八章　教师资格考试备考注意事项
（理论学时 2）（支撑课程目标 2、课程目标 3）

【学习目标】

1. 通过学习，了解报考流程；知道笔试的内容和题型；了解面试的特点、内容、要求、类型及基本流程。

2. 掌握笔试的备考技巧和考试技巧，掌握面试技巧及注意事项。

3. 通过学习我国教师资格考试备考注意事项，掌握备考技巧和考试技巧、面试技巧及注意事项，树立教书育人的教育情怀，坚定为国育才的理想信念。

【学习内容】

1. 教师资格考试笔试备考。

2. 教师资格考试面试备考。

【重点、难点】

掌握教师资格考试备考注意事项。

【教学方法】

包括讲授法、谈话法、案例分析法。

【复习思考】

1. 如何备考教师资格考试笔试？

2. 教师资格考试面试需要注意哪些问题？

（二）教学方法

包括讲授法、讨论法、案例分析法、任务驱动法、项目教学法。

四、课程考核

（一）评分标准

课程目标	90~100 优	80~89 良	70~79 中	60~69 及格	0~50 不及格
课程目标1	理解我国小学数学教材的选择依据，熟悉掌握小学数学教学内容的组织结构，熟悉小学数学教材，了解国内外小学数学课程内容的改革	理解我国小学数学教材的选择依据，掌握小学数学教学内容的组织结构，熟悉小学数学教材，了解国内外小学数学课程内容的改革	理解我国小学数学教材的选择依据，基本掌握小学数学教学内容的组织结构，熟悉小学数学教材	理解我国小学数学教材的选择依据，基本掌握小学数学教学内容的组织结构，基本熟悉小学数学教材	未能很好理解我国小学数学教材的选择依据，未能掌握小学数学教学内容的组织结构，基本熟悉小学数学教材
课程目标2	熟练掌握小学数学教学的原则、教学方法、教学设计，教学组织与实施教学的基本理论，具有较好的备课、上课能力	掌握小学数学教学的原则、教学方法、教学设计，教学组织与实施教学的基本理论，具有备课、上课能力	基本掌握小学数学教学的原则、教学方法、教学设计，教学组织与实施教学的基本理论，培养备课、上课的基本能力	基本掌握小学数学教学的原则、教学方法、教学设计，教学组织与实施教学的基本理论，基本具有备课、上课的基本能力	未能掌握小学数学教学的原则、教学方法、教学设计，教学组织与实施教学的基本理论，不具有备课、上课的基本能力
课程目标3	熟练掌握小学数学教学评价的基本理论，具有较强的反思与评课能力	掌握小学数学教学评价的基本理论，具有较好的反思与评课能力	基本掌握小学数学教学评价的基本理论，具有较好的反思与评课能力	基本掌握小学数学教学评价的基本理论，具有反思与评课能力	未能掌握小学数学教学评价的基本理论，不具备反思与评课能力
课程目标4	积极参与课堂讨论、实践教学等任务，主动回答问题，有个人见解，思路清晰	较为积极地参与课堂讨论、实践教学等任务，回答问题较为主动，发言质量较高，思路较清晰	认真完成课堂讨论、实践教学、回答问题等任务，有一定的见解	能完成课堂讨论、实践教学、回答问题等任务，主动性较差	课堂讨论、实践教学、回答问题等活动参与度低，未能完成各项任务

（二）成绩评定

1. 评定方式

课程考核方式分为过程性考核（平时考核）和结果性考核（期末考核）。

2. 计算办法

综合成绩=过程性成绩（平时成绩）×30%+结果性成绩（期末考试成绩）×70%

3. 过程性成绩（平时成绩）评定

过程性成绩（平时成绩）以100分记，综合四种过程管理形式进行评定。

成绩构成	评价方式	评价依据
平时成绩（30%）	出勤与课堂表现	对学生的课堂出勤情况与发言活动进行评价，如对参与课堂讨论、课堂发言的踊跃程度和质量并结合出勤情况评分，占平时成绩的 10%
	阶段性测验	主要考查学生对所学章节知识点的复习、理解和掌握程度，以主观题型为主，包括简答题和材料分析题等，占平时成绩的 5%
	教学实践	教学技能展示 1 次、教材解说 1 次，主要考查学生对相关章节知识点的理解和运用，占平时成绩的 10%
	线上自主学习	主要考查学生完成课程线上学习，提交作业并参加章节讨论、测试等的情况，占平时成绩的 5%
期末考试（70%）	开卷考试	主要题型有简答题、论述题、案例分析题、教学设计等。基础知识题约占 30%，能力题约占 25%，素质题约占 15%

4. 结果性成绩（期末考试成绩）

主要考查学生对小学数学课程基本知识理论内容的掌握程度，考核方式为开卷考试，满分为 100 分，依据期末考试题目的参考答案与评分细则阅卷打分。

五、课程评价

（一）课程目标达成度评价机制

1. 评价机构

课程目标达成度评价在教学指导委员会的指导下进行，由课程负责人负责实施，承担该门课程的所有任课教师共同参与评价。

2. 数据来源

课程目标达成度评价采用的数据源自课程考核的成绩，课程考核成绩包含出勤与课堂表现成绩、平时作业成绩、阶段性测验成绩和期末考试成绩等。

3. 评价周期

本专业课程目标达成度评价周期一般为 1 学期。

（二）课程目标达成评价方法

本课程有 4 个课程目标，按照各个课程目标对毕业要求分解指标点的支撑力度，对每个课程目标赋予权重值。

课程目标	期末笔试成绩占总分 70%	平时作业成绩占总分 30%	课程分目标达成评价方法
课程目标 1	20%	20%	分目标达成度 =0.7×（期末考试平均分 / 期末试题总分）+0.3×（平时作业平均分 / 平时考核总分）
课程目标 2	40%	30%	
课程目标 3	20%	30%	
课程目标 4	20%	20%	

根据所有课程目标对本课程的整体目标达成有所贡献的原则，本课程的整体目标达成度由该课程的所有课程目标达成度的加权平均值确定。

六、课程改进

（一）调整教学策略

根据学生的课堂表现、平时作业、平时测验情况及教学督导的反馈，检验学生对本课程涉及的学科素养和学会反思的达成情况，及时对教学中的不足之处进行改进，调整教学指导策略。

（二）修订课程大纲

根据学生的课堂表现、平时作业、平时测验及期末考试成绩，检验本课程所支撑的毕业要求分解指标点的达成度情况；根据本课程所支撑的毕业要求分解指标点的达成度情况，参考优秀专业经验，在教育系教学指导委员会的指导下，重新修订本课程大纲，实现持续改进。

参考文献

[1] 范文贵.小学数学教学论 [M].上海：华东师范大学出版社，2023.

[2] 孔企平.小学数学课程与教学 [M].上海：华东师范大学出版社，2016.

[3] 林崇德.智力发展与数学学习 [M].北京：中国轻工业出版社，2012.

[4] 马云鹏.聚焦核心概念 落实核心素养——《义务教育数学课程标准（2022 年版）》内容结构化分析 [J].课程·教材·教法，2022（6）：35-44.

[5] 马云鹏.小学数学教学论 [M].北京：人民教育出版社，2015.

[6] 孙晓天，张丹.义务教育课程标准（2022 年版）课例式解读（小学数学）[M].北京：教育科学出版社，2022.

[7] 唐彩斌，史宁中.素养立意的数学课程——《义务教育数学课程标准（2022 年版）》解读 [J].全球教育展望，2022，51（6）：24-33.

[8] 王永春.小学数学核心素养教学论 [M].2 版.上海：华东师范大学出版社，2021.

[9] 吴正宪，周卫红，陈凤伟.吴正宪课堂教学策略 [M].上海：华东师范大学出版社，2013.

[10] 张辉蓉，朱德全.小学数学教学论 [M].上海：华东师范大学出版社，2018.

[11] 郑毓信.小学数学教育的理论与实践：小学数学教学 180 例 [M].上海：华东师范大学出版社，2017.

[12] 郑毓信.新数学教育哲学 [M].上海：华东师范大学出版社，2015.

[13] 邹循东，梁宇.小学数学教学论 [M].武汉：华中师范大学出版社，2016.